Dieter Richter

Neapel

Biographie einer Stadt

Dieter Richter

NEAPEL

Biographie einer Stadt

Verlag Klaus Wagenbach Berlin

Wagenbachs Taschenbuch 509
4., überarbeitete Auflage 2022

Umschlaggestaltung Julie August unter Verwendung des Bildes »Neapel« von Hubert Sattler (InvNr. 261/30) © 2004 Salzburger Museum Carolino Augusteum. Das Karnickel auf Seite 1 zeichnete Horst Rudolph. Autorenphoto © Ezzelino von Wedel. Gesetzt aus den Schriften Aldus und Meta. Gedruckt und gebunden von Pustet, Regensburg.

ISBN 978 3 8031 2509 5

Inhalt

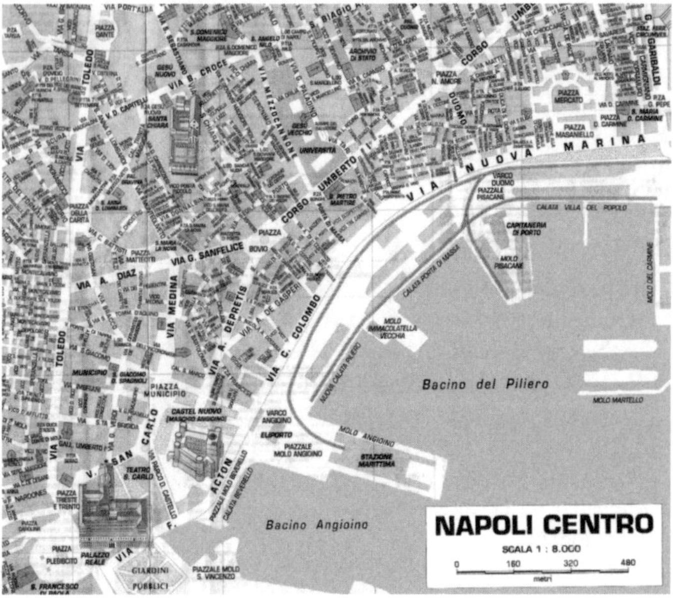
NAPOLI CENTRO
SCALA 1 : 8.000
0
160
320
480
metri
Bacino del Piliero
Bacino Angioino
VIA NUOVA MARINA
CORSO UMBERTO I
VIA C. COLOMBO
VIA A. DEPRETIS
VIA MEDINA
VIA A. DIAZ
VIA G. SANFELICE
VIA TOLEDO
VIA B. CROCE
VIA MEZZOCANNONE
VIA SAN CARLO
ACTON
PIAZZA MUNICIPIO
CASTEL NUOVO
(MASCHIO ANGIOINO)
TEATRO S. CARLO
PALAZZO REALE
PIAZZA PLEBISCITO
PIAZZA TRIESTE E TRENTO
GIARDINI PUBBLICI
PIAZZALE MOLO S. VINCENZO
STAZIONE MARITTIMA
MOLO ANGIOINO
PIAZZALE MOLO ANGIOINO
VARCO ANGIOINO
ELIPORTO
MOLO IMMACOLATELLA VECCHIA
CAPITANERIA DI PORTO
MOLO PISACANE
PIAZZALE PISACANE
VARCO DUOMO
MOLO MARTELLO
MOLO DEL CARMINE
CALATA VILLA DEL POPOLO
CALATA PORTA DI MASSA
PIAZZA MERCATO
PIAZZA MASANIELLO
UNIVERSITÀ
ARCHIVIO DI STATO
GESÙ NUOVO
SANTA CHIARA
PIAZZA DANTE
VIA PORT'ALBA
PIAZZA DELLA CARITÀ
PIAZZA MATTEOTTI
PIAZZA BOVIO
DUOMO
GARIBALDI
MUNICIPIO
S. FRANCESCO DI PAOLA

EINLEITUNG

Neapel, der Nil

Wer in der Altstadt von Neapel durch jene schnurgerade, in die Häuserfluchten eingekerbte Straße geht, die ungeachtet ihrer verschiedenen offiziellen Namen hier einfach *Spaccanapoli* heißt, stößt unweit der *Via San Gregorio Armeno* mit ihren unzähligen Krippenfiguren, den berühmten *pastori*, auf die monumentale Steinfigur eines ruhenden, bärtigen Mannes auf marmornem Sockel. Das könnte neapolitanisches Barock sein, ein Werk im Stil des großen Bernini, dessen Arbeiten man hier immer wieder begegnet. Aber die Figur ist älter. Sie stammt aus römischer Zeit und stellt den Flußgott Nil dar. *Piazzetta del Nilo* heißt auch der kleine Platz, wenigstens offiziell, hier zweigt die schmale *Via del Nilo* ab, und natürlich gibt es an der Ecke auch eine *Bar Nilo*. Aber eigentlich heißen Figur und Umgebung ganz anders – und schon dieses »eigentlich« führt zu jenen unklaren Identitäten, wie sie dem Besucher aus dem Norden in Neapel immer wieder begegnen, nicht nur in den variablen Namen der Dinge, sondern auch in ihren unterschiedlichen kulturellen Deutungen.

Corpo di Napoli sagt man zu der Statue des Flußgottes Nil, also »Körper« oder »Leib Neapels«. Neapel als Nil? Der Nil als Neapel? Vermutlich kam die Skulptur ursprünglich mit alexandrinischen Kaufleuten nach *Neapolis*, die hier, am *Decumanus inferior* des antiken Stadtzentrums, ihre Handelskolonie hatten. Vielleicht verdankt sie ihre Existenz auch dem im 1. Jahrhundert im Römischen Reich in Mode kommenden »Ägyptenkult«, von dem im nicht weit entfernten Pompeji der Isis-Tempel zeugt. In den dunklen Jahrhunderten des Niedergangs des Römischen Reiches ging die Figur dann verloren und wurde erst um die Mitte des 12. Jahrhunderts wieder aufgefunden, allerdings ohne Kopf. In dieser verstümmelten Form wurde sie von den mittelalterlichen Chronisten und von der populären Tradition als weibliche Figur gedeutet: eine *Mamma*, die ihre Kinder

Die Statue des Nil, genannt »Corpo di Napoli« in der Altstadt.
Ein Händler mit Büchern und Zeitschriften nutzt sie als Verkaufsstand.

(die kleinen Putten auf dem Schoß) nährt – und mit Neapel identifiziert. Aus Vater Nil ist also Mutter Neapel geworden: *corpo di Napoli,* bis heute. Dabei hatte kunsthistorischer Sachverstand bereits vor Jahrhunderten die »Wahrheit« ans Licht gebracht: 1667 wurde die Skulptur restauriert und von neuem mit dem originalen Männerkopf versehen. Gleichzeitig wurde der Sockel mit einer prachtvollen Marmortafel geschmückt, feierlich erinnernd *vetustissimam Nili statuam ab Alexandrinis olim ut fama est* [...] *positam.* »Uralt« *(vetustissima)* also erscheint die Figur schon damals, und ihre Herkunft verkleidet sich in einem »man sagt, daß« *(ut fama est)*. Viel mehr weiß man auch heute darüber nicht. In Neapel löst sich Historie immer wieder in erzählte Geschichte, in Geschichten auf, in jene *fama*, die den an Genauigkeit gewohnten Besucher aus dem Norden in Labyrinthe lockt, in denen sich seine Begriffe verwirren.

Denn in Neapel leben die Dinge im Fluß der Geschichte, verändern ihre Gestalt, bleiben aber, auch als vergangene, Teil der Gegenwart. In jeder anderen Stadt Italiens oder Europas wäre die antike Statue des Nil ein kostbares museales Objekt. In Neapel ist sie Teil eines Straßenbildes, Gegenstand öffentlichen Gebrauchs. Muschel- und Fischhändler bauen auf dem Postament ihre Plastikwannen auf, verwandeln die Statue in einen Teil ihrer Dekoration. Im Winter kommt eine ambulante Strumpfhändlerin mit ihrem Stand, spannt eine Leine zum Kopf des Nil, um eine bunte Markise daran zu befestigen. Manchmal kleben Werbeplakate auf dem alten Sockel, manchmal haben Straßenkinder das Denkmal erklettert, sitzen – lebendige *Putti* neben denen aus Marmor – im Schoß der Statue und bewerfen von oben die Passanten. Und fast immer ist die Statue eingehüllt in den Strom der Menschen, die sich durch die Straße drängen, in das Geknatter der *Motorini*, die Abgase der Autos, die hier eigentlich nicht fahren dürften, denn der Straßenabschnitt ist, wiederum offiziell, *zona pedonale*, Fußgängerzone.

Stadt der Metamorphosen

Neapel ist überreich an Musealem, aber Neapel ist kein Museum. Das unterscheidet diese Stadt von anderen Städten Italiens und macht die Annäherung schwierig. »Dem reisenden Bürger, der bis Rom sich von Kunstwerk zu Kunstwerk wie an einem Staket weitertastet, wird in Neapel nicht wohl«, schrieb Walter Benjamin 1925.[1] Kunstwerke präsentieren sich hier ohne jene Aura, die ihnen andernorts eigen ist. Wer in Florenz vor dem *Palazzo Strozzi*, in Rom vor dem *Palazzo Braschi* steht, kann sich von einem historisch gebildeten Reiseführer ausmalen lassen, welches bunte Leben sich einst hier abspielte. Wer hingegen in Neapel einen der historischen Paläste wie beispielsweise den barocken *Palazzo Serra di Cassano* besucht, wird rasch merken, daß die Gegenwart dort noch immer ihren Platz hat: Geschäfte, Autowerkstätten, Imbißbuden, Verkaufsstände und andere Etablissements sind Bestandteile dieser Paläste; zahlreiche Menschen leben noch immer in ihren Mauern, gehen hier ein und aus, Reiche und Arme unter ein und demselben Dach. »In Neapel« – schreibt der neapolitanische Ethnologe Marino Niola – »kann der städtische Raum als eine Ansammlung von Zeiten angesehen werden, als eine vielschichtige, unebene Landkarte, markiert durch die Risse und Einprägungen der Epochen.«[2] Solche Überschneidungen von Räumen und Zeiten müssen ästhetisch durchaus nicht ansprechend sein. Unweit der Statue des Nil kann man die Reste des antiken Theaters sehen, in dem Kaiser Nero einst seinen großen Auftritt als Sänger hatte: Sie sind heute in ein modernes sechsstöckiges Gebäude »eingebaut«, die antiken Bogen öffnen sich zu einem banalen Aufzug und einer häßlichen Garageneinfahrt. Und selbstverständlich macht kein Hinweisschild den Touristen auf die berühmten Altertümer aufmerksam. Es scheint, als sei in Neapel die Erhaltung der Zeugnisse der Vergangenheit ohne ihren aktuellen Gebrauch kaum denkbar. Im Osten der Stadt, am Golf von Pozzuoli, liegen die *Stufe di Nerone,* ein antikes Dampfbad, bis ins 19. Jahrhundert eine der großen Sehenswürdigkeiten der *Grand Tour.* Heute hat hier eine vielköpfige Familie Wohnung bezogen, nutzt die heißen Dämpfe, die aus dem Felsen strömen, als Heizung und die in den Stein eingehauenen antiken Ruhebetten als Kleiderschränke.

So existieren die Dinge dieser Stadt in beständigen Metamorphosen: Vater Nil verwandelt sich in Mutter Neapel, Vergil wird im Mittelater zum Zauberer, die Grabkapelle des Naturforschers Raimondo di Sangro zum modernen Gruselkabinett, die antiken Kavernen zum Schlupfwinkel der organisierten Kriminalität. Im Blutwunder von *San Gennaro,* dem Patron der Stadt, nimmt diese beständige Metamorphose sichtbare Gestalt an. Nichts bleibt als das erhalten, was es einmal war, die Idee des Klassischen, auch des klassischen Monuments, ist dieser Stadt fremd, auch wenn Denkmalschützer neuerdings daran arbeiten.

Die Präsenz der Toten

Sigmund Freud, der Rom sehr, Neapel hingegen überhaupt nicht schätzte, hat in »Das Unbehagen in der Kultur« (1930) die menschliche Seele mit der Ewigen Stadt verglichen, die Arbeit des Psychoanalytikers mit der des ausgrabenden Archäologen, der das Verschüttete wieder ans Tageslicht bringe. Freud, zeitlebens selber archäologisch interessiert, ging dabei von einem klassischen Modell aus, dem geordneten Übereinander der einzelnen Tiefenschichten: »Derselbe Raum verträgt nicht zweierlei Ausfüllung.«[3] Für Neapel gilt ein anderes Modell (und sowohl Archäologen wie Psychoanalytiker können sich inzwischen darin wiederfinden): die Vermischung der Schichten, das Chaos der historischen Erinnerungen. Die Geschichte setzt die einzelnen Elemente immer wieder neu zusammen, und zum Vorschein kommt »fast wie in einer Überblendung, eine außerordentliche Beständigkeit von Figuren und Formen, von mentalen und sozialen Gewohnheiten, von Verhaltensmustern und Symbolen« (Niola).[4]

Die Präsenz der Toten, allgemeiner gesagt dessen, was mit einem durchaus an die Psychoanalyse erinnernden Begriff *Napoli sotteranea*, also das »unterirdische Neapel« genannt wird, macht diese Überblendungen von Gegenwärtigem und Vergangenem besonders deutlich. »In Neapel gibt es die oberirdische Welt, Wohnort der Menschen, und es gibt die unterirdische Welt, Wohnort der Seelen, der Geister, der Stimmen« (Raffaele La Capria).[5] Die Stadt ist auf einem weichen, porösen Tuffsteinfelsen erbaut, der an zahllosen Stellen von teils natürlichen, teils künstlich gegrabenen Stollen, Höhlen, Katakomben und unterirdischen Friedhöfen durchsetzt ist. So gibt es neben dem sichtbaren Teil der Stadt immer auch ihr dunkles, unterirdisches Spiegelbild. Und es gibt zwischen der oberen und der unteren Welt, der Tag- und der Nachtseite der Stadt, den beständigen Austausch. Jedes Haus des alten Zentrums verfügte einst über einen eigenen, schmalen Brunnenschacht, den *pozzo,* der etwa 30 bis 40 Meter in die Tiefe führte, wo er mit einem verzweigten System von Aquädukten und Kavernen verbunden war. In seiner Grundform rührte dieses System der Wasserleitung bereits von den Griechen her und wurde durch die Spanier im 17. Jahrhundert erweitert.

Unterirdischer Friedhof: Der *Cimitero delle Fontanelle*, 2010

Diese unterirdische Welt war das Reich der *pozzari*, der »Brunnenmänner«: schwarzer, schmutziger Gesellen, die in der Tiefe ihre Arbeit verrichteten, die Schächte und Kanäle warteten und manchmal wie Kobolde aus der Tiefe in den Häusern auftauchen konnten. In dieser Form funktionierte das System bis zum Bau der »modernen« Wasserleitung in den 1880er Jahren. Aber abgetan war es auch dann noch nicht. Im Zweiten Weltkrieg erinnerten sich die Neapolitaner ihrer *città sotteranea* von neuem: Zu Zehntausenden flüchteten sie sich vor den alliierten Bombenangriffen in die sichere Tiefe – in Luftschutzbunker aus dem 5. vorchristlichen Jahrhundert! Die Graffiti und Haushaltsgegenstände, die sie dort damals hinterlassen haben, sind inzwischen selber wieder archäologische Objekte.

Natürlich war und ist die Unterwelt Neapels vor allem eines: der Ort der Toten. Daß in der Gegend am Vesuv, in dieser verworfenen, porösen Landschaft, die Alten den Eingang zur Unterwelt lokalisierten, daß auch der fromme Aeneas beim Avernersee den Weg zur Welt der gestaltlosen Schatten fand, ist leicht zu verstehen. Aus dem Reich des Hades ist inzwischen die unterirdische Welt der christlichen Toten, der *anime del purgatorio*, geworden, der Armen Seelen im Fegefeuer. Ihr Kult steht in Neapel so hoch im Kurs wie in keiner anderen Stadt. Aber auch die unterirdische Welt der Toten ist kein Museum, ist in beständiger Bewegung, in stetem Austausch mit der oberen Welt. Nirgends sind die Toten so präsent wie in Neapel, im populären Kult ebenso wie in Kunst und Architektur. Bis ins 19. Jahrhundert wurden die Verstorbenen in den Krypten der Kirchen, in damit verbundenen Höhlen oder in den großen Katakomben beigesetzt. Erst 1837 wurde der erste »moderne« Friedhof eingeweiht. Aber die Toten in den unterirdischen Friedhöfen wurden weiter besucht, ihre Schädel, geschmückt und umsorgt, zu Objekten frommer Verehrung. Es ging um persönliche Fürsorge für eine Arme Seele im Fegefeuer, um eine ins Totenreich verlängerte Schutz- und Treuebeziehung, wie sie für die familiale Mentalität im Süden typisch ist. Und es ging, vice versa, um die Hoffnung, aus dieser freundschaftlich-klientelen Beziehung zu einem Abgeschiedenen selbst entsprechender Gnaden würdig zu werden. Auch *pietà* schwingt mit, das Mitgefühl für die *anime abbandonate,* die »verlassenen« Seelen, die keine Angehörigen mehr unter den Lebenden haben, keine Familie, in deren schützenden Gedächtniskreis sie gehören. So ist die Sorge um die Armen Seelen nicht Pflege der Erinnerung an Vergangenes; sie bedeutet vielmehr die Aufhebung des Vergangenen im Gegenwärtigen. »Es gibt keine Toten« kann man auf einem Grabstein auf der Insel Capri lesen.[6]

Die katholische Kirche hat seit dem Zweiten Vatikanischen Konzil einiges unternommen, um diesem populären, heterodoxen Kult Einhalt zu gebieten. Die meisten der unterirdischen Friedhöfe sind heute (wieder eine vage Zeitkategorie) geschlossen, verfallen, *in restauro,* wie man das hier gern freundlich nennt. Nach einem Dekret des Erzbischofs vom Juli 1969 mußten die Gebeine aus den unterirdischen Friedhöfen entfernt und »schuldigst beigesetzt« werden. Aber die offiziell verordnete Verwandlung der Untoten in Tote gelang nur schwer. 2010 erzwangen die Anwohner des Viertels die Wiedereröffnung des *Cimitero delle Fontanelle.* Noch immer leben die Toten dort weiter, noch immer werden sie besucht, von Mädchen und Frauen, Schülerinnen, jungen Paaren, schwangeren Müttern; sie kommen mit Kerzen, schmücken und streicheln die offen oder hinter Glas ausgestellten Schädel, stecken ihnen Bitten und Wünsche zu. Dann steigen sie aus der Unterwelt wieder nach oben ins Verkehrs- und Einkaufsgewühl der großen Stadt.

Die Kraterlandschaft des Golfs von Pozzuoli im Westen Neapels, Kupferstich, 1782

POUZZOLES
X
Serapis
Caligula
SOLFATERRA
IX
Plaine d'Agnano
Bagni di
Zuppa
d'Uomini
Môle Antique
Isle de
NISITA
Porto
Paone
Môle
antique
XI
O U Z Z O L E S

VERSCHMELZUNG DER KULTUREN

Eine kosmopolitische Geschichte

Parthenope, Neapolis, graeca urbs

Neapel ist die Hauptstadt der *kosmopoliteia,* der Vermischungen von Sprachen, Völkern und Kulturen. Viele haben hier ihre Spuren hinterlassen, sichtbar bis heute. Die erkennbaren Anfänge der Stadt liegen im 5. vorchristlichen Jahrhundert. Griechische Siedler, entweder aus dem benachbarten Cumae oder aus dem hellenischen Mutterland selber, ließen sich am Golf nieder, nannten ihre Ansiedlung *Neapolis,* »Neustadt«. Zuvor hatte bereits eine »Altstadt« existiert, auf dem *Pizzofalcone,* dem wehrhaften »Falkensporn«: *Parthenope,* eine griechische Gründung des 7. Jahrhunderts. Der alte Stadtname, nach dem Mythos der Name einer Sirene, ist bis heute ein klangvoller Beiname Neapels geblieben, nicht nur unter gebildeten Neapolitanern: *città partenopea.* Natürlich reicht der »Brunnen der Vergangenheit« noch in entferntere Tiefen. In der Gegend des fruchtbaren Kampanien lebten vor der griechischen Ansiedlung die italischen Völker der Osker, der Samniter und der später eingewanderten Etrusker.

Neapel, die »Neustadt«, war wie fast alle Küstenregionen Unteritaliens Teil Großgriechenlands, der *Magna Graecia.* Die Verkehrssprache war griechisch. Noch lange Zeit nach der Romanisierung Unteritaliens bleibt Neapel die *graeca urbs,* die »griechische Stadt«, wie sie Tacitus nennt[1], die ihren Charakter aus einer dezidiert griechisch-römischen Mischkultur gewinnt. Als Kaiser Augustus nach Capri kommt, freut er sich, wie Sueton berichtet, daß er hier noch eine Anzahl alter griechischer Ephebenschulen vorfindet, und er macht sich ein Vergnügen aus einer Art von bikulturellem Wechselspiel: Er verlangte nämlich, »daß die Römer sich griechisch kleideten und auch griechisch sprächen, und die Griechen umgekehrt«.[2] Die griechische Sprache sollte sich in einigen Bergdörfern Kalabriens bis heute erhalten.

Antike Hafenstadt
Wandgemälde aus Pompeji, Kupferstich Neapel, 1760

Im 3. vorchristlichen Jahrhundert wird Neapel Teil des Römischen Weltreichs. Das benachbarte Puteoli (heute Pozzuoli) wird in der Kaiserzeit Roms wichtigster Hafen, die Verbindung mit der Welt des Orients. Der große, für die Geschichte der abendländischen Zivilisation so wichtige ost-westliche Handels- und Kulturweg, der von China über Indien, das Zweistromland und das östliche Mittelmeer führte, mündete in Puteoli in die lateinisch-westliche Welt. Nicht nur materielle Güter wie der Wein, die Kirsche, das Elfenbein, die Rose, der Weihrauch haben diesen Weg genommen; auch das Christentum kam über Puteoli ins Abendland. Der Apostel Paulus landete hier, aus Malta oder Korfu kommend, auf seiner Reise nach Rom.

Antiker Leser
Wandgemälde aus Pompeji (Kupferstich Neapel, 1779)

In der römischen Kaiserzeit entwickelte sich die Gegend am Golf von Neapel zu einem der wirtschaftlichen und sozialen Zentren des Römischen Reiches, vor allem aber zu einer vielgerühmten Region des Luxus und des Müßiggangs. Zahlreiche vermögende Römer hatten dort ihre Villen, zogen sich während der heißen Sommermonate hierher zurück. Der Name des *Posillipo* (aus griechisch *pausylipon*, »der Sorgen Ende«, »Sanssouci«) erinnert noch heute daran. Die heißen Thermen in Baiae ließen ein florierendes Badeleben in schönster kampanischer Landschaft entstehen. *Nullus in orbe sinus Baiis praelucet amoenis*, »keine Bucht auf Erden überstrahlt Baiaes Reize«: So gibt Horaz die allgemeine Meinung wieder.[3] Vor Kap Misenum hatte die römische Flotte ihren Stützpunkt, und 11 Jahre lang, zwischen 26 und 37 n. Chr., war der Golf von Neapel sogar das Regierungszentrum des Römischen Reiches: Kaiser Tiberius hatte in dieser Zeit seine Residenz nach Capri verlegt.

In und bei Neapel lebte auch Roms größter Dichter, Vergil. *Dulcis Parthenope,* »süße Parthenope« nennt er die Stadt.[4] Die »Eklogen« und die »Georgica« sind hier entstanden, und Vergils hymnisches Lob der *Campania felix* hat den Ruf dieser »glücklichen« Landschaft für alle Zeiten geprägt. In seiner »Aeneis« läßt er Aeneas und die Seinen den Boden des gelobten italischen Landes nicht in Rom betreten, sondern am Golf von Neapel.[5] In der Unterwelt, am Avernersee, empfängt er die Prophezeiung von Roms künftiger Größe. Hier, so Vergils Botschaft, in der *Magna Graecia,* liegen die geistigen Wurzeln des Imperium Romanum. Vergil selber wurde in Neapel begraben; sein Grab neben der antiken *Grotta di Posillipo* wurde schon in der Antike ein Wallfahrtsort, und er ist es bis in die Neuzeit geblieben. In der mittelalterlichen Volksüberlieferung Neapels lebte Vergil als eine Art Stadtpatron weiter, als großer Heilkundiger, Kräutermagier, Zauberer und Erbauer der Grotte durch den Posillip.[6]

In der öffentlichen Meinung war die *Campania felix* zum Inbegriff eines bestimmten Lebensstils, zu einer »geistigen Landschaft« (Ekkehard Stärk) geworden. Es war die Landschaft des *otium* und der *luxuria,* der sinnenfrohen Vergnügungssucht und einer morbiden Dekadenz, wie sie im Gegensatz stand zu altrömischer Strenge und Einfachheit. *Litora quae fuerint castis inimica puellis* nennt der eifersüchtige Properz die Gegend von Baiae[7]: »Strände, die den anständigen Mädchen gefährlich werden.« Und Seneca meint, ein weiser Mann habe dort nichts zu suchen, wozu dienten ihm schließlich Thermen, Schwitzbäder und andere Verweichlichungen der Sinne und Versuchungen der Tugend.[8] Liest man die Berichte späterer Neapel-Reisender, in denen ganz ähnliche Töne anklingen, ist man versucht, von einem *genius loci* dieser Landschaft zu sprechen.

Neben Griechen und Römern bevölkerten auch die Angehörigen anderer Sprachen und Kulturen die große Handelsstadt: Juden, Alexandriner, Ägypter, Karthager, Phönizier und Syrer. Wie keine andere Stadt im Westen des Imperiums war sie ein einzigartiger kultureller *melting pot.* Das Zentrum des kosmopolitischen Lebens war das Forum, die heutige *Piazza San Gaetano.* Wer heute dort die

Kirche *San Paolo Maggiore* betritt, schreitet durch die monumentalen korinthischen Säulen, die hier einst den Tempel des Castor und Pollux schmückten. In der benachbarten Kirche *San Lorenzo Maggiore* kann man in die Tiefe steigen und die aus dem Untergrund herauspräparierten Schichten der Vergangenheit bewundern: zunächst das römische, darunter das griechische Straßenniveau. Ähnliches kennt der Besucher von anderen Ausgrabungsstätten, zum Beispiel in Rom. Was er dort allerdings nicht findet, ist die lebendige Gegenwart der griechisch-römischen Antike in der modernen Topographie: Die Straßenführung der Altstadt korrespondiert exakt mit der antiken Anlage der Stadt und ihrer linearen Gliederung in drei west-östlich verlaufende *Decumani* und die sie verbindenden *Cardines*. Selbst die Kirchen fügen sich, anders als in Rom, in dieses Raster ein.

Goten, Langobarden und die Wunder des Orients

Es gehört zu den Besonderheiten Neapels, daß es, anders als Rom, im Lauf seiner langen Geschichte nie zerstört wurde, auch nicht in den tumultuarischen Jahrhunderten der Völkerwanderung und der Gotenkriege, die im 6. Jahrhundert auch Süditalien heimsuchten. Dabei wurde die Gegend von Neapel dramatischer Schauplatz der letzten Niederlage der Ostgoten in Italien: In der Ebene zwischen dem Vesuv und den *Monti Lattari* wurde im Jahr 553 Totilas Nachfolger Teja vom oströmischen Heer unter Narses geschlagen; das Ende der Geschichte der Goten in Italien war damit besiegelt.

In der Folgezeit kommt Neapel unter byzantinische Herrschaft; erneut lassen sich griechische Ansiedler nieder, bis ins 8. Jahrhundert bleibt das Griechische in Sprache und Kultur dominant. Und erst 763 erkennt die Stadt die Autorität des Papstes in Rom an. Gleichzeitig machen sich in Kampanien seit dem 6. Jahrhundert die Einflüsse einer ganz anderen, einer »nördlichen« Kultur breit. Es sind die Langobarden, die die Gegend am Golf von Salerno beherrschen, dazu Nocera, Capua, Benevent, also so gut wie das gesamte Umfeld von *Neapolis*. Die Abtei *Santa Trinità* bei Cava dei Tirreni ist eine langobardische Gründung, die Bibliothek bewahrt bis heute den *Codex Legum Langobardorum* auf.

Im 9. und 10. Jahrhundert erleben dann Sizilien und Süditalien das Vordringen der Araber. In dieser Zeit ist Neapel nach der allmählichen Lösung von Byzanz ein politisch selbständiges Herzogtum (763–1139) und führt eine Reihe von kriegerischen Auseinandersetzungen mit den »Ungläubigen«. Auf der anderen Seite unterhält die Stadt – ähnlich wie die Seerepublik von Amalfi – intensive Handelskontakte mit eben diesen »Ungläubigen«. Unteritalien wird neben Spanien die wichtigste »Brücke« zwischen Orient und Okzident. Mit der überlegenen arabisch-orientalischen Kultur kommt im hohen Mittelalter eine Reihe von technischen Neuerungen in den Westen – das Papier, die Keramik, der Kompaß, das Mühlenwesen, die Terrassenkultur, die Gewölbearchitektur: Errungenschaften einer technologischen Modernisierung, die auch das Gesicht der Landschaft nachhaltig verändern. Mit den Arabern kommen ferner die Dattelpalme, die Baumwolle, die Seidenraupenzucht, der Zitronenanbau, kommen Gewürze, Spezereien und Genußmittel wie der Kaffee und der Zucker und nicht zuletzt zahlreiche Neuerungen im Bereich der Medizin, des Gesundheitswesens, der Mathematik und der Philosophie. Der Seehandel macht die Gegend reich, erneut breitet sich eine raffinierte Kultur des Luxus und des Wohlstands aus. Süditalien steht im hohen Mittelalter an der Spitze der europäischen Entwicklung der Kultur. Neapel hat in dieser Zeit rund 35–40.000 Einwohner.

Normannen, Schwaben, Franzosen

Seit dem Beginn des 11. Jahrhunderts mischt sich dann erneut eine nördliche Ethnie in die Geschicke Unteritaliens und Neapels ein: das Volk der Normannen. Warum sie, ursprünglich in Skandinavien beheimatet, dann in England und Nordfrankreich ansässig, ausgerechnet im Süden Italiens ihr »merkwürdiges Reich« (Ferdinand Gregorovius) errichteten, bleibt rätselhaft. Es mag als romantische Träumerei erscheinen, wenn Gregorovius schreibt, daß sie angelockt worden seien »von dem ewigen Frühling des Landes, den süßen Früchten und den Schätzen, welche tapfere Männer dort erbeuten könnten«[9] – eine plausiblere Erklärung läßt allerdings bis heute auf sich warten. Jedenfalls unterwarfen sie im Verlauf weniger Jahrzehnte den gesamten Süden Italiens einschließlich Siziliens und vereinigten auf diese Weise den *Mezzogiorno* zum ersten Mal in seiner Geschichte zu einem einzigen großen Königreich. Nach einer hartnäckigen Belagerung ergab sich Neapel 1139 dem Normannenkönig Roger. Er war der erste in einer langen Reihe fremder Konquistadoren, die seitdem als Könige die Geschicke Neapels bestimmten.

Um 1100 bewegt sich Neapel also im Kräftefeld von Griechen, Langobarden, Arabern und Normannen. Es hat in der Geschichte Europas keine andere Region gegeben, in der so heterogene kulturelle Einflüsse eine ähnlich kosmopolitische Mischkultur entstehen ließen – eine Form der »Globalisierung« ante litteram. Auf die Phänotypen der verschiedenen mittelalterlichen Völker kann man noch heute im Straßenbild von Neapel treffen.

Nach dem Tod des Normannenkönigs Tankred 1194 meldet nun auf dem süditalienischen Schauplatz auch eine »deutsche« Macht ihre Ansprüche an: die Hohenstaufen. Kaiser Heinrich VI., der mit der Normannenprinzessin Konstanze verheiratet ist, erobert das Reich im Süden und wird in Palermo zum König gekrönt. Jetzt kommen deutsche – oder, wie die Italiener sagen: *suevi,* »schwäbische« – Ministerialen und Soldaten in den Süden. Heinrichs Sohn Friedrich II. wird mit 17 Jahren König von Sizilien. Die Zeit seiner Regentschaft (1212–1250) verkörpert jene große Koiné von Sprachen und Kulturen, wie sie den Glanz seines Reiches ausmacht, die Verbindung von Arabisch-Orientalischem mit Lateinisch-Germanischem. Im Milieu von nicht weniger als sieben lebenden Sprachen ist der Kaiser aufgewachsen: toskanisch-umbrisch, schwäbisch, normannisch, sizilianisch, griechisch, arabisch und aragonesisch.

Friedrichs Hauptstadt war Palermo, aber Neapel wurde unter seiner Herrschaft zur geistigen Metropole des Reichs. 1224 gründete er hier die Universität, die heute seinen Namen trägt. Es war die erste staatliche, das heißt laizistische Universität Europas. Sie sollte fähige Köpfe heranbilden, die ohne klerikale Indoktrination den öffentlichen Diensten zur Verfügung zu stehen hätten. Auch der Stadt Neapel galt Friedrichs Fürsorge. Er verbesserte die Mauern, verstärkte die Befestigungen der Stadt und erneuerte das normannische *Castel Capuano* und das *Castel dell'Ovo*, letzteres bis heute die eindrucksvollste Reminiszenz der »schwäbischen« Periode.

Mit Friedrichs II. Tod begann der Niedergang der schwäbischen Herrschaft in Unteritalien. Der Papst übertrug das normannische Königreich dem Franzosen Karl von Anjou, der 1266 in der Schlacht bei Benevent Friedrichs Sohn Manfred besiegte. Der Versuch seines jungen Neffen Konradin, das Reich zurückzuerobern, scheiterte. Konradin wurde nach der Schlacht bei Tagliacozzo im *Castel dell'Ovo* gefangengesetzt und auf Befehl Karls 1268 in Neapel hingerichtet. Sein Grab sollte im nationalen 19. Jahrhundert zum »Pilgerziel« vieler deutscher Neapel-Reisender werden. Damit beginnt in Neapel die Herrschaft des französischen Hauses Anjou, die *epoca angioina*. Neapel wird nach der »Sizilianischen Vesper« (1282) anstelle von Palermo die Hauptstadt des Reiches; Sizilien löst sich ab und fällt dem Haus Aragon zu.

Die angioinische, also »französische« Epoche (1266–1442), die Zeit des ausgehenden Mittelalters und der französischen Gotik, hinterläßt eindrucksvolle baukünstlerische Spuren im Stadtbild von Neapel. Es ist die Zeit der Ausbreitung der Bettelorden, die sich auch in Neapel mit Konventen und großen Begräbniskirchen verewigen. Die Franziskaner errichten *Santa Chiara* und *San Lorenzo Maggiore* (wo Boccaccio seiner Fiammetta begegnete und Petrarca wohnte), die Dominikaner *San Domenico Maggiore* (in der Thomas von Aquin lebte), die Kartäuser die hochgelegene *Certosa di San Martino*. Neapel wird damit zu einer Hauptstadt der gotischen Architektur in Europa. Große toskanische Künstler wie Giotto, Simone Martini, Arnolfo di Cambio und Perugino arbeiten zu dieser Zeit in der Stadt. Die Bevölkerung wächst jetzt auf 60.000 Einwohner.[10] Karl von Anjou errichtet 1279 als Wehrburg am Hafen das monumentale *Castel Nuovo*, auch *Maschio Angioino* genannt, sein Enkel Robert 1329 das die Stadt dominierende *Castel Sant'Elmo*. Die Gegend zwischen dem *Pizzofalcone* und der antik-mittelalterlichen Altstadt wird mit dem *Castel Nuovo* zum politisch-administrativen Zentrum der Stadt und ist dies bis heute geblieben.

Vom Neapel der Anjou haben wir die schönsten literarischen Zeugnisse aus der Feder von Boccaccio. Sein Vater hatte 1328 den damals 15jährigen in der neapolitanischen Filiale des Florentiner

Bankhauses der Bardi als »Lehrling« untergebracht. Zwölf Jahre lebte er in Neapel. Er studierte die Rechte, kam in Kontakt mit dem Hof des kunstsinnigen Robert des Weisen. Ein Besuch an Vergils Grab soll ihn auf den Weg der Dichtkunst gebracht haben. In Neapel entstanden seine frühen Werke; die »Stadt der Städte Italiens« (Boccaccio) ist auch der Schauplatz seiner idealischen Liebe zu Fiammetta. Die Gärten und Liebeshöfe der Stadt, die Ufer des Golfs sind seine Kulissen. Daß manches Mädchen, das als keusche Lukrezia nach Baja kam, als geile Kleopatra zurückkehrte[11]: Mit dieser Feststellung aktualisiert Boccaccio einen Topos aus den Zeiten der Antike.

Auch ein anderer großer Toskaner lebte eine Zeitlang im Neapel der Anjou: Francesco Petrarca. Vor seiner berühmten Dichterkrönung auf dem Kapitol 1341 hielt er sich am Hof König Roberts des Weisen auf, ließ sich hier prüfen und der Ehre des *poeta laureatus* für würdig befinden. Und natürlich besuchte auch er die klassischen Erinnerungsstätten am Golf und erwies dem Grab des Vergil seine Reverenz.

Das Jahrhundert der Aragonesen

Es bietet sich an, die neuere Geschichte Neapels am Leitfaden seiner jeweiligen fremden Herrscher zu erzählen, und in diesem Sinne bildet das Jahr 1442 eine weitere Zäsur. König Alfons aus dem katalanischen Geschlecht der Aragon erobert die Stadt und gibt sich den Titel *rex utriusque Siciliae,* »König beider Sizilien«. Bis 1503 werden die Aragonesen das wiedervereinigte Königreich beherrschen, zahlreiche Katalanen lassen sich nun im Umkreis des Hofes nieder.

Ähnlich wie in anderen italienischen Residenzen der Renaissance entwickelte sich auch in Neapel der Hof zu einem Zentrum der Prachtentfaltung und der Pflege der Künste. Hier wirkte als bekanntester neapolitanischer Dichter der Epoche Jacopo Sannazarro, der Autor der *Arcadia.* Die Epoche liebte das Zeremoniell der großen, öffentlichen Prachtentfaltung. Als im Jahr 1452 der deutsche Kaiser Friedrich III. – der letzte, der in Rom gekrönt wurde – auf seinem Italienzug nach Neapel kam, richtete man ihm dort ein zehntägiges Fest aus, während dessen Weinbrunnen flossen und andere spektakuläre Lustspiele veranstaltet wurden, die bereits auf die barocken »Schlaraffenland«-Inszenierungen der Folgezeit verweisen.

Im Stadtbild hat die kurze aragonesische Epoche (in Europa das Zeitalter der Renaissance) so gut wie keine Akzente gesetzt – mit Ausnahme des prächtigen, marmornen Triumphbogens für König Alfons am Castel Nuovo: ein Hauptwerk der Hochrenaissance in Unteritalien.

Ein anderes dramatisches Ereignis jener Zeit wird allerdings für lange Zeit mit dem Namen Neapels verknüpft sein: das erste Auftreten der Syphilis. Als der französische König Karl VIII. im Jahr 1495 vor Neapel stand, brach in seinem bunt zusammengewürfelten Heer diese bis dahin unbekannte Krankheit aus, die die Europäer aus Amerika eingeschleppt hatten. Als *mal de Naples* wird sie sich von hier aus in ganz Europa verbreiten.

Spanische Herren. Die Kapitale des Barock

In der aragonesischen Epoche hatte sich die Stadt weiter vergrößert, um 1500 zählte sie rund 100.000 Einwohner, eine Zahl, die der Größe Londons entsprach. *Città nel vero celebre e famosa, costumata e abondevole di tutto quello che imaginar si puole*: So nennt sie 1553 der Venezianer Straparola, »eine wahrhaft herrliche und berühmte Stadt, von guten Sitten und überreich an allem, was man sich nur denken kann«. Wobei er nicht vergißt, dem alten Muster folgend, süffisant hinzuzufügen: *copiosa di leggiadre donne,* »reich an leichtfertigen Frauen«.[12]

Mit dem Ende der aragonesischen Erbfolge wurde das Königreich Neapel zum Zankapfel zwischen Franzosen und Spaniern, ein Streit, den 1503 die letzteren für sich entschieden. In diesem Jahr nimmt der spanische General Gonzalo Fernández für Ferdinand den Katholischen von der Stadt Besitz. Dessen Erbe tritt 1516 Kaiser Karl V. an. Für mehr als zwei Jahrhunderte wird nun Neapel Teil des spanisch-habsburgischen Weltreichs, wird neben Lissabon, Madrid und Wien eines seiner großen Machtzentren. Es wird Regierungssitz eines Vizekönigs; das Spanische wird Hof- und Beamtensprache.

Die zwei Jahrhunderte der spanischen Herrschaft in Unteritalien (1503–1707) gehören zu den glänzendsten und zugleich turbulentesten in der Geschichte Neapels. Sie haben das Aussehen der Stadt, die Lebensgewohnheiten ihrer Bewohner, die religiösen Sitten und auch die Sprache nachhaltig beeinflußt. Neapel wird jetzt zur Stadt des Barock, eine Stilrichtung, die hier bis heute in besonderer Weise präsent ist.

Zum ersten Mal seit Jahrhunderten wird Neapel im 16. Jahrhundert zum Schauplatz einer eingreifenden urbanistischen Umgestaltung. Unter dem Vizekönig Don Pedro Alvarez de Toledo (1532–1553), einem Sohn des Herzogs von Alba, wird die Stadt über ihre alten Mauern hinaus auf das Doppelte ihres bisherigen Umfangs erweitert. Westlich der Altstadt entsteht die große Süd-Nord-Achse, die, auch nach ihrer Umbenennung in *Via Roma* im Jahr 1860, bis heute nach ihrem Schöpfer *il Toledo* heißt: eine der Hauptverkehrsadern der Stadt. Parallel dazu entstehen die sogenannten *Quartieri spagnuoli*: als Unterkünfte für die Soldaten der spanischen Besatzungsmacht gebaut, heute eines der umtriebigsten, populären Wohnviertel. Ein erweiterter Mauerring wird angelegt, der bis zum Castel Sant'Elmo hinaufreicht und Pizzofalcone und das Castel dell'Ovo einschließt. Neapel erhält jetzt jenen eigentümlichen urbanen Charakter, der geprägt ist durch die gewaltigen Massen der drei Kastelle, die die Stadt von der Berg- und von der Seeseite her dominieren, in Schach halten. Später kommt noch der Palazzo Reale hinzu, 1600–1602 von Domenico Fontana im neuen repräsentativen Viertel der Stadt errichtet.

Auch die soziale Struktur Neapels verändert sich. Die in der Provinz ansässigen Feudalherren und Latifundienbesitzer ziehen mit ihrem Anhang in die Hauptstadt, übernehmen repräsentative Funktionen und wetteifern im Umkreis des Hofes in Wohlleben und Prachtentfaltung. *Ofanità*, ein Lehnwort aus dem spanischen *ufanidad*, ist im Neapolitanischen synonym mit »Gefallsucht« und »Eitelkeit«: der Haltung der großen Pose. In einer Ekloge seines »Pentamerone« (1634/36) hat der neapolitanische Ritter Giambattista Basile, selber einer jener Aufsteiger, diesen Typus des Höflings und geschniegelten Parvenus, der in der Residenz den großen Herrn spielen will, aufs Korn genommen: »Die Kleider aus Seide und

Der Cavaliere Giambattista Basile,
Abenteurer und Autor des »Pentamerone«

Goldbrokat,/und beim Essen muß man ihm fächeln,/und er hat einen Nachttopf aus Silber«.[13]

Auf der anderen Seite der sozialen Skala gibt es die verarmten Massen, die unter dem Namen der *Lazzaroni* in ganz Europa bekannt werden sollten. Von Gelegenheitsarbeiten lebend und vom Hof mit Brot und Spielen bei Laune gehalten, spielte sich das Leben dieser unteren Volksklassen im wesentlichen auf den Straßen ab. Glaubt man den Berichten zeitgenössischer Reisender, die fast ausnahmslos das Phänomen der *Lazzaroni* erörtern, handelt es sich dabei um »eine Menschengattung, die keine einzige Stadt der Welt besitzt«.[14] Selbst ein Reisender, der, wie der weltkundige Samuel

Gescheit und anregend

Peter Burke
Giganten der Gelehrsamkeit
Die Geschichte der Universalgenies

Aus dem Englischen von Matthias Wolf unter Mitarbeit von Ursula Wulfekamp
Schmuckausgabe. Gebunden mit Prägung. Leseband. 320 Seiten mit vielen Abbildungen
€ 29.–/€ 29.90 [A]
ISBN 978 3 8031 3702 9

Wie passt das Wissen der ganzen Welt in den Kopf eines einzelnen Menschen? Wie kann jemand Kenntnisse von 25 Sprachen und parallel in mannigfachen Disziplinen und Künsten besitzen? Das neue große Werk des bedeutenden Kulturhistorikers Peter Burke: Die Geschichte einer gefährdeten Spezies – die der Universalgelehrten.

»Burke beherrscht die Kunst, instruktiv, unterhaltsam und völlig unprätentiös durch komplexe Materien und riesige Zeiträume zu führen.« Die Welt

© Susann Henker

Peter Burke, geboren 1937, lehrte seit 1978 als Professor für Kulturgeschichte in Cambridge. Er gilt als einer der bedeutendsten Kultur- und Medienhistoriker. Seine Bücher wurden in über 30 Sprachen übersetzt.

Sharp, aus einer Stadt wie London kam, kann sein Erstaunen angesichts dieses Anblicks nicht verbergen: »Die Volksmenge Neapels ist so hervorstechend, daß ein Fremder, der zum ersten Male bestimmte Teile der Stadt passiert, meinen möchte, das Volk habe sich zu einem außerordentlichen Anlasse auf den Straßen versammelt.«[15]

Nichts charakterisiert das Spannungsverhältnis zwischen dem »reichen Mann« und dem »armen Lazarus« im barocken Neapel besser als jene Volksbelustigungen, wie sie unter dem Namen *Cuccagna* (»Schlaraffenland«) damals in Mode kamen: spektakuläre Inszenierungen, bei denen vor dem *Palazzo Reale* eine gewaltige, eßbare Landschaft errichtet wurde, die dann von den Volksmassen auf ein Zeichen des Königs hin erobert werden durfte, während sich die Angehörigen des Hofes auf dem Schloßbalkon am grotesken Anblick der gegeneinander um die besten Bissen kämpfenden Hungerleider weideten.[16] Es ist die alte Verbindung von »Sozialpolitik« und »Vergnügen«, das mediterrane Muster des *panem et circenses*.

Im Gegeneinander von höfisch-aristokratischen Schichten auf der einen Seite, den plebejischen Volksmassen auf der anderen wird sich bis in die bourbonische Ära das soziale und politische Leben in Neapel gestalten. Nur zögernd entwickelt sich hingegen – anders als in anderen europäischen Großstädten – eine bürgerliche Mittelschicht. Damit verliert Neapel – ähnlich wie andere Metropolen des spanisch-habsburgischen Weltreichs – allmählich den Anschluß an Entwicklungen, wie sie sich in dieser Zeit im Norden, vor allem in Ländern wie Frankreich und England vollziehen.

Die Bevölkerung der Stadt wächst in der Zeit der spanischen Herrschaft kontinuierlich, obwohl immer wieder Epidemien ausbrechen. Ende des 16. Jahrhunderts zählt die Stadt rund 225.000[17], um die Mitte des 17. Jahrhunderts rund 350.000 Einwohner und ist damit neben London und Paris die größte Stadt Europas[18]. Besuchern aus dem Norden fällt die starke Präsenz von Mönchen und Klerikern im Stadtbild auf; in der zweiten Hälfte des 17. Jahrhunderts zählt man 304 Kirchen und 144 Klöster mit fast 5.000 Geistlichen[19]. Die neuen Orden der Gegenreformation haben sich mit Konventen und opulenten Kirchen etabliert, allen voran die Jesuiten mit der prachtvollen Kirche Gesù Nuovo, die Oratorianer mit der Girolamini-Kirche und die Theatiner mit San Paolo Maggiore. Die

Neapolitanisches Barock. Die Kartause San Martino

älteren Kirchen, auch der Dom, werden im barocken Stil umgestaltet. Für das Volk entstehen zahlreiche wohltätige Stiftungen wie der *Pio Monte della Misericordia* (mit Caravaggios Gemälde der »Sieben Werke der Barmherzigkeit«), Hospitäler (wie das berühmte, bis heute existierende *degli Incurabili*, »der Unheilbaren«), ein Findelhaus mit 1.000 »Säugammen«[20], ein großes Syphilitiker-Hospiz[21], dazu zahlreiche Kongregationen und Begräbnisbruderschaften. Da ein königliches Dekret die Ansiedlung außerhalb der Stadtmauern untersagt hatte, war das Stadtbild in den populären Quartieren von drangvoller Enge bestimmt; große, stille Räume gab es hingegen in den Konventen mit ihren ausladenden Kreuzgängen und in den großangelegten Kirchen. Der Kontrast zwischen dem Engen, Umtriebigen der profanen Welten und dem Monumentalen, Verhaltenen der religiösen Sphären vermittelt sich noch heute als Erfahrung des städtischen Raums.

Die großen Plagen. Das Feuer des Vesuv

Neapel ist im 17. Jahrhundert nicht nur *la nobile* beziehungsweise, aus der gegenteiligen Wahrnehmung, die Stadt der *Lazzaroni,* ist nicht nur die Stadt höfischer Prachtentfaltung, spektakulärer Feste und einer gigantischen architektonischen Modernisierung – es ist zugleich eine Stadt der Katastrophen. Innerhalb einer einzigen Generation, zwischen 1631 und 1656, wird Neapel von drei schrecklichen Ereignissen ganz unterschiedlicher Art heimgesucht: einer Naturkatastrophe, einer sozialen Revolte und einer Epidemie.

Am 16. Dezember des Jahres 1631 bricht der Vesuv aus. Genauso wie im Jahr 79 n. Chr., als der Berg die Städte Herkulaneum und Pompeji verschüttete, traf auch dieser Ausbruch die Bevölkerung wie ein Blitz aus heiterem Himmel. Seit dem späten Mittelalter hatte der Berg geschwiegen, galt als erloschen. Seine Hänge hatten sich wieder begrünt, auch im Innern des Vulkans wuchsen Bäume, auf dem Kraterboden sprudelten warme mineralische Quellen. Der Ausbruch von 1631, der verheerendste nach jenem in der Antike, zerstörte zahlreiche Ortschaften am Fuß des Berges und forderte etwa 3.000 Todesopfer. Aus Angst vor der Pest wurde den anströmenden Flüchtlingen der Zutritt nach Neapel anfänglich verwehrt; schließlich drangen etwa 40.000 Menschen in die Stadt ein. Für mehrere Tage wurde die gesamte Gegend durch den Aschenregen in Finsternis gehüllt.

Es ist dies die Stunde von *San Gennaro,* dem großen Heiligen und Wundertäter der Stadt. »Auf Anordnung des Erzbischofs ward eine feierliche Prozession verkündet, in welcher das Haupt und das Blut des Märtyrers umhergeführt werden sollten«, so ein zeitgenössischer Bericht.[22] Einhunderttausend Menschen, so der Chronist, sollen daran teilgenommen haben, an der Spitze der Vizekönig und der Hof. Ein zufälliger Zeuge der Ereignisse, der württembergische Rentkammer-Rat Hieronymus Welsch, zeichnet ein dramatisches Bild von der Bewegung des Volkes: »In der ganzen Stadt war anders nichts als Bußpredigen, Beten, Litaneisingen, Beichten, Kommunizieren. Alle Gewerb und Kram-Läden waren gesperrt, die Gassen überall voller Prozessionen, darbei viel tausend Menschen sich geißelten, schwere hölzerne Kreuz trugen, mit ausgespannten Armen herumb liefen, eiserne Ketten an den Hals hängten und also ver-

San Gennaro beschützt die Stadt vor dem Feuer des Vesuv, Kupferstich, 1635

meinten, ihre Sünd abzubüßen«.[23] Der Erzbischof trägt die Phiole mit dem Blut des Heiligen dem brennenden Berg entgegen, und das Wunder geschieht: Das rote Blut bringt das rote Feuer zum Stillstand. Neapel wird verschont. »War nicht Gennaro bei Lebzeiten in den Feuerofen geworfen und daraus errettet worden, auf daß er nun berufen sei, der Flammen Meister zu werden?«[24] Blut gegen Feuer: Das ist die Inszenierung der neapolitanischen Katastrophenabwehr. Der Ort des Geschehens war der *Ponte della Maddalena*, eine kleine Brücke über das Sebeto-Flüßchen am Stadtrand. Ein Denkmal des heiligen Gennaro, der, den rechten Arm hoch aufgereckt, dem Vesuv entgegentritt, markiert die Grenze des Bösen. Blumensträuße und andere Devotionalien, die dort noch immer niedergelegt werden, zeugen bis in unsere Tage von fortdauernder Erinnerung an die Rettung.

Der Vesuv-Ausbruch von 1631 wurde ein Schlüsselereignis für die jüngere Geschichte der Stadt.[25] In seiner oben skizzierten »kanonischen« Deutung wurde das Geschehen Teil des kollektiven Gedächtnisses der Neapolitaner. Dichtung, Malerei und bildende Kunst hielten das Ereignis fest – im Straßenbild erinnert neben dem erwähnten Denkmal auch die *Giuglia di San Gennaro*, eine monumentale Gedenksäule, an den Wundertäter. Sein Blut wird auch weiterhin für die Stadt fließen, für Neapel, die Stadt des Blutes. Und auch spätere Vesuv-Ausbrüche werden ähnliche Reaktionen der Volks-

San Gennaro bannt die Lava.
Denkmal am Ponte Maddalena, 1767

frömmigkeit hervorrufen.[26] Der Vesuv bleibt, als immerwährende Bedrohung, in der Mentalität der Neapolitaner präsent. *Posteri, posteri, vostra res agitur,* »Ihr Nachkommen, um Euch geht es!«, so mahnt ein Gedenkstein, den der spanische Vizekönig 1631 in Portici setzen ließ[27]: Wenn der Berg erneut Feuer zu werfen, die Erde zu beben beginne, »dann kehret Euch nicht an Eure Häuser, nicht an Euer Vermögen, sondern rettet Euer Leben durch eine rasche Flucht!« Es ist, in der Sprache der apokalyptischen Warnungen, der erste Katastrophenplan einer Regierung.

Natürlich machten die katastrophalen Ereignisse vom Dezember 1631 in Europa die Runde. Und natürlich förderten sie – ähnlich wie die gleichzeitigen Katastrophen des 30jährigen Krieges in Deutschland – jenes Bewußtsein der *Vanitas,* das Teil der todesverliebten Geistigkeit des Barock ist.[28]

Von dem neapolitanischen Haupt-Rebellen Masaniello

Die zweite große Katastrophe des 17. Jahrhunderts, die Neapel und ganz Europa erschütterte, spielte sich auf politischem Gebiet ab: die Revolte des Masaniello im Juli 1647. Die »Dramaturgie« der Ereignisse war derartig singulär, ihr Ablauf entsprach so sehr dem

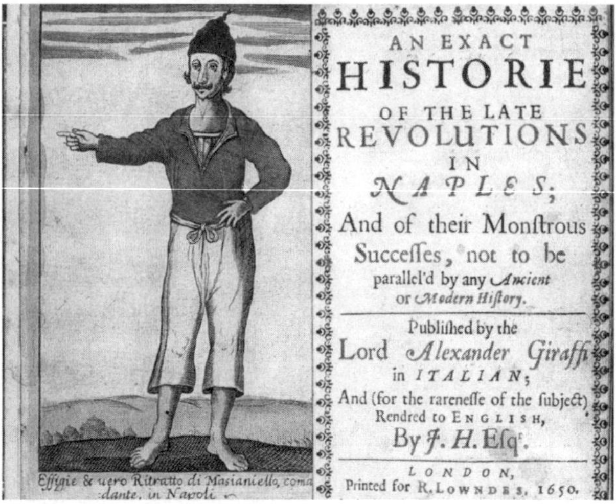

Masaniellos »wahres Abbild« auf dem Frontispiz der englischen Übersetzung von Giraffis *Le rivolutioni di Napoli* (1647). Der *comandante* erscheint in der Kleidung der neapolitanischen Fischer.

barocken Emblem vom »Rad der Fortuna«, daß das Schicksal des Revolutionärs, *el maior monstruo del mundo* (wie ihn eine Bildunterschrift nennt[29]) geradezu zeichenhafte Bedeutung annehmen konnte. Ein gänzlich unbekannter Mann aus den untersten Volksschichten, der Fischhändler Tommaso Aniello, bietet der Macht des spanischen Vizekönigs Paroli, wird »König von Neapel« und am Ende von seinen eigenen Anhängern ermordet – und dies alles in einem Zeitraum von nur zehn Tagen.

Den Hintergrund des Geschehens bildet die soziale und politische Situation der Stadt im spanisch-habsburgischen Weltreich. Wirtschaftliche Auspressungen durch die Eroberer führen zu beständigen Geldentwertungen, zu Teuerungen und Hungerkatastrophen. Immer wieder macht sich der Unmut des Volkes in spontanen Aktionen Luft. Ein eher zufälliger Anlaß war es auch, der am 7. Juli 1647 das Signal zur Revolte gab. Ihr Schauplatz war die *Piazza del Mercato,* der Marktplatz der Stadt. Wegen einer vom Vizekönig erlassenen neuen Obststeuer entsteht ein Tumult unter Obsthändlern und Marktbesuchern. Eine Schar Jugendlicher aus den umliegenden Gassen, unter ihnen der 26jährige Masaniello, mischt sich ein; Feigen und Äpfel fliegen durch die Luft, Masaniello wirft den ersten Stein gegen den herbeieilenden Stadtvogt. Der Ruf »Keine Steuer, keine Steuer!« ertönt, auf dem Markt läuft das Volk zusammen.

Am nächsten Tag nimmt der Vizekönig die Steuer zurück, die Tumulte greifen dennoch weiter um sich. Masaniello erklärt sich zum *Capitano generale del Popolo,* es kommt zu Gewalttätigkeiten und Morden. Längst haben sich inzwischen andere Kräfte in das Spiel eingemischt, falls sie es nicht, wie manche Autoren vermuten, sogar selber angezettelt und Masaniello nur als Werkzeug benutzt haben: Es geht um eine von Angehörigen des städtischen Patriziats um Don Giulio Genoino eingeforderte neue Machtverteilung innerhalb der *seggi,* der alten »Viertelregimenter« der Stadt. Der König beschwört dann auch eine entsprechende Vereinbarung.

Der letzte Akt des Dramas spielt im Dom. Bei der feierlichen Messe zum *Carmine*-Fest erklimmt Masaniello die Kanzel, spricht wirre Prophezeiungen und entledigt sich dabei seiner Kleider. Es ist unklar, ob es sich dabei um einen charismatischen Auftritt handelte oder ob der *Capitano del popolo* im buchstäblichen Sinne den Verstand verloren hatte. Er wird getötet, sein Kopf aufgespießt durch die Straßen getragen, sein Körper in eine Abfallgrube geworfen, später in der *Carmine*-Kirche an der *Piazza del Mercato* beigesetzt.[30]

Es war nicht so sehr die lokale politische Bedeutung, es war vielmehr die gleichsam emblematische Dramatik der Ereignisse von Aufstieg und Fall, von bestrafter Insurrektion gegen die Regeln des göttlichen und des menschlichen *Ordo,* und es waren natürlich auch die barocken Grausamkeiten und Bizarrerien der Geschichte, die die Mär von der Revolte des Masaniello in ganz Europa verbreiteten. Masaniello mit der roten neapolitanischen Fischermütze wird der Held zahlreicher Kupferstiche, Einblattdrucke und Gemälde, von historischen Berichten und phantastischen Biographien. Alessandro Giraffis Chronik *Le rivolutioni di Napoli* (1647), eine Hauptquelle der Ereignisse, wurde sogleich ins Deutsche (1649), ins Englische (1650) und ins Niederländische (1650) übersetzt.[31] Und natürlich eignete sich der Stoff in besonderer Weise für die barocke Gattung der Tragödie. Schon 1649 erschien in London *The Tragedy of Massenello,* angeblich von einem Augenzeugen der Ereignisse; das Frontispiz zeigt

Fliegende Heilige. Micco Spadaro: Die Mönche der Kartause San Martino danken für die Bewahrung vor der Pest, 1657

das im Netz des aufrührerischen Fischers gefangene Neapel und die Blitze der göttlichen Rache über der Stadt.[32] In Amsterdam erschien 1669 das Drama *Op- en Ondergang van Mas Anjello,* »geachtet wie ein Fürst, erschlagen wie ein Hund«[33], und in Deutschland machte 1683 Christian Weises *Trauer-Spiel von dem neapolitanischen Haupt-Rebellen*

Masaniello die Geschichte bekannt. 1706 folgte die Oper *Masaniello furioso oder die neapolitanische Fischer-Empörung* (Reinhard Keiser/Barthold Feind)[34]. Der neapolitanische Fischer wurde zur Modellfigur der politischen Insurrektion in ganz Europa.

Masaniellos Fama wirkte auch unter veränderten politischen Vorzeichen weiter. Die rote neapolitanische Fischermütze mit dem runden, nach vorn geneigten Zipfel wurde von den französischen Revolutionären 1789 als »phrygische Mütze« wieder aufgegriffen und schmückt seither als Freiheitssymbol die Allegorie der französischen *Marianne.* Nicht mehr als gottlosen Aufrührer, sondern als begeisterten Freiheitshelden zeichnet auch Daniel Aubers Erfolgsoper *La muette di Portici* (Paris 1828) den Fischer aus Neapel. Die Aufführung 1830 im Brüsseler *Théâtre de la Monnaie* war Auslöser für die belgische Revolution und die Erklärung der Unabhängigkeit des Landes. Auch im Revolutionsjahr 1848 kam es, in Paris und in verschiedenen deutschen Städten, bei Aufführungen der »Stummen von Portici« zu Freiheitskundgebungen.

Es verwundert nicht, daß der Streit um Masaniello auch in seiner Heimatstadt selber nicht zur Ruhe kam. Nach der Niederschlagung der »Parthenopäischen Republik« 1799 ließ der zurückgekehrte König Ferdinand IV. das Grab Masaniellos in der *Carmine*-Kirche zerstören und die Gebeine des Aufrührers zerstreuen: Rache am Geist der Revolution anderthalb Jahrhunderte später! Inzwischen erinnert dort ein neuer an den alten zerstörten Gedenkstein.

Der Schwarze Tod

Auch die dritte der großen Plagen im spanischen Neapel fügt sich in das barocke Weltbild von der *Vanitas mundi.* Im Jahr 1656 suchte die Pest die Stadt heim und forderte eine Zahl von Opfern, deren Größenordnung nur schwer vorstellbar ist: Von 200.000 Toten ist die Rede, was praktisch einer Halbierung der Bevölkerung gleichgekommen wäre.[35] Neapel trifft damit das Schicksal vieler anderer großer Städte der frühen Neuzeit, und ähnlich ist auch hier der Umgang der Menschen mit der ihnen unerklärlichen Krankheit: die anfänglichen Versuche der Obrigkeit, die Existenz der Krankheit zu leugnen, die Lynchjustiz gegen vermeintlich Schuldige, die Verrohung der Begräbnissitten, der Zusammenbruch der Moral und der öffentlichen Ordnung.[36] Erschwerend kam in diesem Fall hinzu, daß die Stadt besonders volkreich und in den populären Vierteln sehr eng gebaut war, die Möglichkeiten der Ansteckung also besonders groß waren. Einige Bevorzugte freilich konnten sich retten: Die Mönche der hochgelegenen Kartause San Martino schlossen sich samt dem Erzbischof in ihr festungsartiges Kloster ein und blieben auf diese Weise von der Krankheit verschont. Ein bei dem Maler Micco Spadaro in Auftrag gegebenes Votivgemälde[37] zeigt die offizielle spirituelle Deutung des Geschehens: Die Kartäuser haben sich vor dem Hintergrund der Stadt zum Gebet versammelt; eine häßliche, halbnackte Frau – die Allegorie der Pest – versucht, zu den Männern vorzudringen, wird jedoch durch das Eingreifen der Heiligen, darunter des Ordensgründers Sankt Bruno, daran gehindert. Auch die Kartäuser auf Capri entgingen auf diese Weise der Pest, auch wenn die erboste Bevölkerung wiederholt Pestleichen über die Mauern der Kartause warf.[38]

Die künstlerische Verarbeitung der Pest spielt in der neapolitanischen Barockmalerei eine große Rolle. Die Bilder zeigen mit naturalistischer Detailfreude die abstoßenden Szenen der Epidemie auf den Straßen und Plätzen der Stadt: Sterbende, verunstaltete Leichen, Pestkarren, Pestfeuer und die verschiedenen karitativen Bemühungen. Auf der anderen Seite betonen sie – im Sinne gegenreformatorischer Frömmigkeit – die Rolle der Heiligen bei der endlichen Erlösung von der Plage: Sie sind es, die Christus, der über den Wolken die Pestpfeile gegen die Stadt schleudert, entgegenfliegen und die Stadt retten.[39]

Sicherlich waren es die Erfahrungen der großen Katastrophen, die der neapolitanischen Barockmalerei ihre charakteristischen »dunklen« Züge gegeben haben, die Vorliebe für Massenszenarien und Szenen der Gewalt – so bei Francesco Solimena, Micco Spadaro, Jusepe de Ribera, Mattia Preti, Luca Giordano und Salvator Rosa. Der letztere ist am ehesten über die Grenzen Süditaliens hinaus bekannt geworden: Mit seinen »idealen Landschaften« hat er die Entwicklung der europäischen Landschaftsmalerei nachhaltig beeinflußt.

Während der Zeit der spanischen Herrschaft in Unteritalien wurde Neapel auch zum Anziehungspunkt für eine Reihe von

Malern aus den Niederlanden und aus Deutschland, die mit ihren Werken hier in Kirchen und Museen ihre Spuren hinterlassen haben. Zwischen 1590 und 1594 arbeitete der flämische Maler und Architekt Wenzel Cobergher (Antwerpen 1561–Brüssel 1634)[40] im Vizekönigreich; es folgten, ebenfalls aus den Niederlanden kommend, Matthias Stomer (Amersfoort 1600–Sizilien um 1650)[41] und Hendrick van Somer (Amsterdam 1607–1684)[42] sowie, aus Deutschland, Johann Heinrich Schönfeld (Biberach 1609–Augsburg 1683)[43] und Johannes Lingelbach (Frankfurt 1622–Amsterdam 1674). Zu nennen ist in diesem Zusammenhang aber vor allem Gaspar van Wittel (Amersfoort 1653–Rom 1736), der sich auf Dauer in Italien niederließ und hier Vanvitelli nannte: der Vater des späteren klassizistischen Architekten Luigi Vanvitelli, des Erbauers des Schlosses Caserta[44]. Alle diese Namen sind die ersten in einer lange Reihe von Künstlern aus Nordeuropa, die sich für kürzere oder längere Zeit am Golf von Neapel niedergelassen haben und von denen später noch die Rede sein wird.

Die Hauptstadt der Oper

Für die europäische Kunstentwicklung besonders einflußreich war Neapel im 17. und 18. Jahrhundert auf dem Feld der Musik, vor allem der Oper. Nur das Venedig Monteverdis konnte sich unter den italienischen Städten in diesem Zeitraum mit der Stadt am Golf messen.

Es ist verständlich, daß in einer glanzvollen, großstädtischen Residenz wie Neapel die junge Kunstform der Oper schnell Beachtung finden mußte. 1621 wurde als erste Opernbühne das *Teatro di San Bartolomeo* (1621–1737) gegründet, an dem später Alessandro Scarlatti, seit 1694 Direktor der *Capella Reale,* seine Triumphe feierte. Mit seinem Namen und mit dem des ebenfalls lange Zeit in Neapel tätigen Giovanni Battista Pergolesi (dessen *La serva padrona* 1733 im *San Bartolomeo* uraufgeführt wurde) verbindet sich der Begriff der »neapolitanischen Musikschule«: einer Richtung, die sich in einem erregten, »modernen« Stil und besonderen dramatischen Effekten gefiel – der sogenannte »neapolitanische Sextakkord« der musikalischen Harmonielehre erinnert bis heute daran.

Ebenfalls der Oper widmeten sich das *Teatro Nuovo* (1724–1935) und das *Teatro San Giovanni dei Fiorentini* (1618–1941), letzteres lange Zeit ein Zentrum der Opera Buffa. Ihr Schauplatz war das zeitgenössische Neapel mit seinem typisierten Figurenensemble; die Sprache war das Neapolitanische, das auf diese Weise, vermittelt über wandernde Opern- und Commedia-dell'arte-Truppen, als »Kunstsprache« in weiten Teilen Europas bekannt wurde.

Das dritte und berühmteste der neapolitanischen Opernhäuser stammt aus der Zeit der Bourbonen, die sogleich an die große musikalische Tradition der spanischen Epoche anknüpften: Es ist das *Teatro San Carlo*, das älteste bis heute existierende Opernhaus der Welt. Es wurde 1737, bereits drei Jahre nach dem Regierungsantritt Karls III., errichtet und am Namenstag des neuen Herrschers mit der Oper »Achille in Sciro« von Domenico Sarro und Pietro Metastasio eröffnet. Auch andere Erfolgsopern des damals hochberühmten Metastasio (der seit 1719 in Neapel wirkte) gingen im San Carlo über die Bühne. Später war der Neapolitaner Domenico Cimarosa hier tätig (1793–1799), im 19. Jahrhundert kamen Gioacchino Rossini (1815–1822) und Gaetano Donizetti (1829–1838), dessen »Lucia di Lammermoor« 1835 hier uraufgeführt wurde.

Neapel als eines der großen Zentren des europäischen Musiktheaters wurde im 18. Jahrhundert auch bevorzugtes Ziel reisender Musiker aus dem Norden. Zu den Besuchern gehörten Christoph Willibald Gluck, Johann Christian Bach sowie Leopold und Wolfgang Amadeus Mozart. Die beiden letzteren hielten sich im Mai und Juni 1770 in der Stadt am Golf auf, wo sie von der Königin Maria Carolina empfangen und von den Honoratioren der Stadt hofiert wurden.[45] Natürlich besuchten sie auch das *San Carlo*, wo gerade Jommellis »Armida abbandonata« gegeben wurde. »Das theatter ist schön, der könig [...] steht in der opera allkeizt [=allzeit?] auf einem schämerl, damit er ein bissel grösser als die königin scheint«, schreibt der kecke 14jährige Wolfgang an die Schwester Nannerl.[46] Der kleine König macht sich größer: Natürlich gehört die Inszenierung der eigenen Person auch unter den Bourbonen ebenso zur Oper wie die Musik selber.

1816 wurde das *San Carlo* durch Feuer zerstört, bereits im Januar 1817 aber wiedereröffnet. Unter den ausländischen Gästen der Zere-

Das Teatro San Carlo

monie war auch Stendhal. »Diese Eröffnung des Teatro San Carlo: eines der großen Ziele meiner Reise«, schreibt er und schwelgt in Begeisterung, die fast mehr dem prächtigen Ambiente als der musikalischen Darbietung selber gilt: »Es gibt in Europa nicht nur nichts, was dem ähnelte, sondern nicht einmal etwas, was im entferntesten eine Vorstellung davon vermitteln könnte [...] Dieser in dreihundert Tagen wieder aufgebaute Saal ist ein Staatsstreich. Er bindet das Volk fester an den König als das beste Gesetz; ganz Neapel ist trunken vor Vaterlandsliebe«.[47]

Stendhal hatte mit dieser kritischen Bemerkung ins Schwarze getroffen. Der neapolitanische Historiker Vittorio Gleijeses hat in einem Buch über das Neapel der Bourbonen von den »drei F.« gesprochen, denen die Bourbonen ihre Macht verdankten: Feste – Farina – Forca (Feste, Mehl und Galgen).[48] Und in die Reihe der Feste gehörten natürlich auch die festlichen Opernereignisse.

Neapel als Stadt der Musik: Das ist ein Eindruck, der sich den europäischen Besuchern im Süden immer wieder aufgedrängt hat. »Nirgends ist die Musik zu einem solchen Grade der Vollkommenheit gebracht worden, und nirgends wird sie so fleißig getrieben als zu Neapel« – schreibt Johann Jacob Volkmann in seinen »Historisch-kritischen Nachrichten von Italien« (1771). »Die ganze Nation ist gleichsam musikalisch, der Ton ihrer Stimme, die Sprache, alles ist harmonisch; die Kinder singen von Jugend auf, und unter den Erwachsenen wird man viele finden, die eine Arie gleich nach dem Gehöre nachsingen.«[49] Nicht nur das 18. Jahrhundert schwärmte auf diese Weise vom musikalischen Charakter Neapels. Daß hier alles Geräuschvolle »mit Singen zu tun hat, vom Singen herkommt und in Singen mündet«, notierte Hans Werner Henze in einem Neapel-Essay von 1958.[50] Und in der Tat gehört bis heute die Liebe zur Musik und speziell zur Oper, gehört der Stolz auf das *San Carlo* zu den »Charakter«-Eigenschaften der Neapolitaner.

Österreichisches Intermezzo. Ein Brunnenschacht in die Antike

Die Herrschaft der spanischen Vizekönige endete mit dem Niedergang des spanischen Weltreiches und in den Wirren des Spanischen Erbfolgekrieges nach dem Tod des letzten spanischen Habsburgers. 1707 besetzten die Truppen von Kaiser Karl VI. Neapel (wieder einmal hat die Stadt Glück, geht ohne Zerstörungen in fremde Hände über); im Frieden von Utrecht (1713) wird das Vizekönigtum – ebenso wie die meisten spanischen Nebenländer in Europa – den österreichischen Habsburgern zugesprochen.

Die Herrschaft Wiens über Neapel dauerte nur 27 Jahre (1707–34), aber in diese Zeit fällt ein Ereignis von außerordentlicher kulturgeschichtlicher Tragweite: Die ersten Spuren der durch den Vesuv-Ausbruch des Jahres 79 verschütteten Städte kommen ans Licht.

Ein Besatzungsoffizier der österreichischen Truppen, der lothringische Prinz Emanuel d'Elbœuf, der sich bei Portici eine Villa errichten ließ, wurde darauf aufmerksam, daß sein Marmorhändler eine Reihe von Steinen im Angebot hatte, die offensichtlich antiker Herkunft waren. Ein Bauer aus Resina war beim Vertiefen eines Brunnens auf Marmor, Alabaster und andere Teile antiker Bauwerke gestoßen und hatte sie an den Steinhändler verkauft. Die Wiederverwendung solcher antiken Materialien, zum Teil durch Vermahlen des Marmors zu Stuckmörtel, war damals üblich und ist es in bäuerlichen Gegenden Kampaniens bis ins 20. Jahrhundert geblieben. Aber nun wird aus Bauschutt eine antike Kostbarkeit. Daß es dabei des Blickes und der Intervention von außen bedurfte, ist kein Zufall. Was für den Bauern und den Steinhändler aus Resina ein alltägliches Gebrauchsgut war, ist für den gebildeten Ausländer ein historisches Fund- und Schmuckstück. D'Elbœuf erwarb das Grundstück des Bauern Enzecchetta und ließ dort auf eigene Faust Grabungen anstellen. Auf diese Weise förderte er eine ganze Reihe von antiken Statuen zutage, die er zur Ausschmückung seiner neuen Villa verwendete. Was der Schatzgräber nicht wissen konnte, war, daß der Bauer mit seinem Brunnen in der Tiefe auf keinen anderen Ort gestoßen war als auf die mit Statuen geschmückte Szene des Theaters von Herkulaneum.

Bis zu diesem Augenblick spielten die Ereignisse lediglich auf einer lokalen Bühne; sie sollten jedoch bald eine folgenreiche europäische Dimension erhalten. Emanuel d'Elbœuf, der gern auf großem Fuß lebte, hatte es sich in den Kopf gesetzt, die Gunst Eugens von Savoyen, des »Prinzen Eugen«, zu gewinnen, der am Hof von Maria Theresia eine einflußreiche Rolle spielte. Er beschloß, dem Feldherrn drei der schönsten zutage geförderten Frauenstatuen zu schenken. D'Elbœuf ließ die Figuren zunächst zur Restaurierung und Ergänzung nach Rom bringen und dann heimlich – Antikenexport war auch damals schon verboten – nach Wien transportieren. Dort wurden sie 1713 im Belvedere aufgestellt und nach dem Tod des Prinzen Eugen 1736 von dem kunstsinnigen sächsischen Kurfürsten Friedrich August II. für die Antikensammlung in Dresden erworben.

In der Dresdner Antikensammlung, im 18. Jahrhundert die Wallfahrtsstätte aller Freunde der »Kunst des Altertums«, konnte man nun die ersten originalen Zeugnisse aus der antiken Welt der verschütteten Städte am Vesuv bewundern – und dies längst bevor ihre wahre Provenienz bekannt war. Auch Winckelmanns erste Begegnung mit dieser Welt fand im Antikensaal in Dresden statt. Und eines der »Schlüsselwörter« des klassizistischen Kunstverständnisses verdankt sich dieser Begegnung: Winckelmann entwickelte an der

Beschreibung des Gewandwurfs der »drei göttlichen Stücke« seine berühmt gewordene Auffassung von der »edlen Einfalt und stillen Größe« der griechischen Kunst.[51]

Don Carlos, der aufgeklärte Regent

Das österreichische Intermezzo am Golf von Neapel endete 1734. In diesem Jahr geriet das Vizekönigreich erneut in den Strudel der Politik der europäischen Mächte. Im österreichisch-französischen Krieg verloren die Habsburger einen Teil ihrer italienischen Besitzungen; im »Vorfrieden von Wien« (1735) wurden Neapel und Sizilien als Sekundogenitur den spanischen Bourbonen zugeschlagen. Don Carlos, Sohn von Philipp V. von Spanien und Elisabetta Farnese aus Parma, zieht 1734 als neuer Herrscher in Neapel ein, jetzt nicht mehr als »Vizekönig«, sondern unter dem Titel eines »Königs beider Sizilien«. Unteritalien wird damit wieder ein selbständiges Königreich, Neapel eine »wahre« Hauptstadt.

Die Zeit der Regentschaft von Don Carlos (1734–59), der auf dem Thron in Neapel Carlo III. heißt, gehört zu den glänzendsten Perioden der neapolitanischen Geschichte. Karl verfolgte eine Politik des aufgeklärten Absolutismus, die in vielem an die Politik anderer großer Souveräne des 18. Jahrhunderts erinnert: an Kaiser Joseph II. von Österreich oder König Friedrich II. von Preußen. Der von ihm berufene Premierminister Bernardo Tanucci (1734–76), ein nüchterner Toskaner und Professor der Universität Pisa, beschnitt die Rechte der Kirche, verhinderte die Einführung römischer Inquisitionsgerichte und verwies 1767 die Jesuiten des Landes. Durch Anti-Luxus-Verordnungen versuchte er, die öffentlichen Ausgaben einzudämmen, durch Schutzzollpolitik und andere merkantilistische Maßnahmen der Wirtschaft des Landes aufzuhelfen. Zu diesem Zweck rief er auch ausländische Arbeitskräfte ins Land, so zum Beispiel sächsische Bergarbeiter für die Bergwerke in der Manfredonia und am Gran Sasso.[52] Er schloß Handelsverträge mit ausländischen Mächten, so 1740 sogar ein Abkommen mit der Hohen Pforte in Konstantinopel, in dessen Folge Neapolitaner im Reich des Großsultans alle Handlungsfreiheit genossen, umgekehrt die Türken im

König Karl III., Kupferstich Neapel, 1757

Königreich. »Denn obschon der Päbstliche Stuhl zu dergleichen Bündnis eines Römisch-Catholischen Königs [...] mit dem sogenannten Erb-Feind des Christlichen Namens gar scheele Augen machen möchte, so scheinet es dennoch, daß das Königlich Sicilianische Ministerium in diesem Stücke einen ganz anderen Glauben haben und nach der ächten Staats-Kunst wohl überzeugt seyn mußte, daß die Beförderung der Wohlfahrt eines Reichs durch gute Einrichtung derer Commercien [=der Wirtschaft] [...] eine der wichtigsten Pflichten guter Regenten ausmache«: So kommentierte den Fall eine Leipziger Zeitung.[53] In der Tat wird jetzt wieder eine Form des vorurteilsfreien wirtschaftspolitischen Kosmopolitismus möglich, wie ihn Neapel und die Seerepublik von Amalfi im hohen Mittelalter praktiziert hatten: der freie Handel mit der muselmanischen Welt, ungeachtet religiöser Differenzen.

Öffnung zur Landschaft

Auch das Stadtbild Neapels erlebt unter Karl III. und seinem Nachfolger Ferdinand IV. (1759–1825) einschneidende Veränderungen. Die mittelalterlichen Mauern werden geschleift, die breite Uferstraße längs der Hafenanlagen wird angelegt. In ihrer östlichen Verlängerung bis zu den Vesuvstädten, der sogenannten »Goldenen Meile«, entstehen zahlreiche vornehme Landhäuser, in deren Anlage – mit Blick zum Meer und zum Vesuv – die neue Naturästhetik des 18. Jahrhunderts Triumphe feiert. Auch Karl III. selber läßt sich ein Lustschloß in Portici bauen, Parks und Gartenanlagen säumten die Villen längs der Straße am Meer. »O eine Gegend! Man fährt mitten im Winter durch Gärten Adonis' und wird von dem holden Traum trunken«, schreibt Herder 1789 von einer Fahrt nach Portici.[54] Auch in westlicher Richtung öffnet sich jetzt die Stadt zur Natur hin, auf dem Posillipo entstehen, wie in alter römischer Zeit, erneut Villen und Parks. »Der Hügel von Pausilypo, welcher sich auf der westlichen Seite von Neapel längs dem Meere hin erstreckt, ist vielleicht eine der reizendsten Anhöhen, die diesen Erdkreis schmücken«, begeistert sich Karl Philipp Moritz 1787.[55] Neapel ist jetzt nicht mehr die enge, in Mauern eingepferchte Metropole, sondern das Muster einer zur Landschaft hin »offenen« Stadt, wie sie immer wieder enthusiastisch von den europäischen Reisenden begrüßt wird. »Der schönste Meerbusen, der sich denken läßt, in einem halben Zirkel; die Küsten desselben mit Weingärten, Wäldern und zahllosen Villas geziert; in deren Mitte die große Stadt Neapel in ihrer amphitheatralischen Lage: [...] alles dieses vereinigt bildet ein Ganzes, das jede Beschreibung übertrifft.«[56] Oder, mit den Worten Stendhals:

Porträt des Lieblingshundes von König Ferdinand IV. 1780/90
Caserta, Schloß

»Neapel wirkt trotz seiner 340.000 Seelen gleichsam wie ein Landhaus inmitten einer schönen Landschaft.«[57]

Auch in die Stadt selber dringt im 18. Jahrhundert Landschaft ein. Unter Ferdinand IV. wird 1778/80 an der *Riviera di Chiaia* ein ausgedehnter öffentlicher Garten, die *Villa Reale* (heute *Villa Comunale*), angelegt und von dem Architekten Carlo Vanvitelli mit Statuen, Brunnen, Bänken und Lusthäuschen geschmückt. In der Mitte war, zwischen Weinpergolas, der berühmte »Farnesische Stier« aufgestellt (heute im Archäologischen Nationalmuseum). Am Abend fand längs der mit Fackeln beleuchteten *Villa* der sogenannte *Corso* statt, ein Kutschendefilée der vornehmen Welt. In den Sommernächten gab es Konzerte, und der Park war illuminiert. All dieses, dazu seine Lage direkt am Meer, gab dem Park einen ganz besonderen Reiz, machte ihn auch unter Reisenden zu einer vielbewunderten Sehenswürdigkeit. »Aus tiefem, grünem Baumesschatten tauchen die schönsten Nachbildungen antiker Statuen hervor [...] Überall Lichtglanz und Frauen in glänzender Kleidung, Lachen, Spiel und Pracht, wohin das Auge sich wendet« (Fanny Lewald, 1846).[58]

Aber auch durch den Bau imposanter Schloßanlagen wollten sich die neu in Neapel eingezogenen Bourbonen verewigen. Karl III. ließ auf einem Hügel oberhalb der Stadt ein neues Schloß errichten: *Capodimonte,* ein ausgedehnter klassizistischer Bau nach Plänen des Architekten Ferdinando Fuga. Dort wurde auch die *Collezione Farnese* untergebracht, also die Kunstsammlung aus mütterlichem Erbe des Königs, die 1758/59 nach Neapel überführt worden war. Mit ihren Glanzstücken aus der italienischen, spanischen und niederländischen Malerei bildet die Sammlung den Grundstock des heutigen *Museo di Capodimonte.* Die antiken Statuen der Farnese-Sammlung, die während Goethes Aufenthalt in Rom zum Leidwesen der dortigen Künstlerszene nach Neapel verbracht wurden, wurden unter Karls Nachfolger im umgebauten *Palazzo degli Studi* aufgestellt (dem heutigen Archäologischen Nationalmuseum); später kamen die Funde aus Herkulaneum und Pompeji hinzu. Innerhalb weniger Jahrzehnte war Neapel damit zu einem der bedeutendsten europäischen Kunstzentren geworden.

Schloß Capodimonte erfüllte mit seiner Lage am Berg und mit seinem Blick auf die Landschaft das Ideal einer Residenz vor den Toren der Hauptstadt, einer absolutistischen Lieblingsidee des 18. Jahrhunderts, wie sie auch den Anlagen von Versailles, von Schloß Schönbrunn oder von Sanssouci zugrunde liegt. Anders als dort freilich war von Capodimonte aus doch die große Stadt immer noch präsent. Der baubegeisterte König plante daher die Anlage eines weiteren Schlosses, jetzt außerhalb der direkten Reichweite der Hauptstadt, ein Werk, mit dem er selbst das Versailles Ludwigs XIV. in den Schatten zu stellen hoffte. Es war das Schloß von Caserta, von Luigi Vanvitelli 1751–74 im klassizistischen Stil errichtet, mit seinen 1200 Zimmern »ein ungeheurer Palast, escurialartig, ins Viereck gebaut, mit mehrern Höfen; königlich genug«[59]. So, mit leichter Zurückhaltung, Goethe, der dort den Maler Philipp Hackert besuchte. Zur Anlage des in die freie Natur aufsteigenden Gartens im französischen Stil, der mit zahlreichen Kaskaden, Brunnen, Fontänen und Grotten um eine zentrale Wasserachse gruppiert ist, ließ Vanvitelli eigens über einen 40 Kilometer langen Aquädukt Wasser heranführen. Um den Bedürfnissen der eher »nördlich« empfindenden Königin Maria Carolina aus Wien entgegenzukommen, wurde ein Teil des Parks später auf Initiative von Sir William Hamilton von einem englischen Landschaftsarchitekten als Englischer Garten angelegt: mit Wiesen, Teichen, Wäldchen und verschlungenen Wegen, einer Landschaft, die auf den Gemälden von Philipp Hackert[60] in der Tat wirkt, als könnte sie auch irgendwo in Niederösterreich oder im Voralpenland liegen.

Die Armen und die Toten der 366 Tage

Der Aufschwung, den Neapel unter den Bourbonen im 18. Jahrhundert nahm, kommt auch in den Bevölkerungszahlen zum Ausdruck. Die Volkszählung von 1794 errechnete 430.312 Einwohner, zuzüglich 10.890 Soldaten und rund 10.000 durchreisender Personen.[61] Neapel ist damit noch immer eine der größten Städte in Europa. Und die sozialen Probleme der Metropole sind nach wie vor unübersehbar. Um sie zu lindern, nimmt König Karl ein gigantisches, karitatives Projekt in Angriff, von seiner räumlichen Ausdehnung her vermutlich das weltweit größte seiner Art: Er läßt 1751 von dem Architekten Ferdinando Fuga das *Real Albergo dei Poveri* erbauen, eine Mischung aus Arbeitshaus, Obdachlosenasyl, Hospiz und Pflegeheim, ein riesiges Sammelbecken für »die Armen des gesamten Königreiches« (so die lateinische Inschrift am Portikus). Auf nicht weniger als 600 Meter Länge war die Vorderfront des Gebäudes ursprünglich geplant, mit 354 Metern wurde sie abgeschlossen, ein Hospiz für Waisenkinder, Bettler, Bedürftige, Vagabunden, Greise, die hier – in getrennten Abteilungen für Männer und Frauen – lebten und starben. Bis 1980 war das *Albergo* in Betrieb, dann wurde es durch das Erdbeben unbewohnbar gemacht.

Auch die »Entsorgung« der Toten aus dem Armenhospiz ließ der König organisieren, als Projekt aus dem »vernünftigen« Geist von Rechenkunst und Geometrie. Sein Architekt Ferdinando Fuga erfand den »Friedhof der 366 Gräber«: eine schmucklose, symmetrische Anlage von 366 im Quadrat nebeneinander in den Boden eingelassenen Gemeinschaftsgräbern, die lediglich mit einer Nummer versehen waren. Die jeweiligen Toten eines Tages wurden fortlaufend – vom 1. Januar bis zum 31. Dezember – in einem Grab beigesetzt; das jeweilige Grab wurde auf den Tag genau nach einem Jahr wieder geräumt und erneut belegt: eine Form der »Industrialisierung des Todes«, die natürlich auch das Schaltjahr einkalkulierte.[62]

Gelehrte Welt. Mechanische Künste

Seit dem Regierungsantritt Karls III. konnte sich Neapel nun auch im großen Stil als Zentrum der Gelehrsamkeit und der angewandten Wissenschaften profilieren – nicht zuletzt dank der vielfältigen reformpolitischen Initiativen des Regenten.

Ein besonderes Anliegen des Königs war die Förderung der Wirtschaft und des Freihandels. 1754 richtete er an der Universität Neapel einen Lehrstuhl für *Commercio e Meccanica* ein, den ersten Lehrstuhl für Ökonomie an einer europäischen Universität. Sein erster Inhaber, Antonio Genovesi, trat in seinen »Lezioni di commercio« (1769) für die Förderung der Manufakturen und für allgemeine Volksbildung ein. Lessing schätzte ihn als »einen der besten zeitgenössischen Schriftsteller Italiens« und erwarb während seiner Italienreise Genovesis Bücher für die Bibliothek in Wolfenbüttel.[63]

Auch persönlich setzte sich König Karl für das Manufakturwesen ein. Die 1743 gegründete Königliche Porzellanmanufaktur Capodimonte wurde durch ihr raffiniertes Biskuitporzellan berühmt, vor allem aber durch die Verwendung antiker Dekormotive aus den Ausgrabungen von Herkulaneum und Pompeji, die klassizistische Stilmuster in Europa verbreiteten. Karls Nachfolger Ferdinand IV. gründete auf seinem Schlößchen San Leucio bei Caserta die ebenfalls bis heute existierende Seidenmanufaktur, deren prachtvolle Gobelins in zahlreichen Schlössern zu bewundern sind.

Auf dem Gebiet des Rechtswesens glänzte das Neapel der Aufklärung in der Person des jungen Staatsrechtlers Gaetano Filangieri. Er war einer der wenigen Honoratioren der Stadt, den Goethe in Neapel mehrfach besuchte und dem er nach seinem frühen Tod in der »Italienischen Reise« und in »Wilhelm Meisters Wanderjahre« ein Denkmal gesetzt hat. Filangieris Hauptwerk »Scienza della legislazione«

(1780/88), unmittelbar nach Erscheinen indiziert, wurde zusammen mit Cesare Beccarias »Dei delitti e delle pene« die wichtigste historische Quelle des modernen Verfassungs- und Strafrechts und beeinflußte auch das Zustandekommen der amerikanischen Verfassung.

Wie dringlich eine Rechtsreform im Königreich beider Sizilien war, wird auch aus einem anderen Sachverhalt deutlich: Der neapolitanische Geschichtsschreiber Pietro Colletta wies in seiner »Storia del Reame di Napoli« (1834) darauf hin, daß mit dem Regierungsantritt Karls III. insgesamt elf verschiedene historische Rechtssysteme nebeneinander existierten – vom Römischen Recht über das Langobardische und das Normannische bis zu den Codices der Habsburger.[64] Auch reisende Mitglieder ausländischer regierender Häuser bemerkten dies voller Verwunderung, so 1789 die Großherzogin Anna Amalia von Sachsen-Weimar-Eisenach in einem Brief an eine Freundin: »Man richtet wochenweise bald nach normannischen, bald nach teutschen, bald nach spanischen und sogar nach saracenischen Gesetzen.«[65]

Zu den vielbewunderten neapolitanischen Universalgelehrten der Zeit gehörte Abbé Ferdinando Galiani. In die Debatten um die Reform der Wirtschaftspolitik griff er mit seinem Werk »Della moneta« (»Vom Gelde«, 1751) ein, das er schon als 23jähriger veröffentlichte und das ihn schlagartig berühmt machte (Karl Marx wird es später in seinem »Kapital« heranziehen). Er wurde Sekretär der neapolitanischen Botschaft in Paris, kam dort in Kontakt mit Diderot und anderen Köpfen der Aufklärung und gab daraufhin in Neapel seine physiokratische Streitschrift »Dialogues sur le commerce des bleds« (»Dialoge über den Kornhandel«, 1770) heraus. Auf dem Gebiet der Sprachgeschichte äußerte er Ideen, wie sie auch andernorts in Europa aufkamen: Ähnlich wie Herder ging er nämlich vom Zusammenhang von »Sprache« und »Volk« aus, beschäftigte sich als erster Gelehrter mit dem Neapolitanischen (»Del dialetto napoletano«, 1779) und veröffentlichte das erste Lexikon der neapolitanischen Sprache. Damit leitete er eine Debatte über Bedeutung und Würde »volkstümlicher« Traditionen ein, die in Deutschland ihre Parallelen in der romantischen Rückwendung zum »Volk« hat.

In die Zukunft weisend war auch das Werk eines anderen neapolitanischen Gelehrten: Giambattista Vico. Goethe wurde durch Filangieri auf seine »Scienza Nuova« (1725) aufmerksam gemacht, »sibyllinische Vorahnungen des Guten und Rechten, das einst kommen soll oder sollte«, wie Goethe ein wenig distanziert das Werk des neapolitanischen »Ältervaters« kommentiert.[66] In der Tat wurde Vico, seit 1697 Professor für Beredsamkeit an der Universität Neapel, erst lange nach seinem Tod in Europa rezipiert, in Deutschland vor allem durch Ernst Cassirer. Mit seiner Kritik der rationalistischen Erkenntnistheorie und seiner Parallelisierung von Individual- und Menschheitsgeschichte wurde er zu einem der Begründer der Kulturwissenschaften.

Im Bereich der Naturwissenschaften setzen in der bourbonischen Ära die ersten Forschungen über den Vulkanismus ein, beginnend mit präzisen Beobachtungen einzelner Ausbrüche des Vesuv durch den Arzt Francesco Serao[67], den Somaskerpater Giovanni Maria Della Torre[68] und den erwähnten Abbé Galiani[69]. Seraos Akademieschriften wurden ins Französische und ins Englische übersetzt[70] und lenkten das Interesse der wissenschaftlichen Welt auf das damals noch unerforschte Phänomen des Vulkanismus. Mit der Errichtung des *Osservatorio Vesuviano*, der ersten derartigen Forschungseinrichtung, durch Karls Nachfolger Ferdinand IV. (1845) wurde Neapel zur Geburtsstätte der modernen Vulkanologie – die in ihren Anfängen nichts anderes als »Vesuvologie« war.

Verschüttete Schönheit: Die Ausgrabungen von Herkulaneum und Pompeji

Für die europäische Kultur besonders bedeutsam wurde die Regierungszeit Karls III. durch die Wiederaufnahme der Ausgrabungen am Vesuv im Jahre 1738. Schatzgräberei stand auch diesmal zunächst im Vordergrund: Der König wollte das neue Schloß in Portici mit antiken Statuen schmücken. Unter dem Grabungsleiter Rocco Gioacchino D'Alcubierre, einem spanischen Ingenieur, wühlte man sich in 20 Meter Tiefe durch schmale Stollen, die anschließend wieder zugeschüttet wurden. »Jammerschade, daß die Ausgrabung nicht durch deutsche Bergleute recht planmäßig geschehen«[71], bemerkt süffisant der weimarische Bergwerksdirektor Goethe bei seinem Besuch 1787 zum Verfahren der bourbonischen Ausgrabungsmethoden.

Satyr, einen Knaben bedrängend
Wandmalerei aus Pompeji, Kupferstich Neapel, 1757
Der alte Ruf Neapels als einer lasterhaften Stadt wurde durch die Ausgrabungen in Pompeji und Herkulaneum mit ihren zahlreichen erotischen Szenen wieder gefestigt.

Daß sich das »Nachwühlen« (Goethe) nicht irgendwo, sondern auf dem Boden des antiken Herkulaneum abspielte, wurde kurz nach Beginn der Arbeiten durch den Fund einer Inschrift evident. Jetzt erhielten, auch in der öffentlichen Wahrnehmung durch die Gebildeten Europas, die lokalen Schatzgräbereien in Resina eine neue, historische Dimension: Die erste der beiden verschütteten Städte des Jahres 79 war gefunden. Es war nur naheliegend, die Arbeiten auch auf andere Areale auszudehnen. 1748 begann man mit den Ausgrabungen in einer Lokalität namens Civita, 1763 wurde endgültig klar, daß es sich dabei um das begrabene Pompeji handelte.

Der eigentliche »Motor« der Arbeiten war in der Anfangszeit der Schweizer Militäringenieur Karl Weber (Zug 1712–Neapel 1764), der mit der Schweizergarde ins Land gekommen war.[72] Er unternahm die frühesten Versuche einer Systematisierung der Ausgrabungen, etwa durch minutiöse Planimetrien des Theaters von Herkulaneum und der von ihm entdeckten *Villa dei papiri.*

Es ist erstaunlich, wie rasch sich die Nachrichten von diesen Ereignissen in Europa verbreiteten. Eine wichtige Rolle kam dabei dem im 18. Jahrhundert aufblühenden Pressewesen zu. Die Ausgrabungen hatten im Oktober 1738 begonnen; bereits zwei Monate später konnten beispielsweise die Leser des »Hamburgischen Correspondenten« davon erfahren.[73] Auch in der Folgezeit hält die Zeitung ihre Leser regelmäßig über den Fortgang der Ausgrabungen und die dabei gemachten Funde auf dem laufenden, druckt Augenzeugenberichte von Besuchern ab: »Man findet die Häuser völlig meubliert und die Meubles unverweset. Ich habe alles gesehen, was zu der Zeit, da der Auswurf des Berges geschehen, zum Essen zubereitet war als Brod, Käse, Wein etc., alles noch sehr frisch, ferner Geräthschaften, irdene Gefäße, verschiedene Instrumenta …«[74]

Neben den Pressemeldungen waren es vor allem Reiseberichte – eine im 18. Jahrhundert immer beliebter werdende Lektüre –, die zur Verbreitung der Nachrichten über die aufsehenerregenden Entdeckungen beitrugen.[75] Und schließlich machten ab der Mitte des 18. Jahrhunderts auch gelehrte Werke zum Thema die Runde, so zum Beispiel die 1748 erschienene *Mémoire historique et critique sur la ville souterraine découverte au pied du Mont Vésuve*[76], ein kleines Buch, das sogleich ins Deutsche, Italienische und Englische übersetzt wurde. Bereits mit Kupferstichen versehen waren die 1754 erschienenen *Observations sur les antiquités de la ville d'Herculanum:* auch sie sogleich ins Englische übersetzt.[77] Für die ästhetische Debatte besonders einflußreich wurden dann die beiden Winckelmannschen »Sendschreiben« über die »herculanischen« und die »neuesten herculanischen« Entdeckungen« (Dresden 1762 und 1764).

Es wundert nicht, daß die Ausgrabungsstätten ab der Mitte des 18. Jahrhunderts zu einem der größten touristischen Anziehungspunkte am Golf von Neapel wurden. Man stieg mit Fackeln in das verzweigte, unterirdische Gewölbe des Theaters von Herkulaneum hinab, wo man zwar wenig zu sehen bekam (der gesamte Statuenschmuck und die Marmorverkleidung waren entfernt worden), jedoch in den engen Grabungsgängen schaudernd Katastrophengefühle nacherleben konnte – »es war da unten alles schwarz, naß, glänzend, kühl, und einzelne schwere Wassertropfen fielen nieder, es roch nach eingesperrter, feuchter Luft.«[78] Tausende, wenn nicht Zehntausende von Besuchern des 18. und 19. Jahrhunderts haben sich dort mit ihren Namenszügen an den Wänden verewigt, die »feuchte Luft« hat sie bis heute konserviert.

Daß man von seiten der örtlichen Behörden dem archäologischen Abenteuertourismus schon frühzeitig Zugeständnisse machte und das unterirdische Schauspiel für die Besucher regelrecht aufbereitete, zeigt eine Notiz in einem der wöchentlich von D'Alcubierre an Minister Tanucci abgeschickten Grabungsberichte: »Am Theater von Herkulaneum gehen die Arbeiten weiter, um einige Grotten zur Bequemlichkeit derjenigen herzurichten, die hier herunterkommen, um es zu besichtigen.«[79] Was die »Bequemlichkeit« im einzelnen bedeutete, wird nicht näher ausgeführt; vielleicht wurden den Besuchern in den unterirdischen Räumen Erfrischungen angeboten.

Neben dem Besuch der subterranen Grüfte des Theaters gehörte ein Spaziergang über die freigelegten Anlagen in Herkulaneum und Pompeji zum Besucherprogramm. Häufig verband man diesen archäologischen Ausflug mit einer Besteigung des rauchenden Vesuv, konnte sich auf diese Weise melancholisch zusammen mit dem Zerstörerberg auch dessen größtes Zerstörungswerk vor Augen führen.

Auch ein Spaziergang durch die Freigelände von Herkulaneum und Pompeji war eher ein Stimmungsereignis, das man, wie Karl Philipp Moritz 1787, »mit einem heiligen Schauer« genießen konnte.[80] Denn von einigen in situ verbliebenen Fresken, Mosaiken und Inschriften abgesehen, hatte man die wertvollsten Funde als königlichen Besitz in das 1751 gegründete *Museo Herculanense* im Schloß zu Portici verbracht. Zum Glück – muß man aus heutiger Sicht sagen, auch wenn zeitgenössische Besucher sich über das »Wegschließen« der antiken Kostbarkeiten und die damit verbundene königliche Geheimhaltungspolitik immer wieder mokierten. Denn das Verhalten von Besuchern und Kustoden gegenüber den Objekten war keineswegs rücksichtsvoll. So berichtet selbst der erwähnte Karl Philipp Moritz begeistert, daß ihm beim Gang durch die Ruinen von Pompeji ein Führer gefolgt sei, der die antiken Fresken, um sie besonders schön »leuchten« zu lassen, jedesmal mit einem Eimer Wasser begossen habe.[81]

Das Museum in Portici[82] war im 18. Jahrhundert der größte Anziehungspunkt all derjenigen, die die Funde aus den antiken Städten mit eigenen Augen sehen wollten. Neben den kostbaren Marmor- und Bronzestatuen waren dort auch Gebrauchsgegenstände aus dem häuslichen Leben, Waffen, Musikinstrumente, Eßwaren und die verkohlten Papyri zu bewundern, an deren Entzifferung sich, nach mehreren fehlgeschlagenen Versuchen, Padre Antonio Piaggio mit seiner bronzenen »Aufwickelmaschine« zu schaffen machte.[83] Das Museum war auswärtigen Besuchern nur mit einer persönlichen Erlaubnis des Premierministers zugänglich. Zudem war es den Besuchern verboten, sich dort Aufzeichnungen zu machen. Aber natürlich war das, was man dort sehen konnte, kein wirkliches Geheimnis: Die oben erwähnten gelehrten Werke gaben Kunde davon, und auch ein »normaler« Reiseführer wie Volkmanns »Historisch-kritische Nachrichten«[84] enthielt eine ausführliche Beschreibung des »Antiquitätenkabinetts« zu Portici.

Wie freizügig der Minister Genehmigungen zum Besuch des Museums erteilte, ist aus den Dokumenten nicht mehr zu rekonstruieren, da den einschlägigen Akten die entsprechenden Anträge nur noch vereinzelt beiliegen.[85] Durch Winckelmanns öffentlich erhobene Klage über seine persönliche Behandlung ist der Eindruck entstanden, die Bourbonen hätten eine restriktive Besucherpolitik betrieben. Dem stehen allerdings nicht nur die zahlreichen Berichte auswärtiger Reisender gegenüber. Daß es in Portici schon in den 1760er Jahren sogar zu regelrechten »Besucherstaus« von Neugierigen kommen konnte, zeigt ein Schreiben von Camillo Paderni, dem Direktor des Museums, der sich beim Minister über das Verhalten der Besucher bitter beschwert:

»Es kommt häufiger vor (so wie es mir auch jüngst geschehen), daß, während ich damit beschäftigt bin, Ausländern zu Diensten zu sein, die ich aus verschiedenen Gründen, vor allem aber wegen ihrer Zahl nicht aus den Augen lassen darf, bereits neue ankommen und meistens in Gruppen, die das Museum aus keinem anderen Grund sehen wollen, als um es eben zu sehen. Ihre Disziplinlosigkeit, die sie nicht still abwarten oder umkehren läßt (wozu ich sie frank und frei aufzufordern gezwungen bin) führt dazu, daß ich mir impertinente Beschwerden und Drohungen mit schlimmen und unziemlichen Redewendungen anhören muß, kamen diese doch, ohne daß sie mit dem Museum selber etwas im Sinne gehabt hätten.«[86]

Padernis ein wenig unbeholfen formulierter, jedoch recht lebensnah wirkender Bericht zeigt, daß sich das Museum offensichtlich großen Zulaufs nicht nur von kunstsinnigen Besuchern erfreute, sondern auch von jeder Menge Neugieriger.

Zu den weniger erfreulichen Begleiterscheinungen des europäischen »Antike-Tourismus« an den Golf von Neapel gehörte auch das Phänomen der privaten Andenkenjägerei. Es ist erstaunlich, mit welcher Selbstverständlichkeit Reisende aus älteren Zeiten davon berichten, daß sie Bruchstücke der Wanddekorationen, der Bodenmosaiken oder auch größere Objekte in die Tasche gesteckt und mitgenommen hätten. So rühmt sich etwa August von Goethe in einem Brief an seinen Vater, daß es ihm dank seiner Pfiffigkeit gelungen sei, die Kustoden in Pompeji zu überlisten und bei einem nächtlichen Streifzug durch das Ausgrabungsgelände einen Isis-Kopf zu entwenden (zu »retten«, wie er es nennt).[87] Dergleichen scheint an der Tagesordnung gewesen zu sein: »Sie verraten sich durch Nichtstehlen als Dieb«, rief Hebbel einem Begleiter zu, als dieser in Pompeji *keine* Steine einsteckte.[88]

Die bourbonische Antikenpolitik und die Entstehung des europäischen Klassizismus

Für den König in Neapel waren die Funde, war die Resonanz, die sie in ganz Europa fanden, von nicht zu überschätzender Bedeutung. Natürlich standen beim Umgang mit den Funden Gesichtspunkte der Repräsentation im Vordergrund. Das hatte einerseits zur Folge, daß »Unbrauchbares« einfach ausgeschieden, also regelrecht zerstört, anderes nach Kriterien seiner dekorativen Verwendung »verschönert«, ergänzt oder neu zusammengefügt wurde. Eine »hunnische, eines Attila würdige Verfahrensart bei einer so außer-

Abbildungen
der
Gemälde
und
Alterthümer,
welche seit 1738.
sowohl
in der verschütteten Stadt Herkulanum,
als auch in den umliegenden Gegenden
an das Licht gebracht worden,
nebst ihrer Erklärung,
von
Christoph Gottlieb von Murr.

Erster Theil 50 Kupfertafeln.

Nach den Original-Kupferstichen in Contorni,
verfertigt und herausgegeben
von
Georg Christoph Kilian,
Kunstverlegern,
der kaiserl. Franziscischen Akademie der Künste und Wissenschaften zu Augsburg Mitglied.

Mit Kaiserl. Franciscisch-akademischen Privilegium.

Augsburg, gedruckt bey Christian Deckardt. 1777.

Christoph Gottlieb von Murr: Abbildungen der Gemälde und Alterthümer, Augsburg 1777. Das Werk ist eine deutsche Adaption der *Antichità di Ercolano esposte* für Gelehrte, Künstler und Handwerker und stellt die Funde in vereinfachten Umrißzeichnungen dar.

ordentlichen Entdeckung«, die doch »der ganzen aufgeklärten Welt gehörte«: So geißelt Archenholtz diese Politik und führt sie polemisch auf die »engbrüstige Denkungsart« der Italiener zurück.[89]

Auf der anderen Seite bedeutete die Zentralisierung der Funde in Portici beziehungsweise später in Neapel natürlich deren weitgehende Erhaltung an einem einzigen Ort – trotz der immensen Verluste durch Zerstörungen, Diebstähle, Verschiebungen und politische Machenschaften. Denn das Neapel der Bourbonen war ja nun nicht das Athen eines Lord Elgin oder das Troja eines Heinrich Schliemann, auch wenn sich mancher Antiquar in England, Deutschland oder Frankreich das so gewünscht haben dürfte. In jedem Fall bedeutete es eine weiterwirkende Irritation, daß die schönsten Funde des Altertums nun gerade auf dem Boden eines Territoriums gemacht wurden, dessen Regenten und dessen Bevölkerung von Autoren aus dem aufgeklärten Norden beständig der »Rückständigkeit«, der »Liederlichkeit« und der »Zügellosigkeit« geziehen wurden.

Genau vor diesem Hintergrund entfaltete sich die bourbonische Antikenpolitik. Waren die aus den *cuniculi* geborgenen Marmorstatuen zunächst nicht viel mehr gewesen als willkommene Schmuckstücke für das neue Schloß in Portici, so werden in der Folgezeit die Ausgrabungen zur großen Trumpfkarte in der Politik der Bourbonen. Sie verschaffen dem Regenten Reputation in Europas Öffentlichkeit und machen seine Hauptstadt zum Anziehungspunkt der gebildeten Welt. Insofern fügt sich Karls monopolistische Antikenpolitik recht gut in die oben charakterisierte Bau-, Armen-, Handels- und Wirtschaftspolitik des Monarchen. »Möge nun Europa erkennen, wie es Eurer erleuchteten Vorsehung gelungen ist, ein verlassenes Volk wieder zu vereinigen und eine Nation zu begründen, die wegen ihrer Waffen, ihrer Künste, ihres Handels, ihrer Sauberkeit und ihrer Pracht würdig ist, ihren Platz unter den zivilisiertesten Nationen einzunehmen!«: so die Widmung des ersten Bandes der *Antichità di Ercolano esposte* an den König.[90] Das Frontispiz zeigt ihn dazu mit den Emblemen seiner Herrschaft, darunter auch der in Herkulaneum gefundenen Nonius-Balbus-Inschrift. Die Ausgrabungen – das sollte deutlich werden – sind Teil der »Pracht der Nation«, mit der das international wenig angesehene Königreich Neapel seinen Platz unter den »zivilisiertesten Nationen« reklamiert. Und die Monopolpolitik, mit der der König das Recht der »Verwertung« der Funde für sich beansprucht, ist Teil dieser Strategie.

Zum Zwecke dieser »Verwertung« wurde vom König 1755 die *Accademia Ercolanense* gegründet, ein gelehrter Zirkel von 15 Männern, die sich dem wissenschaftlichen Studium der Funde widmen sollten. Unter ihrer Regie erschienen von 1757 bis 1792 die *Antichità di Ercolano esposte*, ein achtbändiges, mit großformatigen Kupfern geschmücktes und mit ausführlichen Erläuterungen der einzelnen Stücke versehenes Tafelwerk. Die Bände waren nicht käuflich auf dem Markt zu erwerben, sondern ausschließlich durch königliche Gnade als Geschenk erhältlich. Er persönlich wollte darüber verfügen, wer in den Genuß der reichsten Kenntnisse der Kunst des Altertums kommen sollte, die es seit der Renaissance in Europa zu bestaunen galt.

Das Vorwort des ersten Bandes verriet nichts Neues, wenn es darauf hinwies, daß dieses Werk mit Ungeduld von den Gelehrten erwartet würde. Es waren allerdings nicht nur die Gelehrten, es waren ebenso die Künstler, die Kunsthandwerker, die Architekten, die Innendekorateure, die Goldschmiede, die Porzellanzeichner und viele andere. Denn die *Antichità* wurden vielfältig als Vorlagenbuch benutzt – in Deutschland in einer eigenen, populären »Billigversion«[91] –, und sie trugen wie kein anderes Werk zur Entstehung des Neoklassizismus, der Griechen-Begeisterung und der *mode à la grecque* bei. »Alle Goldschmiede, Schmuckwarenhändler, Maler von Kutschen und Sopraporten, Tapezierer und Ornamentisten brauchen dieses Buch«, schreibt Abbé Ferdinando Galiani, als neapolitanischer Botschaftssekretär in Paris, nach Erscheinen des vierten Bandes an Minister Tanucci. »Weiß denn Eure Exzellenz nicht, daß man heute alles *à la grecque* machen muß, was ja nichts anderes bedeutet als *à Erculanum* [...]. Man stellt keine Bronzen, Einlegearbeiten oder Gemälde mehr her, die nicht Herkulaneum kopieren. Jenes Bild einer Frau, die Amoretten wie Hühner verkauft, habe ich hier in mehr als zehn Häusern reproduziert gesehen.«[92]

Der europäische Klassizismus ist ohne die vielfältigen künstlerischen Anregungen aus den Ausgrabungen nicht zu denken. Das gilt für die Porzellankunst von Iosiah Wedgwood und die Manufaktur in Meißen, die Landschaftsgestaltung im Park von Wörlitz, die Mö-

Der Liebesmarkt, Kupferstich aus *Le Antichità di Ercolano esposte*, 1762
Das Motiv erfreute sich großer Beliebtheit in Dekoration, Porzellankunst und Kunsthandwerk des Klassizismus.

bel- und Dekorationsentwürfe von Karl Friedrich Schinkel, die Architektur des bayerischen und des preußischen Klassizismus – um nur einige markante Beispiele zu nennen. »Herkulanisch« – später »pompejanisch« – wurde zum Stilbegriff in ganz Europa.

Ein gescheitertes Experiment: Die Ansiedlung der Juden

Weniger Erfolg hatte König Karl III. mit einem Projekt, das in Angriff genommen zu haben ihm doch alle Ehre macht, auch wenn es am Ende scheiterte: der Emanzipation der Juden[93]. Es ist so gut wie unbekannt und soll daher etwas ausführlicher dargestellt werden. In der zeitgenössischen deutschen Öffentlichkeit wurde es aufmerksam verfolgt.

Auch dieses Projekt[94] hatte in den wirtschaftspolitischen Reformideen des Königs und seines Ministers Bernardo Tanucci seinen Ursprung. In der neugegründeten »Handelskammer« wurde im Juni 1739 unter den »Maßnahmen, die in der Lage sein könnten, dem

Handel in den Königreichen beider Sizilien wieder aufzuhelfen«, der Vorschlag der *introduzione degli Ebrei,* der »Ansiedlung der Juden« unterbreitet.[95] Möglicherweise hatte man sich dabei durch das Beispiel oberitalienischer Städte wie etwa Livorno anregen lassen, das gerade durch die Präsenz zahlreicher jüdischer Kaufleute einen Rang als Handelsstadt erworben hatte.[96] Auf einer anschließenden Konferenz[97] wurde eine »Juden-Relation« formuliert, in der in 36 Artikeln die Modalitäten der Aufnahme der Juden ins Königreich präzisiert wurden. Zugleich wurden einige offene Fragen aufgeworfen, die Religionsausübung der Juden und ihr Verhältnis zu den Christen betreffend, für deren Klärung der Präsident der Handelskammer, Pietro Mantegna, die Theologen der Stadt konsultieren sollte: Erstens: ob es nötig sei, vorab die Einwilligung der römischen Kurie einzuholen. Zweitens: wo die Juden ihre Synagoge errichten und mit welchen Einschränkungen sie ihre Religion ausüben dürften. Drittens: ob jüdische Ärzte und Wundärzte auch Christen behandeln dürften und, falls ja, in welcher Weise diese dabei von anderen Christen begleitet werden müßten. Viertens: ob die Juden an der Universität studieren dürften, ohne den dafür üblichen Eid zu leisten. Fünftens: ob sie sich christlicher Ammen bedienen dürften. Sechstens: ob sie in Sizilien von der Inquisition inhaftiert werden dürften und die Behörden derselben dabei zur Hand gehen müßten[98]. Siebtens: ob sie in einem Ghetto eingeschlossen leben sollten.

Die theologischen Konsultationen hatten den gewünschten Erfolg, nicht zuletzt dank der Stellungnahme von Celestino Galiani[99], einem apulischen Ordensgeistlichen und bekannten Mathematikprofessor, Kenner der Werke von Locke, Galilei und Newton, auch Onkel und Erzieher des oben erwähnten Ferdinando Galiani; er hatte in Neapel die Funktion eines »Königlichen Großkaplans« inne und führte als solcher die geistliche Oberaufsicht über das Erziehungswesen. Daß gerade dieser weltoffene Mann als geistlicher Konsulent herangezogen wurde und nicht (was nahegelegen hätte) der Erzbischof, läßt auf einen geschickten Schachzug des Königs und seines Ministers schließen.

Auf der Basis der Relation der Handelskammer und der anschließenden Konsultationen erließ der König am 3. Februar 1740 ein Proklam, das die Ansiedlung der Juden im Königreich gestattete und ihnen weitreichende Privilegien einräumte: *Proclama, o vero Banno, con il quale si concede alla Nazione Ebrea un Salvocondotto, perche possa venire a trafficare, ed a stabilire il suo Domicilio nelli Regni delle due Sicilie, e loro dipendenze.*[100] Es geht dabei also um die ausdrückliche Einladung an Juden, aus welcher Nation auch immer sie kommen mögen, sich im Königreich niederzulassen. Auffallend ist, daß dieses königliche Proklam in einzelnen Punkten noch über die Vorschläge der Juden-Relation der Handelskammer vom Juni 1739 hinausgeht. Während dort beispielsweise den Juden der Erwerb von Grundbesitz nicht genehmigt werden sollte, wird dieser im Proklam ausdrücklich gestattet. Und während die Relation der Handelskammer von einer maximalen Niederlassungszeit von 25 Jahren spricht, verlängert das königliche Proklam die Frist auf 50 Jahre. Offensichtlich hat sich hier der König persönlich beziehungsweise hat sich sein Premierminister Tanucci eigens für die Besserstellung der Juden eingesetzt.

Das Proklam wurde auch in Deutschland verbreitet, versehen mit einer sympathisierenden Stellungnahme des Leipziger Herausgebers, der über die neuen politischen Verhältnisse in Neapel mitteilt: »Also empfindet dasselbe [=Neapel] anietzo um so mehr das Vergnügen, einen Monarchen in seinem Schoose zu umschließen, welcher vor die Aufnahme und das Wohl seiner Reiche mit so unermüdeten Eifer besorgt ist.«[101]

Die Privilegien, die den Juden mit diesem Proklam eingeräumt wurden, sind – verglichen mit der Situation in anderen europäischen Staaten – in der Tat weitreichend.

Den Juden wird vollkommene Freiheit der Ansiedlung gewährt, sie dürfen Grundbesitz erwerben und müssen nicht in einem eigenen Ghetto leben. Sie dürfen sich im Königreich frei bewegen und gelten im Ausland als Untertanen des Königs. Sie dürfen Waffen tragen, Sklaven halten (allerdings keine Christen), frei über ihr Erbe verfügen und können jederzeit mit ihrem Hab und Gut das Land verlassen. Sie genießen Rechtsschutz und können Streitsachen untereinander durch die Gerichtsbarkeit des Gemeindevorstehers entscheiden; bei Prozessen zwischen Juden und Christen ist ein eigener »delegierter Minister« zuständig, dem die Regelung aller jüdischen Angelegenheiten obliegt. Vom Heiligen Offizium dürfen sie nicht wegen unchristlichen Verhaltens belangt werden.

Was ihre wirtschaftlichen Aktivitäten betrifft, so genießen sie Freiheit des Handels und des Gewerbes, dürfen »alle Künste und Handwercke treiben, mit allen und jeden Waaren handeln«[102], allerdings nicht als Lumpensammler auf den Straßen auftreten (eine Regelung, die vielleicht »unqualifizierte« Ansiedler abschrecken sollte). Sie unterliegen nicht den Gewerbebestimmungen der ortsansässigen Handwerker und sind von Zoll und Maut auf eigenen Besitz befreit. Ihre Buchführung wird akzeptiert. Auf Wucher zu leihen wird ihnen verboten.

Weitgehend sind auch die Privilegien, die das Proklam den Juden im Hinblick auf Religionsausübung und Lebensführung zugestand. Danach dürfen sie einen eigenen Friedhof anlegen und bei Niederlassung von mehr als 40 Familien eine Synagoge bauen. Sie dürfen den Sabbat und die jüdischen Feste feiern und genießen »das freye Exercitium derer in ihrem Gesetze üblichen Gebräuche, Ceremonien, Ordnungen und Gewohnheiten«[103]. Sie dürfen Bücher jeder Art ins Land bringen (die allerdings vorher kontrolliert werden) und eine eigene Fleischbank betreiben. »Auch soll keiner dieser Nation ein gewisses Zeichen, dadurch er von andern Einwohnern unterschieden werde, an sich tragen«[104] – eine Bestimmung, die in der Folgezeit demagogisch geführte Auseinandersetzungen zur Folge haben wird.

Relativ großzügig sind auch die Bestimmungen, die das Verhältnis von Juden und Christen regeln. Juden dürfen christliche Ammen und älteres christliches Dienstpersonal einstellen.[105] Jüdische Ärzte und Wundärzte dürfen frei praktizieren und auch Christen behandeln.[106] Und Juden dürfen an der Medizinischen Fakultät der Universität den Doktortitel erwerben.[107]

Natürlich war den Verantwortlichen am Hof bewußt, daß die Juden in Neapel nicht mit offenen Armen empfangen würden. Das Proklam sah daher einige (modern gesprochen) Anti-Diskriminierungsbestimmungen vor: Unter Strafe gestellt wird danach Preistreiberei bei den christlichen Metzgern, die Schändung jüdischer Friedhöfe und der Versuch, jüdische Kinder zu missionieren.[108] Darüber hinaus verfügte das Dekret in einer Art Generalklausel: »Verbiethen auch, daß niemand, wer es auch sey, sich unterstehe, denen Hebräischen Personen einigen [= irgendeinen] Verdruß noch Beschwer bei Vermeidung großer Bestraffung zu verursachen.«[109]

Das Dekret fand rasch Resonanz in Europa. Bereits zwei Wochen nach seinem Erlaß meldet der neapolitanische Beiträger des »Hamburgischen Correspondenten« die Anreise von 20 jüdischen Familien, »unter welchen einer aus Holland ist, der über 9 Millionen reich seyn soll«[110]. Auch in den folgenden Wochen berichtet die Presse weiter über die Ankunft von Juden – aus anderen italienischen Städten[111], aus Württemberg (»von wannen sie vertrieben worden«)[112], aus dem Osmanischen Reich[113] und aus Afrika[114]. Innerhalb von wenigen Monaten hält also eine neue Population Einzug in die Stadt, eine diskriminierte, aber auch geheimnisumwitterte ethnische Minderheit, die es in Neapel seit 200 Jahren nicht mehr gegeben hatte. Damals waren, kurz nach der Machtübernahme durch die spanischen Vizekönige, die Juden aus der Stadt vertrieben worden.

Wie hoch die Zahl derer war, die sich durch den königlichen Erlaß nach Neapel locken ließen, ist nicht genau zu klären. Nach einer Liste vom August 1741, in der Name, Herkunft, Gewerbe und eingeführtes Kapitalvermögen derjenigen Juden verzeichnet sind, die sich in Neapel fest niedergelassen hatten[115], haben sich bis dahin insgesamt 121 Juden in Neapel niedergelassen; 13 davon sind *servi*, also Sklaven bzw. Diener. Für sich genommen, wirkt diese Zahl relativ bescheiden; allerdings bringen diese Personen ein Kapitalvermögen von insgesamt 481.300 Dukaten ins Land. Wie hoch die Kaufkraft dieser Summe war, kann man daran ermessen, daß der Sakristan der Synagoge mit seiner Familie von der jüdischen Gemeinde ein Monatsgehalt von 6 Dukaten bezog.

Daß 20 der Einwanderer aus Rom kamen, wundert nicht: In der Residenzstadt des Papstes war die Situation der Juden besonders bedrückend; sie mußten im Ghetto leben und hatten sich alljährlich erniedrigenden Zeremonien, etwa dem Schaulaufen auf dem Corso, zu unterziehen. Anders war die Situation im Großherzogtum Toskana, dem damals liberalsten Land auf der Apennin-Halbinsel (wo die Juden allerdings nicht, wie in Neapel, das Recht hatten, Waffen zu tragen und Land zu erwerben). Daß dennoch fast ein Drittel der Ansiedler (37) von dort, vor allem aus der Hafenstadt Livorno (30) kam, läßt sich vermutlich damit erklären, daß sich die Betreffenden im Königreich Neapel bessere wirtschaftliche Bedingungen ver-

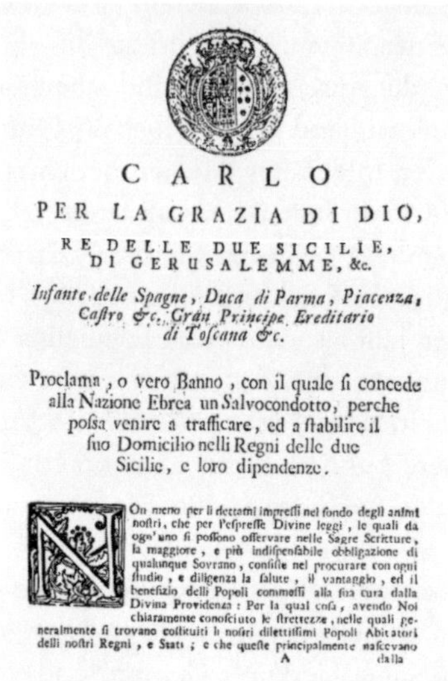

CARLO
PER LA GRAZIA DI DIO,
RE DELLE DUE SICILIE,
DI GERUSALEMME, &c.

Infante delle Spagne, Duca di Parma, Piacenza, Castro &c. Gran Principe Ereditario di Toscana &c.

Proclama, o vero Banno, con il quale si concede alla Nazione Ebrea un Salvocondotto, perche possa venire a trafficare, ed a stabilire il suo Domicilio nelli Regni delle due Sicilie, e loro dipendenze.

NOn meno per li dettami impressi nel fondo degli animi nostri, che per l'espresse Divine leggi, le quali da ogn'uno si possono osservare nelle Sagre Scritture, la maggiore, e più indispensabile obbligazione di qualunque Sovrano, consiste nel procurare con ogni studio, e diligenza la salute, il vantaggio, ed il benefizio delli Popoli commessi alla sua cura dalla Divina Providenza: Per la qual cosa, avendo Noi chiaramente conosciuto le strettezze, nelle quali generalmente si trovano costituiti li nostri dilettissimi Popoli Abitatori delli nostri Regni, e Stati; e che queste principalmente nascevano

A dalla

Proklam zur Ansiedlung der Juden, 3.2.1740

sprachen. Erstaunlich ist in jedem Fall die große geographische Resonanz, die das königliche Dekret fand: Sie reicht von London über Amsterdam, Bayonne und Portugal bis Nordafrika und Konstantinopel.

Insgesamt lassen sich drei Schwerpunkte der jüdischen Handelsaktivitäten nennen, allesamt im Bereich des »Luxus und der Moden«. Erstens: Textilartikel/Kleidung (Leder, ausländische Tuche, Battist, Mousselin, Hüte, Schuhe, Strümpfe, Galanteriewaren etc.), zweitens: Schmuck (Gold, Perlen, Edelsteine, Kristall), drittens: »Drogen«, also feine Süß- und Kolonialwaren (Zucker, Kaffee, Kakao, Nüsse, Zimt etc.). Genannt werden ferner Handel mit Pfeffer, mit Vitriol und mit *rabarbaro,* worunter man sich wohl eine Essenz aus der in Süditalien unbekannten Rhabarberpflanze vorzustellen hat. Das kapitalkräftigste Unternehmen brachte dabei 100.000 Dukaten ins Land. Zu den wohlhabenderen Handelsunternehmern gehören auch einige Personen, die eine eigene *bottega,* also ein Ladengeschäft in der Stadt eröffnet hatten. Ein Jude aus Livorno betrieb auf dem Toledo eine *bottega di droghe.* Ein Franzose unterhielt in der *Via dei guantari* ein Modegeschäft mit Hüten, Fächern, Bändern,

Taschentüchern und persischen Stoffen. Und auch im Gastronomiesektor waren Juden tätig: Drei Brüder aus Konstantinopel betrieben auf dem Toledo zwei Kaffeehäuser, von denen eines den Namen »Café Ottomano« trug.

Im Bereich der Administration lebte ein jüdischer »Dolmetscher für fremde Sprachen« in der Stadt, zuständig zum einen für die Juden, zum anderen für die den Hafen anlaufenden ausländischen Schiffe. Beim türkischen Botschafter arbeiteten zwei jüdische Angestellte, beim Zoll ein Makler für jüdische Importe. Zwei Juden aus Bayonne hatten vom König das Monopol für den Handel mit brasilianischem Tabak im Königreich erworben. Und auch ein tunesischer Rabbi war in die Stadt gekommen.

In den – ökonomisch gesehen – »mittleren« Bereich jüdischer Aktivitäten gehörten die selbständigen Handwerker. Zu dieser Kategorie zählten zwei koschere Metzger, drei Schneider aus Livorno und Rom, ein portugiesischer Weber, ein deutscher Siegelschneider, ein livorneser Zuckerbäcker und ein *chimico* (»Chemiker«) aus Venedig, der Zinnober herstellte.

Am unteren Ende der sozialen Skala standen elf Personen, die als ambulante Straßenhändler eingetragen und im Auftrag anderer jüdischer Kaufleute handelten oder Waren des täglichen Bedarfs vertrieben; nur ein einziger von ihnen verfügte über ein kleines Eigenkapital von 200 Dukaten.

Was vom König und den Wirtschaftsreformern der Handelskammer als Experiment im Geiste der Aufklärung und des Merkantilismus begonnen wurde, fand allerdings bei zwei Parteien keine Gegenliebe: beim Klerus und beim Volk. Bereits vier Wochen nach dem Erlaß des Dekrets meldete der »Hamburgische Correspondent« aus Neapel: »Die Geistlichen und einige andere Eiferer sind inzwischen mit der Hieherkunft der Juden nicht zufrieden.«[116] Auf den Kanzeln wird gegen die Juden gepredigt, judenfeindliche Schriften werden in Umlauf gesetzt, in denen König Karl als *Carolus rex Iudaeorum* verhöhnt wird.[117] Den Geistlichen mißfällt, daß die Juden in der Öffentlichkeit kein Abzeichen tragen müssen, ein Dominikaner-Prediger wiegelt das Volk mit dem Ansinnen auf, die Christen sollten das Zeichen des Kreuzes an ihre Kleider nähen lassen, damit man sie von den »Hebräern« unterscheiden könne.[118]

Der Hof und die Handelskammer halten dagegen an ihrer judenprotektionistischen Politik fest. Als der Jahrmarkt beginnt, wird den Juden trotz der Proteste erlaubt, dort wie andere Kaufleute ihre Buden aufzuschlagen. »Man murret zwar dawider, der Hof will es aber nicht hören.«[119] Der König wendet sogar noch härtere Mittel an und läßt mehrere Mönche, die gegen die Juden gepredigt haben, in einem Kloster einsperren und einen Offizier inhaftieren, der sich öffentlich gegen die Judenpolitik des Königs geäußert hatte.[120]. Das San-Gennaro-Fest am 30. April 1740 wird dann gegen die Juden instrumentalisiert. Vermutlich zum ersten und einzigen Mal in der Geschichte fleht man den Heiligen an, sein Blut nicht flüssig werden zu lassen. »Doch ihr Wunsch blieb unerhört, und das geronnene Blut zerfloß.«[121] So hatte sich also auch der Stadtheilige als Freund der Juden erwiesen. Die Stimmung schien sich daraufhin zunächst zu beruhigen.

So leicht freilich sollte die Integration nicht vonstatten gehen. Bereits im Herbst des Jahres beginnen die Proteste von neuem und halten in der Folgezeit an. Als einige reiche Juden öffentlich Degen tragen – sich damit also ein Insignium des Adels »anmaßen« –, reagiert das Volk »sehr mürrisch.«[122] Verletzung der gesellschaftlichen Regeln wird damit also den Juden vorgeworfen, allerdings nicht von den Eliten selber, sondern von den Unterschichten. Hinzu kommen die aus der Tradition bekannten antijüdischen Attacken: Fünf Juden werden beschuldigt, einen Christenjungen beschnitten zu haben, und daraufhin ausgewiesen; der jüdische Metzger wird vom Pöbel belästigt und muß sein Geschäft schließen.[123] Als im Sommer 1743 in Sizilien die Pest ausbricht, wird die Duldung der Juden als Ursache der Epidemie bezeichnet[124] – auch dies ein bekanntes antijüdisches Klischee.

Das mutig begonnene Experiment endet kläglich – und für die Juden brutal. Im September 1746 widerruft der König das Proklam, bricht sein Versprechen und weist die Juden, denen er doch eine Ansiedlungszeit von 50 Jahren zugesichert hatte, erneut aus dem Land, sechseinhalb Jahre nach seiner Einladung. Was den König dazu bewogen haben mag, ist nicht genau zu klären. Das Ausweisungsdekret behauptet, die wirtschaftspolitischen Hoffnungen, die man in die Juden gesetzt habe, hätten sich nicht erfüllt; zu wenige seien gekommen, »ohne Mittel, ohne Kapital, ohne Kredit und mit keiner anderen Handelstugend ausgestattet als der bei ihnen verbreiteten Gier, sich durch Wucher zu bereichern«. Das ist natürlich eine dreiste Behauptung – wie die oben genannten Zahlen zur Kapitalkraft der eingewanderten Juden zeigen. Viel wahrscheinlicher für das Zustandekommen des Ausweisungsbeschlusses sind daher ideologische Gründe: Die Juden hätten »Skandal bei unserem Volke« erregt, heißt es. Außerdem hätten sie »jene versprochenen Wohltaten [...] aufgrund ihrer Religion nicht verdient«. Die uralte, irrationale Angst vor dem Fremden, dem anderen Glauben siegt über die moderne Rationalität des Merkantilismus. Am Ende wird ihnen, in historischer Verallgemeinerung, die Schuld für ihr Schicksal selber in die Schuhe geschoben: »Schon immer ist ihre verächtliche Aufführung die Ursache der Wankelmütigkeit ihres Geschicks gewesen.«[125]

Neapel, die Stadt der Fremden, die kosmopolitische Stadt par excellence, der große Schmelztiegel der Sprachen, der Völker und der Kulturen: Für die Juden war auch unter dem bourbonischen Regiment des liberalen Carlo kein Platz.

GRAND TOUR
Der Golf von Neapel als europäische Reiselandschaft

An erster Stelle Vergil

Das Reisen ist keine Erfindung der Neuzeit. Und die Geschichte der Reise an den Golf von Neapel zeigt, daß die großen Reiselandschaften aus dem Geiste des Mythos entstehen. Reisende wollen die Bilder identifizieren, mit denen sie ihre Kultur infiziert hat. Reisende sind auf der Suche nach der verzaubernden Erfahrung der *anagnosis*, des Wiedererkennens.

Zwei Jahrtausende speisen sich die mythischen Bilder der Reisenden aus dem Kanon der Literatur: Der Blick auf die Landschaft ist ein literarischer Blick. Reisen wird beflügelt von literarischer Spurensuche, so wie umgekehrt Lesen einhergeht mit topographischer Neugier. Die großen Reiselandschaften entstehen als »Schau-Plätze« der Literatur. Es geht um den Zusammenhang von *Sehen* und *Lesen*, der nicht nur für die Metapher vom »Buch der Natur« (Ernst Robert Curtius) gilt, sondern auch für die Erfahrung konkreter geographischer Landschaften. Was das Auge des Reisenden sieht – so Petrarca –, hat ihm die Schreibfeder zubereitet.[1]

In diesem Sinne ist der Golf von Neapel zur europäischen Reiselandschaft geworden durch einen *locus classicus* der Literatur: das 6. Buch von Vergils »Aeneis«. Die Landung des Aeneas in der Bucht von Baiae, sein Besuch in der Sibyllen-Grotte von Cumae, sein Weg zum Vorgebirge Misenum (wo unbestattet der tote Gefährte Misenus am Strand liegt), sein Abstieg endlich ins Reich der Toten am Avernersee: Der Weg des vergilischen Helden ist das Vorbild des Itinerars aller späteren Reisenden, ehrfürchtig nacherlebt von Generationen, Pilgerreise auf den Spuren der großen Literatur. Bereits die Spätantike kannte die »vergilischen« Örtlichkeiten als Ausflugsziele, und bis in die Zeit um 1800 gehört die Gegend südwestlich von Neapel, also der Golf von Pozzuoli und die angrenzende Landzunge des Kap Misenum, zu den wichtigsten Sehenswürdigkeiten eines jeden Neapel-Aufenthalts.

Das vorherrschende antiquarische Interesse – also die Neugier auf Lokalitäten, die durch die antike Literatur gleichsam nobilitiert worden waren – konnte sich dabei außer an Vergils »Aeneis« auch an anderen antiken Reminiszenzen festmachen: an Petrons »Gastmahl des Trimalchio«, das in einer der luxuriösen Villen der Gegend »spielt«; an den Oden des Horaz, der an der künstlichen Veränderung der Landschaft am Lukrinersee und an der Küste von Baiae ein Symbol des allgemeinen Kulturverfalls sah[2]; an den Briefen des Seneca, in denen er kritisch-ironisch von seinen Reiseerfahrungen berichtete[3]; an Sueton, dessen Kaiserviten die Gegend wiederholt zum Schauplatz spektakulärer Ereignisse machten – um nur einige zu nennen.

Am Golf von Pozzuoli waren außerdem eindrucksvolle antike Baudenkmäler zu bewundern, wie das (auch heute noch von Touristen besuchte) Amphitheater und die Tempel von Pozzuoli, aber auch andere, die inzwischen so gut wie vergessen sind: die *Cento Camerelle* und die *Piscina mirabilis* bei Bacoli, zwei gewaltige unterirdische Zisternen, der *Lago Fusaro* (in der Antike wegen seiner Austernzucht berühmt), das *Mare Morto* oder die *Stufe di Nerone,* die »Öfen des Nero«, ein antikes Felsendampfbad. Alle diese Örtlichkeiten gehören vom späten Mittelalter bis in die Zeit um 1800 zum festen Programm jedes Neapel-Reisenden. Geographische Werke, Reiseführer und Reisebeschreibungen in ganz Europa boten ausführliche (nicht selten stereotype) Beschreibungen der betreffenden Lokalitäten. Sogar eigene touristische Führer waren der Gegend gewidmet, wie die mehrfach aufgelegte *Guida de' Forestieri* des neapolitanischen Bischofs Pompeo Sarnelli.[4] Der Besuch des neapolitanischen »Westens« bildet die älteste Reiseroute in der Umgebung der Stadt. Erst in der zweiten Hälfte des 18. Jahrhunderts, als das antiquarische Interesse allmählich anderen touristischen »Parametern« weicht und andere Reiseziele in Kampanien attraktiv werden, verliert die Region ihr Primat. In den Reiseführern des 19. Jahrhunderts tritt sie zunehmend in den Hintergrund. Heute gehört sie zu den unschön zersiedelten Wohngegenden an der Peripherie der Metropole, touristisch spielt sie kaum noch eine Rolle.

Natürlich mußte, wer hier den Spuren der antiken Literatur folgte, nicht mit einer umfangreichen Bibliothek unterwegs sein. Kein älterer Reiseführer, der versäumt hätte, die entsprechenden Örtlichkeiten literarisch aufzubereiten, die Stellen zu zitieren, die Ereignisse zu erwähnen, die hier vorgefallen waren. Über Jahrhunderte hinweg war die Reise an den Golf von Neapel erinnerter Lesestoff, Wiederbegegnung mit der Schullektüre aus frühen Kinderjahren. *Hier war es, wo …*: Das war der eigentliche Schlüssel des Reiseerlebnisses. Es gibt nur noch eine einzige Landschaft auf der Welt, die von unzähligen Menschen vieler Generationen auf die gleiche »literarisch-historische« Weise erlebt wurde und noch immer erlebt wird: Palästina in seiner christlichen Wahrnehmung als Schauplatz des Neuen Testamentes.

Es versteht sich in diesem Zusammenhang fast von selbst, daß die poetischen Landschaftsbeschreibungen Vergils und anderer antiker Autoren von den Reisenden als exakte topographische Quellen ernst genommen wurden. Hatte nicht Vergil zum Beispiel geschrieben, daß aus dem Avernersee giftige Dämpfe aufstiegen, welche die Vögel tot vom Himmel fallen ließen?[5] Mit Erstaunen mußte man nun bemerken, daß dieser See in Wahrheit zu den lieblichsten Flecken der ganzen Gegend gehörte. Also mußten – sollte der große Dichter nicht Lügen gestraft werden – in der Zwischenzeit »Veränderungen« gegenüber dem ursprünglichen Zustand stattgefunden haben: »Einstmals so pestilenzialisch, daß bei Gefahr des Todes nicht einmal die Vögel wagten, über ihn hinzufliegen, ist er heute ein See, in dem Fische schwimmen und die Vögel sich vergnügen, und alles umher ist aufs angenehmste bebaut«, heißt es in Pompeo Sarnellis Fremdenführer von 1691.[6] Erst die Literatur der Romantik wird in der Lage sein, den mythisch-poetischen Charakter der vergilischen Landschaftsbeschreibungen zu erkennen. »Die Natur offenbarte ihre Geheimnisse früher nur der Poesie«, bemerkt Madame de Staël über den Avernersee.[7] Dennoch sind die mythischen Bilder der Literatur natürlich viel zu eindrucksvoll, als daß sie nicht immer wieder Anspruch auf faktische Wahrheit erhöben. Noch in den 1980er Jahren kursierte in Neapel die Geschichte von den vom Himmel fallenden Vögeln, wobei man geheimnisvolle »Erdstrahlen« für das Phänomen verantwortlich machte.

Das Grab des Dichters

War also die Reise an den Golf von Neapel eine Begegnung mit der Welt Vergils, so mußte ein bestimmtes Monument die besondere Ehrfurcht aller Reisenden erwecken: das Grab des großen Dichters, des »Vaters des Abendlandes« (Theodor Haecker), wie ihn Jahrhunderte gesehen haben. In der Tat ist das Grab Vergils lange Zeit das spirituelle Zentrum dieser Reiselandschaft gewesen, ein säkularer Wallfahrtsort der Gebildeten. Seit alters wird es am Posillipo verehrt, am Eingang der *Grotta di Posillipo*, dem antiken Tunnel, der die Stadt mit Pozzuoli verbindet (auch sie eine der touristischen Sehenswürdigkeiten der Vergangenheit). Heute liegt es inmitten eines kleinen, stillen Parks, den die Stadt 1930 angelegt hat, aus Anlaß der 2000-jährigen Wiederkehr des Geburtstages des Dichters. Als touristische Sehenswürdigkeit spielt auch dieser »antike Ort« heute keine Rolle mehr.

Aus der Antike überliefert ist der berühmte Grabspruch des Vergil, den Generationen von Schülern im Lateinunterricht auswendig lernten und der seit alters jenes Grab zierte: *Mantua me genuit, Calabri rapuere, tenet nunc/Parthenope; cecini pascua rura duces*[8]. Der spanische Vizekönig Don Pedro Antonio d'Aragona hat ihn 1668 erneuern lassen und, am Ende einer bombastischen Eloge, um zwei weitere Distichen ergänzt: *Ecce meos cineres tumulantia saxa coronat/Laurus, rara solo vivida Pausilipi./Si tumulus ruat aeternum hic monumenta Maronis/Servabunt lauris lauriferi cineres*[9].

Das römische Grab aus augusteischer Zeit war seit alters Ziel der Reisenden: ein »Heiliges Grab« der Gebildeten. Petrarca nennt es ein »uraltes Werk«, führt den verbreiteten Volksglauben, Vergil habe den Tunnel durch Zauberei geschaffen, auf dessen benachbarte Lage zurück.[10] Zahllose Reisende haben dort – wie an anderen heiligen Orten – ihre Namen hinterlassen[11], noch heute zieren eingeritzte Namens-Graffiti aus dem 18. Jahrhundert die Marmorumrandung des Gedenksteins. Irgendwann taucht die in Don Pedros zitierten Versen erwähnte schöne Legende auf, die Hieronymus Megiser in seinen »Delitiae Neapolitanae« von 1605 erzählt: »Gleich darüber [das heißt über dem Grab] ist ein alter großer Lorberbaum, welcher von ihm selber herauß gewachsen.«[12] Ähnlich wie Devotionalien an

Carl Blechen: Vergils Grabmal, 1829

christlichen Wunderstätten wird der vielbewunderte *laurus* am Grab des *poeta laureatus* zum beliebten Objekt von Souvenirsammlern: »Den Lorber suchst du nun umsonst; die verkehrten Afterverehrer haben ihn so lange bezupft, daß kein Blättchen mehr davon zu sehen ist«, grantelt Seume 1802.[13] Damit die Souvenirsammler dennoch auf ihre Kosten kamen, boten die Fremdenführer – so der Herzogin Anna Amalia – Lorbeerblätter an, »die sie auf diesem Grabe abgebrochen zu haben vorgeben.«[14]

Auch die jakobinischen Revolutionäre von 1799 wollten dem großen Dichter ihre Reverenz erweisen: Eine der ersten Maßnahmen der »Parthenopäischen Republik« bestand in einer Anordnung von General Championnet, ein Vergil-Denkmal neben dem Grab zu errichten.[15] Dazu ist es dann freilich nicht mehr gekommen.

Ähnlich wie bei den christlichen Begräbnisstätten suchten auch bei diesem Grab andere Tote die Nähe des »Heiligen«: 1837 wurden die Gebeine von Leopardi hierhertransferiert, *a Napoli presso, ove la tomba/Pon di Virgilio un'amorosa fede,* wie es in einem seiner Canti heißt.[16] Sein Grab befindet sich bis heute in der Nachbarschaft des vergilischen, und natürlich ziert auch Leopardis lyrische Huldigung des Vergil-Grabs den Ort.

Emanationen aus der Unterwelt

Außer durch die Erinnerungen an die klassische Literatur und die Präsenz der antiken Ruinen beeindruckte die Gegend westlich von Neapel auch durch eine Reihe von Phänomenen, die – wie wir heute wissen – im vulkanischen Charakter der Landschaft ihre Ursache haben. Kampanien ist ein »poröses« Terrain, nicht nur der seit 1631 wieder tätige Vesuv machte das deutlich. Zahlreiche Höhlen und Schlünde, dampfende Grotten und Fumarolen prägen hier das Bild einer Landschaft, die früher *Campi Phlegraei,* »Brennende Felder«, genannt wurde. Auch diese geologischen Phänomene gehören zum festen Bestand der touristischen Attraktionen, wie sie die Reiseliteratur über Jahrhunderte hinweg festgehalten hat. Die Lust am Unheimlichen schwingt bei den Beschreibungen mit; sensiblere Reisende stellen Betrachtungen über Tod und Leben, über Paradies und Hölle an, nüchternere spekulieren über die Ursachen der geheimnisvollen Emanationen aus dem Innern der Erde.

Hatte man den antiken Tunnel durch den Posillipo durchquert (kaum ein Reisender vergißt, die genauen Längenmaße anzugeben), erreichte man am See von Agnano (»der ist so tieff, daß man kein grund nicht weiß«[17]) die sogenannten *Sudatoria* oder »Schweißbäder« von San Germano: »Diß sint etliche ront [= rund] zugewölbte Kämmerlein, deren Esterich oder Boden warme Dämpff mit so gro-

»Bad, von dem das gemeine Volk von Neapel und Umgebung im Sommer großen Gebrauch gegen allerlei Übel der Haut macht.«
Heiße Quelle in der Nähe der Solfatara, Campi Phlegraei, 1776

ßer menge von sich gibt, daß sie einem, der ohne Kleider hinein gehet, von stund [= sogleich] den Schweiß außtreiben« (Sebastian Münster). Die Schweißbäder galten als heilsam für viele Leiden, »heilen das eingeweidt, drücken die jnnerliche geschwülst auß und helffen denen, so mit dem Podagra [=Fußgicht] behafft seyn.«[18] Auch bei der »Franzosenkrankheit«, also der Syphilis, wurden ihnen heilsame Wirkungen nachgesagt.[19]

Auch an anderen Stellen rings um den Golf von Pozzuoli gab es solche »Bäder« oder »Schweißbäder« (wir würden heute von Heißwasser- oder Dampfthermen sprechen), die zum Teil schon in der Antike genutzt worden waren, wie die genannten *Stufe di Nerone* (»Nero-Öfen«) oder die *Bagni di Tritulo* (»Tritulus-Bäder«) bei Baja: Stollen im Berg, aus denen heiße Dämpfe oder Quellen strömen. Nicht weniger als 38 solcher »Bäder« in der Gegend von Baja zählt Sarnellis Fremdenführer von 1691 auf und weist ihnen diverse »Heilanzeigen« unter anderem bei Leiden im Abdominalbereich, aber auch bei zahlreichen anderen Beschwerden des Leibes und der Seele zu.[20] Die Gegend entwickelte sich damit seit der frühen Neuzeit zu einer der bekanntesten europäischen »Kurbäder«-Regionen. Eigene »Badeführer« entstehen[21], und das »Allernützlichste Bade-

Reglement« in Pompeo Sarnellis Fremdenführer ist vermutlich die älteste »Gäste-Badeordnung« der Welt.

Auch in Neapel selber konnten sich Fremde wie Einheimische der heilsamen Wirkung einer schwefelhaltigen Quelle bedienen, der *Sulfurea di Santa Lucia,* die zu Füßen des Monte Echia aus dem Boden sprudelte. »Sie ist ein heilsames Brauchmittel gegen die Verdickung der Säfte, um den Skorbut zu bekämpfen und gegen verschiedene Versäuerungen.«[22] Alle diese »Bade«-Attraktivitäten in der Umgebung Neapels sind heute weitgehend in Vergessenheit geraten – mit Ausnahme der Thermalbäder auf Ischia, die allerdings erst im 18. Jahrhundert im europäischen Reiseverkehr in Mode kamen.

Nicht Wohlbehagen, sondern Todesschrecken bereiteten hingegen andere Emanationen aus dem Inneren der Erde. Unweit der Germano-Bäder, auf der gegenüberliegenden Seite des Sees von Agnano, besuchte man die berühmte »Hundsgrotte«, wo nicht heilsame, sondern giftige Dämpfe aus dem Boden quollen: »Diese Exhalationes seint so giftig, daß innerhalb einer Minuten Zeit alle Thier ohne einigen Zweifel darin crepiren. Wir haben die Proba an einem Hund genommen, welchen einer par force hinein hielte und gleich anfing, sich ubel zu halten und zu wehren, bis er matt und endlich ohne alle Bewegung und Anzeigen des Lebens da ligen bliebe; were auch ohne Zweifel verrecket, wan man ihn nicht zeitlich [=beizeiten] ins Wasser geworfen.«[23] Was der aus Münster gebürtige Lambert Corfey hier 1698 als eigenen Versuch beschreibt, war in Wahrheit ein Experiment, mit dem die Kustoden dort über Jahrhunderte aufwarteten: einem touristischen Spektakel, bei dem man einen kleinen Hund an den giftigen Dämpfen am Boden der Grotte »ersticken« ließ und ihn dann außerhalb wieder zum Leben brachte, indem man ihn in den See warf.

Den Schrecken der Unterwelt konnte man sich auch beim Besuch der bei Pozzuoli gelegenen *Solfatara* nahefühlen, dem Boden eines Vulkankraters. Der feste Boden, so hieß es, sei hier nur sehr dünn, unter den Steinwürfen könne man den dröhnenden Widerhall aus dem Erdinnern hören. Aus Erdspalten drang heißer Dampf und unterirdisches Grollen. »Die meisten Einwohner zu Neapolis und in den umliegenden Orthen halten die Höhlen von Zolfatara vor warhafftige Lufft-Löcher der Höllen« (van Huyssen, 1701)[24] –

was dieselben allerdings nicht daran hinderte, hier als Kustoden den Reisenden ebenfalls eine Reihe von Schaustückchen darzubieten: Man kochte Eier auf dem Boden, verfärbte Silbermünzen oder entzündete Feuer aus dem Nichts.

Es ist das unmittelbare Nebeneinander von »Heilsamem« und »Giftigem«, von »Schönheit« und »Häßlichkeit«, von »Leben« und »Tod«, welches der Gegend den Zauber verlieh. Schon Petrarca hatte sich an der Idee begeistert, daß in der Gegend von Neapel »Heilmittel für das menschliche Leben und Todesschrecken aufeinandertreffen.«[25] Als mythische Reminiszenz konnten das die Reisenden auf der Halbinsel von Misenum unmittelbar nacherleben: Dort lagen das »Tote Meer« (*Mare Morto*), der antike Ort der Hadesfahrt des Charon und, gegenüber, die fruchtbaren »Elysäischen Felder« – »ein Ort, an dem die köstlichsten Trauben wachsen und herrliche Früchte, auch Zuckererbsen zu jeder Jahreszeit« (Sarnelli).[26] Daß in Neapel das Paradies und die Hölle dicht nebeneinanderlägen, wurde ein fester Topos der Reiseliteratur – er galt für die mythische Rezeption der Gegend aus dem Geist der Antike in der älteren Zeit ebenso wie für die »moderne« Ästhetik der Landschaft, die seit der zweiten Hälfte des 18. Jahrhunderts dominierte.

Die Großstadt, das von Teufeln bewohnte Paradies

Die Nachbarschaft von Paradies und Hölle: Diese Idee prägt die Wahrnehmung Neapels auch im Hinblick auf den Gegensatz von Land und Stadt. Wer, wie die Reisenden der Grand Tour, von Rom kommend, sich Neapel auf der *Via Appia* näherte, kam nach mancherlei Beschwernissen in der Gegend von Capua in die sogenannte *Terra di lavoro*, einen Landstrich, der nach allgemeiner Überzeugung an Schönheit alles übertraf, was man auf Erden sehen konnte. »Das Land Campania ist das schönste nicht allein in Welschland [=Italien], sondern in der ganzen Welt«, heißt es kurz und bündig in Hieronymus Megisers Reiseführer von 1605[27] – eine Überzeugung, die noch bis ins 19. Jahrhundert so gut wie allgemeine Gültigkeit hat. Auch das vielzitierte »Neapel sehen und sterben« hat ja hier seinen Ursprung: Wer Neapel gesehen habe, könne sich getrost zu seinen Vätern versammeln, habe er doch das Sehenswerteste auf Erden überhaupt gesehen. Natürlich schwang bei solcher Begeisterung die Erinnerung an das Lob der *Campania felix* in der antiken Literatur mit, Vergils berühmten Hymnus auf die *Saturnia tellus,* das an Früchten gesegnete Land des Goldenen Zeitalters.[28] Allerdings konnte sich der Besucher aus dem Norden hier von der Wahrheit dieses Lobes mit eigenen Augen überzeugen. Die Straße säumten damals reiche, wohlbestellte Kulturen von Mandelbäumen, Pfirsichen, Feigen, Datteln, Orangen und Zitronen; man passierte Baumwoll- und Zuckerrohrplantagen, bewunderte Seidenraupenzuchten und konnte sich auch im Winter an frischen Gemüsepflanzungen erfreuen – einem »unsäglichen Überfluß von allen Erdgewächsen und Gaben der Natur«.[29] Auch war die *Campania felix* das Land des Öls und des Weins, zweier Gaben, die seit alters auch als Zeichen des Heiligen, des Göttlichen galten. Sogar der natürliche Wechsel der Jahreszeiten schien in diesem Reich der ewigen Fruchtbarkeit außer Kraft gesetzt zu sein. *Hic ver adsiduum atque alienis mensibus aestas* hatte Vergil gesungen[30]: »Ewiger Frühling herrscht hier und Sommer in jeglichem Monat«. Das stimmte zwar nicht im wörtlichen Sinne, mochte aber doch manchem Reisenden aus dem kalten Norden unter dem blauen, heiteren Himmel des Südens so erscheinen. Kurzum, den Reisenden mußte es in dieser Landschaft vorkommen, »daß sie einem irdischen Paradiß gleich zu seyn scheinet«.[31]

Die Rede vom »Paradies Neapel« kehrt als festes Klischee in den Berichten der Grand Tour wieder. Clemens Weigels 1685 erschienener Reiseführer trägt dem bereits im Titel Rechnung: »Entwurff des Italiänischen Paradeises, Das ist der Städte und Gegenden Neapels und Pozzuolo [...] ausgeschmücktes Werck«.[32] Das Frontispiz des Werks ziert ein Distichon aus den Elegien des Properz, vom Autor bezeichnenderweise leicht verändert: *Omnia Parthenopes cedant miracula terrae/Natura hic posuit quidquid ubique fuit.* »Alle Wunder der Erde, sie müssen Parthenope weichen/Hat doch Natur hier gesetzt, alles was je sie erschuf.« Nur daß es bei Properz geheißen hatte: *Omnia* Romanae cedent *miracula terrae ...*, »Alle Wunder der Erde, sie weichen den *römischen* ...«[33] So verwandelt sich das Lob Roms bei den Reisenden der Grand Tour unter der Hand in ein Lob Neapels! Gewiß, Rom galt als Stadt der Kunst, als Sitz des Nachfolgers Petri und damit als *caput mundi*, als Hauptstadt der Welt. Neapel aber war das Paradies dieser Welt, ausgezeichnet durch Fruchtbarkeit, Schönheit und alle Freuden des irdischen Lebens. August von Platen hat das in einem Distichon zusammengefaßt, das den Titel »Nördliches und südliches Italien« trägt: »Dort das Gebürg der Abruzzen und hier die pontinischen Sümpfe/Führen vom Lande der Kunst nach der Natur Paradies.«[34]

Das überschwengliche Lob Kampaniens, wie es so viele Reisende gesungen haben, galt nun auch für Neapel selber – allerdings mit charakteristischen Einschränkungen. Neapel war eine große, dicht besiedelte Stadt, eine der ersten modernen »Großstädte« überhaupt und für viele Ankömmlinge aus den deutschen Ländern die größte Stadt, die sie je in ihrem Leben betreten hatten. Und, das bemerkten fast alle, Neapel war auffallend »anders« als alles, was sie bisher auf ihrer Reise in den Süden gesehen hatten, nicht zuletzt verglichen mit Rom. »Wenn man aus der Todesstille des majästätischen Roms sich auf einmal unter lebhafte, fröhliche Menschen versetzt siehet und die reinste Luft den Lebensgenuß anwehet, wo die gröste Fruchtbarkeit zu dem *benedetto far niente* einladet, sollte man glauben, sich in einer ganz andern Welt zu finden. So sehr ist Clima und Nation von dem römischen verschieden, ob gleich Rom nicht über 25 teutsche Meilen von Neapel entfernt ist.« So Herzogin Anna Amalia von Sachsen-Weimar, die sich 1789/90 über ein Jahr lang in Neapel aufhielt.[35]

Es ist dieses vage und doch sehr deutlich empfundene Gefühl, hier plötzlich »in einer anderen Welt« zu sein, welches die Reisenden immer wieder zum Ausdruck bringen. Nicht daß die Großstadt nicht schön gewesen wäre: Man bewundert die mit Steinen sauber gepflasterten Straßen (damals alles andere als eine Selbstverständlichkeit), die Höhe der Häuser, Reinlichkeit und Ordnung trotz so vieler Menschen. Man ergötzt sich am Schauspiel des brandenden Verkehrs, an den zahlreichen, prächtigen Kutschen mit ihren eleganten Insassen. Und man staunt über das quirlige Leben der Menschen auf den Straßen und ihre vielfältigen, manchmal exotisch anmutenden Beschäftigungen: Wasserträger, Makkaroniköche, Kuttelverkäufer, Austernhändler, Romanzensänger (*cantastorie*), Abfallsammler und viele andere »Professionen«. Scharen hübscher, halbnackter

Knaben zogen die Augen auf sich, wenn sie radschlagend neben den Besuchern hertollten oder sich am Hafen mit allerlei Schwimmkünsten produzierten, »wie junge Tritonen um die Barquen herum« (Anna Amalia).[36] Und insgesamt bemerkt man immer wieder voller Überraschung das reibungslose Funktionieren der vielschichtigen Abläufe in der übervölkerten Stadt sowie Fleiß und Tätigkeit ihrer Bewohner. Goethe konnte hier »zwar sehr viel übelgekleidete Menschen bemerken, aber keine unbeschäftigten«.[37] Und Samuel Sharp fällt im Vergleich mit London in Neapel der »Geist der Nüchternheit« auf: »I do not remember to have seen in the streets one drunken man or woman.«[38]

Auffallen mußten den Besuchern aus dem Norden auch die vielen gastronomischen Angebote, die dem »schnellen Essen« auf der Straße galten: die Garküchen mit den berühmten Makkaroni-Essern, die Pizzabäcker sowie die zahlreichen ambulanten Händler, die Kaffee, Zitronensaft, Sorbet und Wasser feilboten. Nicht zuletzt die permanente Präsenz von Schnee im heißen Neapel und die komplizierte Versorgung der Stadt mit diesem kostbaren Produkt erregten Aufsehen. »Denn man trinket hier wenig Getränke, ja nicht einmal Wasser, wenn es nicht vorher abgekühlet worden«, bemerkt Joseph Addison 1705. »Und hieran ist jedermann gewöhnt, von dem Höchsten bis zu dem Niedrigsten, dergestalt daß ein Mangel an Schnee zu Neapel ebensowohl eine Empörung verursachen würde, als in einem anderen Lande eine Teuerung des Korns.«[39]

Doch das alles war nur die eine Seite, die positive Wahrnehmung der Stadt. Die andere war die gewaltige Irritation, die von den großstädtischen Massen, den *Lazzaroni*, ausging, einem für die soziale Schichtung Neapels typischen Phänomen. Für so gut wie alle Reisenden aus dem Norden gehören sie zu den »Merkwürdigkeiten« der Stadt, im übrigen auch durch Bühnenstücke und Opern im Norden populär geworden.[40] Kaum jemand, der versäumt hätte, sie zu beschreiben und sich in Deutungen des Phänomens zu versuchen. Hatte man die Städte Ober- und Mittelitaliens, hatte man auch Rom noch passieren können, ohne dabei den sozialen Unterschichten größere Aufmerksamkeit widmen zu müssen – hier kam man nicht mehr daran vorbei. Allein die öffentliche Präsenz von Zehntausenden auf den Straßen und Plätzen der Stadt zwang dazu.

Die Wahrnehmung der *Lazzaroni* changierte dabei zwischen zwei Polen: Auf der einen Seite erschienen sie als possierliche, lebenslustige, »kindliche« Gemüter, zum anderen als sinnliche, leicht erregbare, gewalttätige Masse – »zur Hälfte Affe, zur Hälfte Tiger«, wie es bei Emile Zola über den gemeinen Mann in Neapel heißt.[41] Es war die gewaltige Beunruhigung, welche die Masaniello-Revolte in ganz Europa ausgelöst hatte, die auch bei den kommenden Generationen die Angst vor dem »Pöbel« am Leben erhielt: vermutlich die früheste Ausprägung jener Angst der Eliten vor den sozialen Unterschichten, wie sie die Mentalitätsgeschichte Europas bis ins 20. Jahrhundert begleiten wird. Der *Lazzaro*, der arme Mann, mußte in dieser Optik als tendenzieller Bösewicht erscheinen, und dies selbst »großstadterfahrenen« Besuchern wie Maximilian Misson. Er hatte lange in Paris und in London gelebt, aber als er 1688 nach Neapel kommt, sieht er im Volk nur »Banditen« – und, schreibt er, »wird man daher nicht unrecht thun, wenn man sagt, Neapolis sey ein von lauter teuffeln bewohntes paradiß.«[42]

Ein von Teufeln bewohntes Paradies: Dies ist die Formel, die in der Folgezeit immer wiederkehren wird, unzählige Male abgewandelt, eines der festesten Stereotypen in der Wahrnehmung Neapels. Noch anderthalb Jahrhunderte nach Misson schreibt Ernst Rietschel (der Schöpfer des Goethe-Schiller-Denkmals in Weimar) unverblümt in einem Brief an Christian Daniel Rauch über die Gegend von Neapel: »Da überall ist das Paradies der Erde, oder es würde es sein, wenn keine Menschen dort wären, die die niedrigste Brut ist, die mir je vorgekommen.«[43] Gewalttätigkeit, Grausamkeit, Niedertracht oder – in freundlicherer Version – Spitzbüberei, Verschlagenheit und Gaunerei: Das ist das Syndrom eines kriminellen oder halbkriminellen neapolitanischen Volkscharakters, wie er in der Literatur der Grand Tour gezeichnet wird. Die Stadt wimmle von Dieben und Betrügern, sei der Schlupfwinkel geheimer Verbrecher-Organisationen und die Heimat der berüchtigten *Aqua Tofana,* eines tödlichen Giftes, dessen geheimnisvolle Existenz die Phantasie der Zeitgenossen beschäftigte und von dem man sich erzählte, »daß es so klar wie das reinste Wasser aussieht und keinen Geschmack hat, daher man nicht dagegen auf seiner Hut sein kann«.[44] Es sind die latenten Todesängste der Reisenden, die hier im Süden ebenso Gestalt annehmen wie ihre manifeste Sehnsucht nach dem Paradies. Neapel ist schön, aber die Neapolitaner sind böse: So oder so ähnlich wird es immer wieder formuliert.

Neapolitanischer Volkscharakter oder Die Wilden von Europa

Dabei hatte man, wenn solche Urteile ausgesprochen wurden, zunächst, das heißt in der Literatur des Barockzeitalters, eher das »gemeine Volk«, den »Pöbel«, also die Unterschichten der Stadt im Sinn. Der Adel war davon ausgenommen, nicht nur Misson beschrieb ihn als »sehr höfflich erzogen, und erzeigt sich gar edel und manhaft«.[45] Ursache war sicherlich, daß die frühen Reisenden selber häufig aus aristokratischen oder patrizischen Schichten stammten und nach den Gepflogenheiten der Grand Tour den Standesgenossen am Ort ihre Aufwartung machten. Bei Autoren des 18. und vor allem des 19. Jahrhunderts werden dann die negativen Urteile zusehends verallgemeinert, von »dem« Neapolitaner ist jetzt die Rede, ein neapolitanischer »Volkscharakter« wird konstruiert.

Längere Raisonnements oder ganze Kapitel über »Charakter und Sitten der Neapolitaner« gehören jetzt zum festen Bestand der Reisebeschreibungen, bilden einen frühen Fundus ethnologischer Wahrnehmung. Neben Reizbarkeit und dem Hang zur Gewalttätigkeit ist es dabei vor allem die Neigung zum Müßiggang und zum leichten Leben, die in den Reiseberichten immer wieder thematisiert wird. Dabei neigen aufgeklärte englische und französische Beobachter eher als deutsche Autoren dazu, die angebliche »Faulheit« der *Lazzaroni* nicht einem allgemeinen Volkscharakter zuzuschreiben, sondern der Desorganisation und Rückständigkeit der absolutistischen Monarchie. Ob sie »wegen des Mangels an Manufakturen oder wegen eines natürlichen Hanges zur Faulheit« keine Beschäftigung haben, wagt Samuel Sharp nicht zu entscheiden.[46] Daß sie »keinesfalls ein so grausames und rachsüchtiges Volk sind, wie sie von vielen Reisenden geschildert werden«, versichert auch der landeskundige und sehr umsichtig beobachtende Henry Swinburne und weist darauf hin, daß in Neapel selbst im Hungerjahr 1764 nur ein einziger Bäckerladen geplündert worden sei: »Kann man das von der Besonnenheit der Massen in London und Edinburgh sagen?«[47] Und John Moore, der die Zustände in Italien immer wieder am ökonomisch entwickelten und demokratisch regierten England mißt, bemerkt über die *Lazzaroni*: »Ihr Müßiggang ist offensichtlich nicht selbstgewählt, sondern eine Folge der Not.«[48] Auch Goethe verteidigt bekanntlich die *Lazzaroni* gegen den Vorwurf des Müßiggangs.

Doch solche Stimmen sind eher die Ausnahme. Im Grunde geht es bei der Wahrnehmung der Neapolitaner um etwas ganz anderes, den Autoren selber nicht Bewußtes. Auf dem Prüfstand stehen die Glorifizierung der »Tätigkeit« und das Arbeitsethos in den nordeuropäischen Gesellschaften im Zeitalter der Industrialisierung. Wenn Goethe schreibt, daß in Neapel »alle in ihrer Art nicht arbeiten, um bloß zu leben, sondern um zu genießen, und daß sie sogar bei der Arbeit des Lebens froh werden wollen«[49], dann ist dies ja nichts anderes als ein Spiegel, den er im Grunde nicht den Neapolitanern, sondern den Deutschen vorhält. Es muß und es wird die »industriösen« Nordeuropäer weiterhin irritieren, daß Genuß im Süden offensichtlich nicht als Lohn der Arbeit, sondern als Lebensziel, ja Teil der Arbeit selber verstanden wird. In diesem Sinne führen die Neapolitaner ein »durch und durch undeutsches Leben«, wie der Zoologe Ernst Haeckel während eines Forschungsaufenthalts im Süden (1859) kritisiert.[50]

Zum Syndrom des neapolitanischen Volkscharakters, wie er in den Berichten der Grand Tour gezeichnet wird, gehören ferner »Wollust« und »Sinnlichkeit«, vor allem die »Sinnlichkeit der Weiber«. »Das wollüstige Clima macht die Weiber hier sehr bereitwillig«, notiert der preußische Offizier Johann Wilhelm von Archenholtz.[51] Wir dürfen unterstellen, daß dieses Klima auch den Touristen aus dem Norden entsprechend eingeheizt hat. Die Frauen seien unbeständig in der Liebe und Abenteuern nicht abgeneigt; in keiner anderen Stadt Italiens fände man mehr »unzüchtige Weiber« (Martin Zeiller, 1688).[52] Verheiratete Damen höherer Stände ließen sich mit Wissen ihres Gatten von einem sogenannten *Cicisbeo*, einem festen »Hausfreund« aushalten. Und Mädchen aus dem Volk seien den Fremden bereitwillig zu Diensten. Das wird von den Reisenden zum Teil mit Entrüstung, zum Teil mit Wohlgefallen kolportiert und erinnert in gewisser Weise an den zeitgenössischen Tahiti-Mythos, die Vorstellung von einem paradiesischen Süden ohne sexuelle Scham.

Wer länger in Neapel lebte und die Verhältnisse genauer studierte, konnte – wie der Oldenburger Karl August Mayer – erkennen, daß es sich bei gewissen »Freizügigkeiten« nicht selten um verdeckte Formen der Prostitution handelte: »Eine Mutter bot mir ihr eigenes Kind an, und als mir das Blut zu Kopfe stieg und ich ihr harte Worte sagte, erwiderte sie: Herr, in einem so guten Rocke, wie Ihr ihn anhabt, spricht es sich leicht so. Wir thun dergleichen *per buscare qualche cosa* [um ein bißchen was anzuschaffen].«[53] Auch Pädophilie (»in Neapel mehr als in irgendeiner anderen Stadt von Italien gebräuchlich«[54]) und die beständige Präsenz der *Ruffiani,* der »Kuppler«, die – wie immer wieder berichtet wird – den Touristen auf den Straßen auch Kinder und Halbwüchsige »anboten«, sorgten bei den Femden für Irritation. Im Grunde trafen die Reisenden damals in Neapel auf Verhältnisse, wie sie heutigen Touristen aus den Millionenstädten in Asien oder Lateinamerika bekannt sind. Im übrigen sprechen auch zeitgenössische neapolitanische Veröffentlichungen von der »Korruption der ehelichen Verhältnisse« und den zahlreichen »ausgehaltenen Frauen, die von Hand zu Hand gehen« und oft aus den Findelhäusern der Stadt stammten.[55] Es waren offenkundig die sozialen Verhältnisse der Großstadt, die die traditionellen Strukturen der moralischen Ordnung auflösten. Doch paßte es unter den Besuchern aus dem Norden natürlich nur allzu gut in die allgemeine Begeisterung, sich vorzustellen, daß es eben die paradiesische Natur und Neapels glühende Sonne seien, welche hier die Leidenschaften begünstigten.

Was den Fremden ferner an den Neapolitanern auffiel, wurde gern mit Begriffen wie »Leichtlebigkeit«, »Unbekümmertheit«, »Offenheit« oder »Kindlichkeit« beschrieben, also als das Musterbild eines (modern gesprochen) extrovertierten Sozialcharakters. Eine Ursache sind sicher die unterschiedlichen Mentalitäten im protestantischen Norden und im katholischen Süden: Die Kontrolle der Affekte und der Leidenschaften, das »An-sich-Halten« wird in den protestantischen Ländern Nordeuropas im 18. Jahrhundert ein wichtiger Teil des zivilisatorischen Prozesses. Hinzu kam aber etwas anderes: Begünstigt durch das Klima und beeinflußt durch die besondere Situation der Stadt, war das Leben des Volkes in Neapel im wesentlichen ein öffentliches Leben, spielte sich auf Straßen und Plätzen ab. Die Grenzen zwischen »Haus« und »Straße«, zwischen Privatheit und Öffentlichkeit, waren fließend, und verblüfft konnten die Fremden bemerken, daß auch »häusliche« und »private« Verrichtungen wie Schlafen, Kochen oder Essen hier in aller Öffentlichkeit praktiziert wurden. »Denken Sie sich [...] die Anzahl von fast einer Million Menschen, von denen der größte Teil sein ganzes Geschäft auf der Straße treibt, dort schläft, der jede Handlung durch die größte Lebhaftigkeit und beständigen Frohsinn bezeichnet«: So beschreibt der preußische Architekt Karl Friedrich Schinkel die Neapolitaner und fügt den klugen Hinweis an, daß es eben dieses »öffentliche Leben« sei, das den »Nationalcharakter« des Volkes präge.[56] In diesem Sinne erscheint die Stadt ihren Besuchern immer wieder als eine große Bühne und das Gewühl des Volkes als theatrale Inszenierung, werden die Nepolitaner zu »geborenen Schauspielern«[57] und sogar die Bettler noch zu »Künstlern«[58].

Auf dieser riesigen Bühne und vor der imposanten Kulisse von Vesuv und Meer spielten dann jene berühmten Szenen, die bei keinem Besucher ihre Wirkung verfehlten: mit den ekstatischen Tänzern der *Tarantella*, den populären Rezitatoren aus Tasso und Ariost, den Gassenpredigern, den *Pulcinella*-Spielern, den kirchlichen Prozessionen und den Leichenzügen der Beerdigungsbruderschaften. Aber auch die barfüßigen Straßenkinder, die Garköche mit den riesigen Makkaronitöpfen, die ambulanten Händler, kurz alle Stadtbewohner mit ihren öffentlichen Verrichtungen wurden zu Akteuren »malerischer« Szenen. »Diesem Volke (wird) alles zum Fest und das Leben zur Dichtung«, schreibt Victor Hehn begeistert.[59] Kein Wunder, daß dieses öffentliche Fest bei nördlichen Gemütern seine berauschende Wirkung nicht verfehlt: »Rom verhält sich zu Neapel wie etwa alter Rheinwein zu flüchtigem Champagner«, stellt der Maler Schnorr von Carolsfeld fest.[60]

Zwei weitere Eigentümlichkeiten werden als Besonderheiten des neapolitanischen Volkscharakters immer wieder hervorgehoben: die Spielleidenschaft und das Gestikulieren. »Es ist natürlich, daß kindliche, müßige Menschen gern spielen«, schreibt Karl August Mayer über die Neapolitaner[61] und gibt damit das allgemeine Vorurteil nördlich-protestantischer Gesellschaften wieder, demzufolge das Spielen erwachsener Menschen suspekt, das Glücksspiel ganz besonders verwerflich sei. Neben den Fingerspielen der Männer, der sogenannten *Morra,* wird vor allem das beliebte *Lotto* immer wieder genannt und der Kult, den man dabei um die Berechnung der richtigen Zahlen mit Hilfe von Träumen oder außergewöhnlichen Ereignisse anstelle. Auch die gestische Artikulationsweise der Neapolitaner fällt so gut wie fast allen Reisenden auf. »In Neapel wird alles durch Pantomimen ausgedrückt«, schreibt Charles Dickens und gibt eine Reihe von Beipielen für die »reiche Sprache der fünf Finger«.[62] Weniger freundlich äußern sich andere Reisende – der preußische Assessor Gustav Nicolai sieht in den gestikulierenden Neapolitanern wahre »Tollhäusler« und vermutet hinter den Gesten »eine geheime Gauner- und Diebessprache«.[63] Natürlich fiel auch hier den Fremden im Süden das zivilisatorisch Abweichende auf: Daß man – wie Adolph Freiherr von Knigge schreibt – beim Reden »sein Gesicht in der Gewalt haben« und nicht »mit Kopf, Armen und anderen Gliedern herumfahren« solle[64], gehörte im Norden zu den Abgrenzungsmerkmalen der »besseren Leute« gegenüber den Verhaltensweisen der Unterschichten. Man spricht nicht mit Händen und Füßen: Diese nördliche Regel des feinen Anstands galt im Süden nicht.

Vieles von dem, was den Reisenden in Neapel auffiel, gehört also in den Bereich des Exotismus: Aus nördlicher Perspektive erschienen die Verhaltensweisen der Neapolitaner als präzivilisatorisch, gemessen an jenem Prozeß der Modellierung der Affekte und Verhaltensweisen, wie er sich im Norden durchzusetzen begann und wie ihn Norbert Elias als »Prozeß der Zivilisation« beschrieben hat. Es wundert daher nicht, daß man die Neapolitaner gern mit jenem Begriff belegte, der aus der zeitgenössischen ethnologischen Diskussion bekannt ist: dem der *Wilden.* »Wenn ich von einem Volke, ohne es zu nennen, erzählte: es sey faul, unreinlich, sinnlich, abergläubisch, auf Hazardspiele mit Wuth erpicht, völlig gleichgültig gegen Künste und Wissenschaften, bloß Flitterstaat liebend, der ehelichen Treue fremd – würde man nicht glauben, ich spräche von Irokesen oder Hottentotten? Nun ja, die vornehmen Neapolitaner sind die Wilden von Europa.«[65] Das ist hart, aber auch für diese Beurteilung der Neapolitaner galt jene Ambivalenz, wie sie für den Begriff des Wilden im 18. und 19. Jahrhundert typisch war: Sie konnten nicht nur als »böse«, sondern ebenso als »gute« Wilde (Kay Kufeke)[66] erscheinen, als heitere, sorglose, kindliche Wesen im Stande der Unschuld. Ihre »Reizbarkeit« konnte auch »Lebhaftigkeit« sein, ihre »Unreinlichkeit« auch »Bedürfnislosigkeit« heißen, ihre »Sinnlichkeit« als »Natürlichkeit« gedeutet werden. Die meisten Urteile über den neapolitanischen »Volkscharakter« tragen diesen Stempel der Ambivalenz, und es hing weitgehend von den äußeren, nicht zuletzt den politischen Umständen und der jeweiligen Verfassung der Beobachter ab, ob die Urteile eher abfällig oder eher bewundernd ausfielen.

Das Blut von San Gennaro und die Wunder der Frömmigkeit

Man kann sich heute nur noch schwer klarmachen, welch große Rolle einstmals die Wahrnehmung konfessioneller Unterschiede in fremden Ländern spielte. Jedem protestantischen Reisenden war es in Italien auf Schritt und Tritt klar, daß er sich durch ein katholisches Land bewegte. Und Neapel war in diesem Land nicht irgendeine katholische Stadt, sondern eine, die ihren konfessionellen Charakter in einer ganz besonderen Weise zur Schau trug. Die meisten Reisenden hatten sich in Rom aufgehalten, bevor sie nach Neapel kamen, sie hatten in der Stadt des Papstes an den großen kirchlichen Zeremonien teilgenommen, hatten also erlebt, was der Katholizismus war – im Zentrum der katholischen Christenheit. In Neapel erlebten sie allerdings auch in dieser Beziehung eine Überraschung – Archenholtz gibt das anschaulich wieder: »Ein Chinese, der, ohne Europa zu kennen, von Rom nach Neapel käme, würde schwerlich glauben, daß beide Städte ganz einerley Religion haben.«[67] Es waren die für Neapel typischen Inszenierungen der Volksfrömmigkeit, die für die Reisenden aus dem Norden fremd und irritierend wirkten: die großen, lautstark gefeierten Feste (*San Gennaro, Piedigrotta, San*

Giuseppe), bei denen sich die Stadt in einen Hexenkessel zu verwandeln schien; die Umzüge der schwarz oder weiß vermummten Beerdigungsbruderschaften; die Prozessionen an den Feiertagen der Heiligen mit ihren zum Teil archaischen Riten wie der *flagellatio* (Geißelung) oder der *leccatio*, den Kriechprozessionen, während deren man den Boden leckte. Es war darüber hinaus der öffentliche Charakter dieser Frömmigkeit insgesamt, das Laute, Turbulente, »Heidnische«, das all jene befremdete, für welche die wahre Frömmigkeit eine Angelegenheit des Herzens, der Stille, der Innerlichkeit zu sein hatte – und dazu gehörten nicht nur Protestanten. Auch ein aufgeklärter Katholik wie Henry Swinburne bemerkt über die Neapolitaner, daß »manche Übungen ihrer religiösen Verehrung römischen Katholiken anderer Länder extravagant und unschicklich erscheinen« müßten.[68] Weniger zurückhaltend äußerten sich andere Katholiken, die in der Religiosität der Stadt nur »erschrecklichen Aberglauben und die Menge der gottlosesten Abgötterey« sahen (so Leopold Mozart in einem Brief an seine Frau in Salzburg[69]).

Es war vor allem das Blutwunder von San Gennaro – also die Verflüssigung des Blutes des Stadtpatrons an bestimmten Tagen des Jahres –, das immer wieder Irritationen auslöste. Die Teilnahme an dem Ereignis gehörte seit dem 17. Jahrhundert zu den festen Programmpunkten eines Neapel-Aufenthaltes. Was hier vor aller Augen geschah, war geeignet, alles in Frage zu stellen, was im Zeitalter der heraufkommenden Naturwissenschaften als »wahr« und »richtig« galt. Hätte man eigens in Neapel von diesen vertrauten Vorstellungen Abschied nehmen sollen? Ein solches Wunder konnte und durfte nicht sein – da war man sich über die Grenzen von Nationen und Konfessionen hinweg einig. »Einen der stümperhaftesten Tricks, den ich je gesehen habe«, nennt es 1705 der Anglikaner Joseph Addison[71]; als »ein recht artiges chemisches Stücklein« verspottet es 1740 der französische Katholik Charles de Brosses[71]; ein »widerwärtiger Eindruck [...] des Heidentums« drängt sich dabei 1838 dem Kölner Katholiken Sulpiz Boisserée[72] auf. Man stellt Theorien darüber auf, wie dieses »große geistliche Possenspiel« (Archenholtz)[73] wohl funktioniere. Nur wenige respektierten, wie Friederike Brun 1818, das *miracolo di San Gennaro* als ein rätselhaftes Geheimnis.[74] Die mediterrane Volksfrömmigkeit der Neapolitaner bleibt den Reisenden ein Ärgernis – sofern sie sie nicht (was im 19. Jahrhundert dann häufiger der Fall ist) als ein großes, dramatisches Schauspiel genießen.

Das Besichtigungsprogramm

Erzeugt und immer wieder genährt – nach dem alten touristischen Muster der Bestätigung des Erwarteten – wurde dieses Profil oder »Image« der Stadt durch Landesbeschreibungen (nicht immer auf eigener Ortskenntnis basierend), durch Reiseführer und Reiseberichte und seit dem ausgehenden 18. Jahrhundert zunehmend auch durch die visuellen Medien, neben Kupferstichen und Lithographien vor allem die Vedutenmalerei mit den berühmten Gouachen.[75]

Auch in Neapel selber kamen schon frühzeitig eigene Reiseführer auf den Markt, die sich ausdrücklich an die Adresse der Touristen richteten. 1688 erschien die *Guida de'Forestieri* des apulischen Bischofs Pompeo Sarnelli, von dessen Führer durch die Sehenswürdigkeiten am Golf von Pozzuoli bereits die Rede war. 1703 brachte der Verleger Domenico Antonio Parrino, gerichtet an *cittadini e forestieri* (»Bürger und Fremde«) seine *Moderna distintissima descrizione di Napoli* heraus. Beide Werke erlebten eine ganze Reihe von Auflagen. Diese und andere Führer beschreiben die Stadt relativ nüchtern, Quartier für Quartier, mit den wichtigsten Besonderheiten, vor allem den zahlreichen Kirchen.

Wie das Besichtigungsprogramm eines Neapel-Besuchers um die Mitte des 18. Jahrhunderts idealtypisch ausgesehen haben könnte, soll hier ausgehend vom Tagebuch einer Grand-Touristin von 1755 rekonstruiert werden – einem Tagebuch, das sich zu diesem Zweck gerade deswegen eignet, weil es in gänzlich unprätentiösem Notizstil geschrieben ist und auch nicht zur Veröffentlichung gedacht war. Es stammt von der Markgräfin Wilhelmine von Bayreuth (1709–58), der Schwester von Friedrich dem Großen, einer gebildeten, kunstsinnigen Reisenden, die sich in Italien vor allem für die Antike interessierte.[76] Zusammen mit ihrem Mann, dem Markgrafen Friedrich, reiste sie, unter dem üblichen (halben) Inkognito, im Oktober 1754 über Frankreich nach Italien. Der folgende Tagesablauf (siehe Kasten)[77] verzeichnet ihr Besichtigungsprogramm während ihres zehntägigen Aufenthalts in Neapel im Mai und Juni 1755.

Markgräfin Wilhelmine von Bayreuth in Neapel

26. Mai	Ankunft gegen Mittag; abends Spaziergang durch die Stadt zum Molo.
27. Mai	Vormittags Besichtigung der Kirchen Santa Trinità und Gesù Nuovo sowie der Antikensammlung im Palazzo Carafa; nachmittags Aufwartung durch die Botschafter Frankreichs, des Hl. Römischen Reiches und Englands; abends Besuch der Oper.
28. Mai	Wilhelmine ist krank und kann daher nicht, wie geplant, »die große Prozession« (vermutlich Fronleichnam) sehen.
29. Mai	Krankheit
30. Mai	Vormittags Besichtigung des Palazzo Reale; nachmittags Besuch der Katakomben, anschließend des Grabes von Jacopo Sannazaro in der Kirche S. Maria del Parto. Abends erneut Aufwartung durch den Wiener Botschafter.
31. Mai	Besichtigung der Gemäldesammlung und der Porzellanfabrik in Schloß Capodimonte. Abends Aufwartung durch verschiedene Honoratioren der Stadt.
1. Juni	Ausflug in den Westen der Stadt: Grotta di Posillipo, Hundsgrotte, Schwitzbäder von San Germano, Solfatara, Pozzuoli mit Serapistempel und Amphitheater; Baiae, Kap Misenum, Mare Morto, Piscina Mirabilis, Cento Camerelle, verschiedene antike Ruinen.
2. Juni	Erneut Ausflug in den Westen der Stadt: verschiedene antike Ruinen und Ausgrabungen, Arco Felice, Cumae, Grabmal des Scipio Africanus, Avernersee, Sibyllengrotte, Bäder des Nero, Pozzuoli.
3. Juni	Besichtigung des Opernhauses, Corso (Stadtbummel), abends Konzert.
4. Juni	Vormittags Ausflug in den Osten der Stadt: Portici, Besuch der Ausgrabungen in Herkulaneum. Nachmittags Musik und Abschiedsbesuche verschiedener Honoratioren der Stadt.
5. Juni	Abreise.

Wie seit alters spielt die Besichtigung der antiken »Erinnerungslandschaften« um den Golf von Pozzuoli eine wichtige Rolle; zwei Tagesausflüge unternimmt Wilhelmine dorthin, auch die ausführlichsten Bemerkungen im Tagebuch sind ihnen gewidmet.

Neu im Programm der Grand Tour ist hingegen der Halbtagsausflug in den Osten der Stadt, zu den 1738 begonnenen Ausgrabungen der verschütteten Städte. Wilhelmine konnte zu diesem Zeitpunkt noch nicht viel davon sehen, die Sammlung in Portici war ihr vermutlich nicht zugänglich, aber sie läßt es sich nicht nehmen, in Herkulaneum persönlich in einem der Ausgrabungsstollen in die Tiefe zu steigen.

Neapel selber hingegen bot – anders als Rom – einer an klassischen Altertümern interessierten Reisenden bis um die Mitte des 18. Jahrhunderts nichts Nennenswertes. Auch die Antikensammlung im *Palazzo Carafa*, die Wilhelmine gleich am zweiten Tag ihres Aufenthaltes besuchte, war relativ neu. Der Herzog Giovanni Carafa war Mitglied der fünfzehnköpfigen *Accademia Ercolanese* und verfügte daher in seinem Palast über entsprechende Altertümer. Später kommt die Antikensammlung von Sir William Hamilton als Sehenswürdigkeit hinzu. Erst seit den 1780er Jahren wird es Neapel dann auch auf dem Gebiet der Antikensammlungen mit Rom aufnehmen können: König Ferdinand läßt die den Bourbonen durch Erbschaft zugefallene *collezione Farnese* aus Rom überführen und in der *Università degli Studi* (dem Gebäude des heutigen Archäologischen Nationalmuseums) aufstellen. Das antikebegeisterte Publikum aus ganz Europa konnte nun die berühmten Kolossalfiguren des »Herkules« und des »Farnesischen Stiers« bewundern, die nicht minder berühmte »Venus Kallipygos«, den »Antinoos« und viele andere klassische Meisterwerke. Während der Franzosenzeit wurden auch die Schätze aus den Ausgrabungen von Herkulaneum und Pompeji aus Portici nach Neapel verbracht. Das *Real Museo Borbonico* bildete nunmehr die bedeutendste Sammlung klassischer Altertümer neben derjenigen der Vatikanischen Museen in Rom.

Dies alles war einer Besucherin um die Mitte des 18. Jahrhunderts noch nicht zugänglich. Die Markgräfin besucht, wie andere Reisende vor und nach ihr, den *Palazzo Reale* (»wo es aber nichts Bedeutendes oder Großartiges zu sehen gab«[78]) und das vor kurzem erbaute Schloß Capodimonte mit der Königlichen Porzellanmanufaktur. In Capodimonte war auch die Gemäldesammlung der *collezione Farnese* zu bewundern, die schon unter König Karl III. aus Rom nach Neapel gelangt war: mit ihren Meisterwerken von Simone

Martini, Botticelli, Raffael, Tizian, Pieter Brueghel und vielen anderen bis heute einer der großen Kunstschätze der Stadt.

Auffallend wenig sieht sich Wilhelmine in den Kirchen um, und auch diese Gewohnheit teilt sie mit anderen »klassizistisch« orientierten Besuchern des 18. Jahrhunderts. Die Kirchen der Stadt, auch der Dom, waren während der spanischen Epoche barockisiert worden, und das Barock galt den Reisenden als »Ungeschmack«. Zum Besuchsprogramm gehörte allerdings das Grabmal des Dichters Jacopo Sannazaro in der Kirche S. Maria del Parto: als exzellentes Zeugnis des antikisierenden Geschmacks der Renaissance. Zu den besonderen Pflichten des Neapel-Reisenden, der sich auch Wilhelmine nicht entziehen konnte, gehörten ferner die Besichtigung der Katakomben und der Besuch der Oper.

Ein obligatorischer Programmpunkt so gut wie jedes Neapel-Aufenthaltes jener Zeit fehlt: die Besteigung des Vesuv. Das liegt daran, daß die Besucherin eine Frau war; reisende Damen vermieden meistens diese anstrengende Bergtour. Um die Mitte des 18. Jahrhunderts noch nicht ins Itinerar gehörte hingegen ein Ausflug, der ab den 1770er Jahren obligatorisch werden sollte: die Tagesreise nach Paestum am Golf von Salerno. Die dortigen griechischen Tempel waren über Jahrhunderte praktisch vergessen gewesen, die malariaverseuchte Gegend erschwerte den Zugang. Erst ab der Mitte des Jahrhunderts erwecken die drei Tempel die Neugier verschiedener englischer und französischer Altertumskundler; Winckelmanns Beschreibung in seinen »Anmerkungen über die Baukunst der Alten« (1762), und Piranesis Kupferstiche machen sie dann berühmt. Zusammen mit den Ausgrabungen in Herkulaneum und Pompeji werden sie den »dorischen« Stil in ganz Europa nachhaltig beeinflussen.[79]

Zehn Tage dauerte der Aufenthalt der Markgräfin: Tage, die – sieht man einmal von den drei ermüdenden Exkursionen in die Umgebung der Stadt ab – nicht sonderlich anstrengend gewesen sein dürften. Sicher – als Mitglied des regierenden Hauses eines deutschen Staates war Wilhelmine zusammen mit ihrem Mann das Ziel offizieller oder halboffizieller Besuche, und auch ihre zweitägige Krankheit dürfte sie belastet haben. Das Besichtigungsprogramm allerdings hielt sich in Grenzen. Die Stadt selber war, anders als Rom, kein Museum der Altertümer. Ihr Reiz für die Fremden lag in etwas anderem: Es war der Zauber der fremden, exotischen Großstadt und der Reiz ihrer paradiesischen Lage. »Man kann sich nichts Schöneres vorstellen, als diesen Anblick«, notiert Wilhelmine über den Blick vom Hafen über die Stadt und den Vesuv.[80]

Mit einer Verweildauer von zehn Tagen liegt die Markgräfin dabei an der unteren Grenze dessen, was für einen gebildeten deutschen Grand-Touristen der Zeit üblich gewesen zu sein scheint: ein Aufenthalt von zwei bis drei Wochen nämlich.[81] Eine bemerkenswerte Ausnahme machte die Herzogin Anna Amalia von Sachsen-Weimar, Goethes »Herzoginmutter«: Sie verbrachte 1789/90 fast ein Jahr im Süden, besuchte von Neapel aus Ischia und sogar das damals noch so gut wie unentdeckte Apulien. Sie war nicht nur von der Schönheit und der Lebhaftigkeit der Stadt entzückt, sondern nahm, wie Goethe, bemerkenswerterweise auch die Angehörigen der unteren Volksklassen gegen den Vorwurf der Trägheit in Schutz.[82] In ihrer Begleitung war außer Herder – der sich hier, antikisierend, »wie ein Grieche« fühlte und im übrigen manchen Anfechtungen seiner ehelichen Treue ausgesetzt war[83] – auch das Hoffräulein Luise von Göchhausen, dem wir die Erhaltung von Goethes »Urfaust« verdanken. Auch aus ihren Reisebriefen spricht der Enthusiasmus für Land und Leute. »Hier ist das Land der Wunder«, schreibt sie an Wieland aus Neapel, »dieses Clima, diese Vegetation, selbst diese Menschen!«[84]

Und nun ein Blick auf Goethe, einen Italienreisenden, der wie kein anderer das Bild dieses Landes unter den Deutschen geprägt hat.

Vier beschwerliche Tage. Mit Goethe auf der Reise von Rom nach Neapel

Goethes Neapel-Erlebnis steht im Schatten der Erfahrung einer anderen, der Ewigen Stadt. Er zähle einen zweiten Geburtstag, seitdem er Rom betreten habe, schreibt er in der »Italienischen Reise«, und es wundert nicht, daß das Rom-Erlebnis immer wieder besondere Aufmerksamkeit erfahren hat, bei den Lesern des Werks ebenso wie unter den Goethe-Philologen. Dabei ist Neapel für die Italienerfahrung des Weimarer Dichters ausgesprochen bedeutsam gewesen: als eine Art Epizentrum zum Zentrum Rom, Kontrast- und Komplementärprogramm zum Erlebnis der Ewigen Stadt. Außer in Rom hat sich Goethe in keiner anderen italienischen Stadt so lange aufgehalten, insgesamt fast zwei Monate, und auch hier in zwei getrennten Etappen, vor und nach der Sizilienreise. Und keiner anderen Stadt außer Rom hat er so viele Seiten seines Reisebuchs gewidmet wie der Stadt am Golf.

Von ihrem äußeren Ablauf entspricht Goethes Reise dem Programm der Grand Tour. Am 21. Februar 1787 rüstet er sich in Rom zur Abreise: Es ist der Aschermittwoch, der die ausgelassenen Tage des römischen Karnevals beschließt. Bis zur *Settimana Santa,* der zweiten großen Touristenattraktion, wird es jetzt langweilig am Tiber. »Ich freue mich auf das Neue, das unaussprechlich schön sein soll« – notiert Goethe über seine Neapelpläne – »und hoffe, in jener paradiesischen Natur wieder neue Freiheit und Lust zu gewinnen, hier im ernsten Rom wieder an das Studium der Kunst zu gehen.«[85] Ein Motiv klingt an, das Rom und Neapel, Zentrum und Epizentrum, in eine ganz bestimmte Beziehung rückt: Rom steht für »Kunst«, »Ernsthaftigkeit« und »Studium«, Neapel hingegen für »Natur«, »Freiheit«, »Lust«. Es ist ein Gegensatz, den viele zeitgenössische Reisende so empfunden haben. »In Neapel läßt sich nicht schreiben, sondern nur sehn und träumen«, wird Herder zwei Jahre später aus der Stadt am Golf schreiben.[86]

Goethe freut sich auf dieses »Neue«. Er kauft schönes Zeichenpapier ein, schließlich sollen, wie allgemein üblich, die Ansichten der Reise ja auch mit der Feder festgehalten werden. Und dann beschleicht ihn ein Anflug von Angst: »Bei der Abreise fällt einem doch immer jedes frühere Scheiden und auch das künftige letzte unwillkürlich in den Sinn, und mir drängt sich, diesmal stärker als sonst, dabei die Bemerkung auf, daß wir viel zu viel Voranstalten machen, um zu leben.«[87] Diesmal stärker als sonst? Auch für Goethe ist der Aufbruch aus dem vertrauten Rom in den Süden ein Wagnis, ein Schritt in eine andere Welt. Er wird zum Sinnbild der Todesreise und zugleich zur Mahnung des *Memento vivere,* lerne zu leben!

Weniger melancholisch geht es dann am nächsten Morgen zu. Zusammen mit dem 35jährigen Maler Johann Heinrich Wilhelm Tischbein, seinem römischen Wohnungsgenossen, bricht Goethe in

Richtung *Via Appia* auf. Man reist, wie allgemein üblich, nicht mit der »Ordinari-Post«, sondern mit einem eigenen *Vetturino*, einem mit Kontrakt angemieteten Lohnkutscher, der auch für Unterkunft und Verpflegung der Passagiere zuständig ist. Die Poststraße führt zunächst nach Albano und Genzano, wobei Goethe beinahe das Opfer eines schweren Verkehrsunfalls geworden wäre: Tischbein erinnert sich mit Schrecken, wie der Kutsche in einem Hohlweg hinter Albano ein Ochsenwagen entgegengerast kommt, dessen Bremsen versagt hatten; im letzten Moment kann eine Kollision vermieden werden.[88] Erschöpft kommt man am Abend in der Poststation in Velletri an, »in einer sehr übeln Herberge«, wie Goethe mißlaunig bemerkt.[89]

Die Nachtruhe der erschöpften Reisenden dauert nicht lange. Am nächsten Tag bricht man schon um 3 Uhr in der Frühe auf. Denn eine besonders lange und gefürchtete Strecke steht auf dem Programm: die Durchquerung der Pontinischen Sümpfe. Die Angst der Reisenden vor der »schlechten Luft«, der *mal'aria*, war hier groß; zeitgenössische Reiseführer raten, während der Durchquerung der Sümpfe nicht einzuschlafen, so mancher sei hier schon nicht mehr aus dem Schlaf erwacht (was wäre Reisen ohne den Kitzel phantasierter Gefahren!). Auch in Goethes Kutsche hält man sich an diese Warnung, bekämpft die aufkommende Müdigkeit mit lebhafter Unterhaltung. Gegen Nachmittag erreicht man dann hinter Terracina die Grenze des Kirchenstaates und später die »reizende Ebene von Fondi«. Jetzt ist Goethe wirklich im Süden, und das »Neue«, das er in Rom erhofft hatte, tritt ihm im Schauspiel einer bis dahin unbekannten Vegetation entgegen: »Indianische Feigen trieben ihre großen, fetten Blätterkörper zwischen niedrigen, gräulich-grünen Myrten, unter gelbgrünen Granatbäumen und fahlgrünen Olivenzweigen. Am Wege sahen wir neue, noch nie gesehene Blumen und Sträuche. [...] Ein Palmbaum zeichnet sich aus und ward begrüßt.«[90] Schon deutet sich an, was für das Süditalien-Erlebnis des Dichters charakteristisch sein wird: Jenseits von Rom treten Natur und Landschaft stärker in sein Bewußtsein.

Die Nacht bricht schon ein, als die Reisenden in der Poststation in Fondi ankommen; kaum bleibt Zeit, in der ebenfalls sehr einfachen Herberge die Ereignisse des Tages zu notieren.

Der nächste Tag führt zunächst durch wildes, kaum besiedeltes Bergland über den Paß von Itri. Auch diese, die dritte Tagesstrecke, war besonders gefürchtet, wenn auch aus anderem Grund: Sie war berüchtigt wegen der Straßenräuber, die in der einsamen Gegend ihr Unwesen trieben. (In Itri hätten Goethe und Tischbein einem 16jährigen Jungen namens Michele Pezza begegnen können, der später unter dem Namen *Fra Diavolo* berühmt wurde!) Am Golf von Gaeta erreichte man dann das Meer – viele der aus dem Norden kommenden Reisenden sahen es hier zum ersten Mal in ihrem Leben und begeisterten sich am Anblick des amphitheatralischen Panoramas, das am Horizont vom Vesuv und den Inseln Capri und Ischia begrenzt wird. »Hier fand ich am Ufer die ersten Seesterne und Seeigel angespült«, notiert Goethe.[91] Von hier aus ist es dann nicht mehr weit bis Sant'Agata, der Poststation des dritten Reisetages. Diesmal ist es wenigstens ein »ansehnlicher Gasthof«, der Goethe und Tischbein beherbergt, aber es ist kalt und das Zimmer nicht heizbar.

Am vierten Tag geht es dann auf die letzte Etappe. Wieder reist man sehr früh, bei Sonnenaufgang, ab. »Wir litten von Kälte« – nichts Ungewöhnliches zu dieser Jahreszeit im sonnigen Süden. Mittags erreichen Goethe und Tischbein das antike Capua, in der *Terra di lavoro* gelegen. »Und nun fanden wir uns wirklich in einem andern Lande«, heißt es.[92] Auch Goethe registriert, was zahlreichen Reisenden seiner Zeit auffiel: Zwischen Rom und Neapel verläuft eine Grenze, die mehr markiert als nur den Übergang vom Kirchenstaat zum Königreich beider Sizilien. Es ist der Übergang in die fremde Welt des Südens. Am Abend des 25. Februar 1787 fährt der *Vetturino* mit Goethe und Tischbein in der Stadt am Golf ein.

Vier Tage von Rom nach Neapel, eine Strecke von 128 italienischen gleich 231 deutschen Meilen oder 342 Kilometern. Auch Goethes Vater hat die gleiche Zeit für diese Strecke benötigt und Generationen von Touristen vor ihm. Erst mit der Einführung der *Diligence,* der Schnellpost, wird sich in den zwanziger Jahren des 19. Jahrhunderts eine Veränderung der Verkehrsverhältnisse vollziehen. Sohn August von Goethe braucht für die Tour auf der gleichen Strecke (in umgekehrter Richtung) im Oktober 1830 nicht mehr vier Tage, sondern nur noch 33 Stunden. Theodor Fontane wird sie 1874 auf der neugebauten Eisenbahntrasse in nur 7 Stunden zurücklegen.

Heute benötigt man dafür mit dem schnellsten Zug nicht mehr als eine gute Stunde.

Während Goethes römische Wohnung erhalten ist, wurde seine neapolitanische Wohnung Opfer der späteren Stadtsanierung. »Alla locanda del Signor Moriconi al Largo del Castello«: So gibt er selber seine Anschrift an.[93] Es war kein geringerer als Benedetto Croce, der die präzise Lage dieser Adresse aus archivalischen Quellen rekonstruiert hat.[94] Sie befand sich am oberen Ende der heutigen *Piazza di Municipio,* in einem mehrstöckigen Eckhaus mit einem umlaufenden Balkon, von dem aus man eine weite Aussicht über das *Castel Nuovo,* den Hafen und den Golf genießen konnte. Unter *Locanda,* »Herberge«, darf man sich kein Hotel im modernen Sinn vorstellen. Monsieur Meuricon, ein Franzose, der seinen Namen in Moriconi italianisiert hatte, hatte im *Vico delle Campane* von der Hausbesitzerin einige Apartments gemietet, die er seinerseits an durchreisende Gäste weitervermietete.

In seiner Herberge angekommen, macht Goethe sogleich eine überraschende Erfahrung: Er friert. Schon auf der Reise hatte er über die Kälte geklagt, und auch in Neapel treibt ihn der scharfe Wind vom Balkon ins Zimmer. »Das wäre nun alles schön und gut, aber keine Feuerstätte, kein Kamin ist zu bemerken.«[95] Auch dies ist ein Unterschied zum »nördlichen« Rom: Im Süden pflegte man auch im Winter die Räume nicht zu heizen. Daß man daher hier – wie Anna Amalia bemerkt – »die Kälte des Winters mehr empfindet, als bey uns«[96], ist eine Erfahrung, die zahlreiche Reisende im Süden machen mußten. Schon bei Johann Jakob Volkmann, seinem Reiseführer, konnte Goethe unter der Rubrik »Von dem Clima zu Neapel« lesen: »Die Kamine sind in den Zimmern mehr zur Zierde und der Mode wegen, als zum Gebrauch. Man heizet keine Stube; will man ja zuweilen bey scharfer Luft die Hände wärmen, so bedient man sich eines großen Kohlefeuers, welche in die Mitte des Zimmers gesetzt wird, und die Gesellschaft versammlet sich umher.«[97] Auch in der »Locanda Moriconi« hält man das so. Der Wirt stellt Goethe und Tischbein ein Kohlebecken ins Zimmer. Erst gegen Ende des 19. Jahrhunderts wird sich die »klimatische« Situation in den Fremdenherbergen in Neapel ändern, dank der dann neu entstehenden Kultur der Palasthotels.

Auch ein anderes »typisches« neapolitanisches Touristenleiden sollte Goethe gleich nach seiner Ankunft befallen. Über seinen ersten Tag in der Stadt am Golf heißt es: »Gestern bracht' ich den Tag in Ruhe zu, um eine kleine körperliche Unbequemlichkeit erst abzuwarten.«[98] Im Zeitalter der Globalisierung der Darmflora können wir sein Leiden nur noch erahnen: »Die Deutschen nennen es hier die Ölkrankheit«, schreibt der niederdeutsche Schriftsteller Klaus Groth 1895 über seine Diarrhoe.[99] Es war die ungewohnte mediterrane Kost, die den Reisenden aus dem Norden hier zu schaffen machte und der sie skeptisch bis ablehnend gegenüberstanden – auch dies eine Fremdheitserfahrung im Süden.

Die fremde Stadt. Goethes Neapel

Einen Tag später, am 27. Februar, ist die »kleine körperliche Unbequemlichkeit« dann überstanden, und Goethe kann seinen Fuß in die Stadt setzen. »Heute ward geschwelgt und die Zeit mit Anschauung der herrlichsten Gegenstände zugebracht«, heißt es am Ende des Tages.[100] Gegenstände der Natur sind gemeint, nicht der Kunst. Rekonstruiert man Goethes Itinerar von Tag zu Tag, so fällt auf, daß während der ersten fünf Tage nicht von einem einzigen Kunstwerk die Rede ist. Auch für ihn besteht das Neapel-Erlebnis in erster Linie aus der Anschauung dieser besonderen Stadt und ihrer besonderen Landschaft. Selbst bei der üblichen Partie an den Golf von Pozzuoli mit seinen berühmten antiken Ruinen (Goethe unternimmt sie am dritten Tag zusammen mit Tischbein, dem pensionierten General Christian von Waldeck und dessen junger Favoritin) steht nicht die Antike im Mittelpunkt, sondern die Landschaft, »die wundersamste Gegend von der Welt«[101]. Beim abendlichen Besuch an der Posillipo-Grotte variiert auch er das alte *Vedi Napoli e poi mori*: »Ich verzieh es allen, die in Neapel von Sinnen kommen, und erinnerte mich mit Rührung meines Vaters, der einen unauslöschlichen Eindruck besonders von denen Gegenständen, die ich heut zum erstenmal sah, erhalten hatte. Und wie man sagt, daß einer, dem ein Gespenst erschienen, nicht wieder froh wird, so konnte man umgekehrt von ihm sagen, daß er nie ganz unglücklich werden konnte, weil er sich immer wieder nach Neapel dachte.«[102] Selbst das geliebte Rom erscheint ihm hier in einem anderen Licht. Hatte er sich im November dort noch wie in »Abrahams Schoße« gefühlt (so in einem Brief an Knebel)[103], so heißt es jetzt: »Man mag sich hier an Rom gar nicht zurückerinnern; gegen die hiesige freie Lage kommt einem die Hauptstadt der Welt im Tibergrunde wie ein altes, übelplaciertes Kloster vor.«[104]

Zur Begeisterung an südlicher Natur und Landschaft tritt deren sorgfältiges Studium. Mit großer Neugier registriert und untersucht Goethe unbekannte Gesteinsarten, Pflanzen, die marine Fauna und sogar die Kleinstlebewesen im eingetrübten Trinkwasser der Locanda Moriconi, das ihn, wie sich Tischbein erinnert, zu »Betrachtungen über die produzierende Natur in dieser warmen Gegend« anregt.[105] Zeitlebens an Problemen der Klimatologie interessiert, erscheint ihm in der südlichen Klima- und Vegetationszone der Austausch der Menschen mit der Natur in einem neuen Licht: »In dieser Gegend lernt man erst verstehen, was Vegetation ist und warum man den Acker baut.«[106] Es ist der Blick des Naturkundigen, der – um es in Goethes Terminologie zu sagen – von der »Anschauung« zum »Begriff« der Natur zu kommen sucht. Auf einem Spaziergang am Meer kommt ihm dann »eine gute Erleuchtung über botanische Gegenstände«: die Idee der »Urpflanze«.[107] Schon im Botanischen Garten in Padua hatte er diese Idee gefaßt, in der Villa Giulia in Palermo wird er erneut darüber nachdenken. Und wieder zurück in Neapel notiert er, »daß ich dem Geheimnis der Pflanzenzeugung und -organisation ganz nahe bin«.[108] Die später ausgearbeitete »Metamorphose der Pflanzen« ist die Frucht seines Süditalienaufenthaltes mit der Erfahrung der Mannigfaltigkeit und der Fremdheit der mediterranen Vegetation. Noch in einer späten autobiographischen Skizze zählt er die Zeit, in der er hier der Metamorphose der Pflanzen nachforschte, zu den »schönsten Augenblicken meines Lebens«[109].

»Fremd« ist ein Schlüsselbegriff der neapolitanischen Texte Goethes. Als fremd erscheint ihm auch ein Stück Natur am Golf von Neapel, das zu den wichtigsten touristischen Attraktionen der Region gehörte: der Vesuv. Dreimal hat ihn Goethe bestiegen, jedoch – er mochte ihn nicht, jedenfalls nicht aus der Nähe. Ein »häßliches Ungetüm« nennt er ihn, »eine furchtbare, ungestalte Anhäufung,

J. H. W. Tischbein: Goethe in Kampanien, im Hintergrund der Vesuv. Goethe ist im Werther-Kostüm dargestellt, die Erinnerung an seine frühe Erfolgsdichtung war ihm in Italien allerdings eher unangenehm.

die sich immer wieder selbst verzehrt und allem Schönheitsgefühl den Krieg ankündigt«.[110] Denn Goethe hängt an der Idee einer guten, einer schönen, in jedem Falle einer sinnreichen Natur, eine Idee, zu der sich der *sterminator Vesevo* (Leopardi), der Zerstörerberg, nicht fügen wollte. Das Dunkle, Chaotische, Ungeformte in der Natur stößt ihn ab – erst die Romantik wird sich in diesem Sinne am Vesuv begeistern, ihn als Sinnbild abgründiger Leidenschaften oder des Feuers der Revolution feiern.[111] Goethe hingegen bietet dem Ungestalten Paroli mit dem distanzierten Blick des Naturforschers. Er »rekognosziert«[112] den Berg. Auf seine Weise ein Nachfolger des Älteren Plinius, trotzt er den vulkanischen Gefahren, um mit kühlem Kopf die Bildung der Laven und die Zusammensetzung der Mineralien zu studieren. Obgleich eher »Neptunist«, hatte Goethe schon vor seiner Begegnung mit dem Vesuv ein lebhaftes Interesse an den Phänomenen des Vulkanismus. Ein Notizblatt »Eilige Anmerckungen über den Vesuv«, während der dritten, von einer Eruption begleiteten Besteigung rasch zu Papier gebracht, zeigt, was ihn beim Studium der vesuvischen Aktivitäten interessierte: der geologische Bildungsprozeß der Erdkruste aus vulkanischem Auswurfmaterial. »Lava von [17]71. Vegetation derselben. Leichtgefloßne Oberfläche einer ältern Lava den großen Aschenberg herunter, wie gestandne Butter, mit Schörl«. Und später, mit hoher Präzision über die austretende Lava: »Sie macht sich ein Dach, wo sie herausbricht und arbeitet unter der Kruste. Macht sich Oeßen [= Essen] in wunderlicher Kegelgestalt. Die Kruste sieht wie ein Fladen aus, mit gezackten Riefen [...]. Aus den Oessen über der Mündung pfiff anhaltend Luft und schien wie ein Kochen.«[113]

Es sind höchst genaue Einzelbeobachtungen zur Frage, wieweit sich die Entstehung der Erdoberfläche »vulkanistisch« erklären lasse, ein Problem, das Goethe bis zu seinem Tod beschäftigen wird. In der Szene »Hochgebirg« im 4. Akt von »Faust II« sind es Mephisto und die Teufel, die gegen Faust den Part der »Vulkanisten« spielen, und das von Goethe am Vesuv beobachtete Pfeifen der Luft aus den Löchern der flüssigen Lava gehört in ihre geognostische Theorie: »Die Teufel fingen sämtlich an zu husten/Von oben und von unten auszupusten/Die Hölle schwoll von Schwefelstank und -säure/Das gab ein Gas! Das ging ins Ungeheure ...« (VV. 10081–84).

Neben den geologischen sind es mineralogische Studien, die Goethe bei seinen Vesuv-Besteigungen treibt. Er nimmt verschiedene Gesteinsproben, verzeichnet sie in einer Liste »Vulkanische Produkte von dem Vesuv«[114], schickt Proben später zur Bestimmung an den Göttinger Arzt und Naturwissenschaftler Blumenbach.

Erst am Ende des zweiten neapolitanischen Aufenthalts, am Abend vor seiner Abreise nach Rom, genießt Goethe dann den Anblick des brennenden Berges auch als ästhetisches Schauspiel – aus der Ferne und wie ein schönes Bild im Rahmen eines Fensters von Schloß Capodimonte und in Gesellschaft einer schönen Frau: »Wir standen an einem Fenster des oberen Geschosses, der Vesuv gerade vor uns [...]. Von da herab bis gegen das Meer ein Streif von Gluten und glühenden Dünsten; übrigens Meer und Erde, Fels und Wachstum deutlich in der Abenddämmerung, klar, friedlich, in einer zauberhaften Ruhe.«[115] Es ist ein Bild im Stil einer Gouache, Gleichnis auch von Goethes Idee der Kunst, in der das Rohe und Ungestaltete zur Schönheit geläutert erscheint.

Aber Goethe begegnet am Golf von Neapel nicht nur einer fremden Natur, sondern auch einer Antike, die seine bisher auf der Reise, vor allem in Rom gewonnene Anschauung des Altertums aufs äußerste irritiert. In der zweiten Woche seines Aufenthalts unternimmt er den obligatorischen Ausflug nach Herkulaneum und Pompeji, den gleichsam »authentischen« Stätten antiker Lebensweise – und er kann seine Enttäuschung nur schwer verbergen. Goethe hatte seine Idee der Antike in Rom und im Geiste Winckelmanns ausgebildet. »Groß« ist eine seiner Lieblingswendungen, wenn es um die Beschreibung antiker Kunst- und Bauwerke geht. In Rom hatte er die »ungeheuren Massen« des Kolosseums bewundert, das Kapitol, die Engelsburg, die Caracalla-Thermen und vieles andere. In Herkulaneum und Pompeji nun begegnet der mit dem »klassischen« Auge Sehende einer ganz anderen Antike: der alltäglichen. Die Häuser kommen ihm klein und eng vor, »mehr Modell und Puppenschrank, als Gebäude«[116]. Daß »die Alten« (wie man damals gern sagte), die nach Auffassung der Zeit doch »groß« waren, so »klein« gelebt haben, setzt ihn in Erstaunen. Im übrigen praktizierte Goethe zeitlebens eine kräftige Abwehr gegenüber den Erscheinungsformen des Todes (und Pompeji war eine Totenstadt), und so waschen er und seine Begleiter im Anschluß an ihren Besuch »den wunderlichen, halb unangenehmen Eindruck dieser mumisierten Stadt« in einer Taverne in Castellammare aus den Gemütern.[117] Doch anschließend regt sich sein morphologisches Interesse. Er entdeckt, daß die zeitgenössische Bauweise der Häuser im Süden noch immer vollkommen der antiken entspricht. Er erbittet die Erlaubnis, in eines dieser Häuser eintreten zu dürfen, und entdeckt Übereinstimmungen mit Lebensart und Sitte der Menschen aus der Antike. Und als er eine Woche später das Museum in Portici besucht, erscheinen ihm jene kleinen Häuser weniger klein, seien sie doch »durch bildende Kunst aufs geistreichste und anmutigste verziert« gewesen.[118]

Die »Kunst- und Bilderlust eines ganzen Volkes«[119]: Das ist es, was Goethe als bleibenden Eindruck von den Ausgrabungen der verschütteten Städte mit nach Hause nimmt. Merkwürdigerweise erwähnt er trotz zweier Besuche im königlichen Museum in Portici an keiner Stelle der »Italienischen Reise« die großen Bronzen, Marmorstatuen, Fresken und Mosaiken, die dort seit den 1750er Jahren verwahrt wurden (ob man ihm nicht alle Abteilungen gezeigt hat?). Statt dessen begeistert er sich, ähnlich wie Tischbein, vor allem am Stil der antiken Wanddekorationen, die er in Reproduktionen bereits in der Locanda Moriconi kennengelernt hatte. In seinem Aufsatz »Von Arabesken«, nach der Rückkehr im »Teutschen Merkur« veröffentlicht, verteidigt er sie gegen ihre Kritiker als eine Art von funktionaler Gebrauchskunst, läßt sie aus »Fröhlichkeit, Leichtsinn, Lust zum Schmuck« entstanden sein.[120] Zusammen mit Tischbein plant er einen »Idyllen«-Zyklus, dessen Bildmotive wesentlich von der pompejanischen Dekorationsmalerei geprägt waren.[121] Und an den Ausgrabungen von Herkulaneum und Pompeji wird er auch im hohen Alter noch Interesse zeigen: 1830 rezensiert er Wilhelm Zahns großes Tafelwerk »Die schönsten Ornamente und merkwürdigsten Gemählde aus Pompeji, Herculanum und Stabiae«. Auch hier geht er weniger auf die einzelnen Wandgemälde als auf deren dekorative Funktion im Leben eines Volkes ein, »welches, durchaus im Freien, in städtischer Geselligkeit zu leben gewohnt, wenn es nach Hause zurückzukehren genöthigt war, sich auch daselbst einer heiter gebildeten Umgebung gewärtigte.«[122]

Auch ein anderes antikes Monument in Kampanien bringt Goethe zunächst in Verlegenheit: die dorischen Tempel von Paestum. Die Epoche schwärmte für die Griechen – und hier waren sie nun zu besichtigen, die ersten originalen griechischen Tempel, denen die Reisenden auf ihrer Grand Tour begegnen konnten. Goethe hatte unterwegs den Minerva-Tempel in Assisi, den Tempel der Sibylle (Vesta) in Tivoli, das Pantheon und die anderen römischen Tempel bewundert. Die griechischen Tempel von Paestum irritieren seine Idee des Schlanken, Leichten, Erhabenen, die er mit der griechischen Architektur verband. »Lästig, ja furchtbar« erscheinen ihm »diese stumpfen, kegelförmigen, enggedrängten Säulenmassen«, »ich befand mich in einer völlig fremden Welt.«[123] Es bedarf der Erinnerung an die Kunstgeschichte und des sorgfältigen Umschreitens und Beobachtens, um die Irritation allmählich in Verstehen zu überführen – nachdem er Sizilien gesehen hat, kann er sogar über Paestum schreiben: »Es ist die letzte und, fast möcht' ich sagen, herrlichste Idee, die ich nun nordwärts vollständig mitnehme.«[124] Auch für seinen Begriff der Antike war der Süden eine notwendige Kontrast- und Komplementärerfahrung.

Eine völlig fremde Welt: Das war nun auch die Großstadt selber mit ihren brodelnden Volksmassen für den Dichter aus dem kleinen Weimar. Auf keiner anderen Station seiner Reise hat er sich so sehr mit dem Volk, der Welt des Populären beschäftigt wie in Neapel, vor allem während seines zweiten Aufenthalts in der Stadt. »Ich wendete […] vorzügliche Aufmerksamkeit auf das Volk«, notiert er.[125] Der Auseinandersetzung mit der so gänzlich anderen Lebensweise der Menschen unter südlicher Sonne – dem alten Thema der *Lazzaroni* – sind ausführliche Eintragungen in der »Italienischen Reise« gewidmet. Goethe beschreibt zahlreiche Volksszenen, das Verhalten der Kinder, den Markt, die Auslagen der Waren, die Dekorationen zu den »Schmausfesten«, die Garküchen auf den Straßen, die Wunderheiler, die Volksfeste, die Pulcinella-Spiele, die Bestattungssitten, und selbst der kirchlichen Volksfrömmigkeit katholischer Prägung kann der Protestant aus dem Norden hier etwas abgewinnen. Er verteidigt die *Lazzaroni* gegen den Vorwurf der Faulenzerei, distanziert sich dabei ausdrücklich von seinem Reiseführer, Volkmanns »Historisch-kritischen Nachrichten von Italien«.[126] Freilich dürfe man sie, so in einem Brief an Frau von Stein, »nicht mit einem nordisch moralischen Policey Maasstab messen«[127]. Denn, so beobachtet Goethe, während der Norden Vorsorgewirtschaft erzwinge, erlaube es das mildere Klima des Südens, »die Welt aufs schönste (zu) genießen; und ebenso möchte ein sogenannter neapolitanischer Bettler die Stelle eines Vizekönigs in Norwegen leicht verschmähen.«[128]

Dennoch ist zu erkennen, daß die fremde Lebensweise auch Goethe – wie zahlreiche andere Reisende – erheblich irritiert. »Der Ort inspiriert Nachlässigkeit und gemächlich Leben«, heißt es mit kritischem Unterton, und der Besucher aus Weimar, dem doch »Tätigkeit« das Leitmotiv des Lebens ist, bemerkt an sich selbst, daß diese Stadt auch ihn und seine Lebensgrundsätze zu verwandeln droht. »Und dann wird man hier immer fauler und fauler«, schreibt der Dichter an Frau von Stein.[129] Es ist die »deutsche Sinnesart«, die hier ins Wanken gerät: »Triebe mich nicht die deutsche Sinnesart und das Verlangen, mehr zu lernen und zu tun als zu genießen, so sollte ich in dieser Schule des leichten und lustigen Lebens noch einige Zeit verweilen.«[130] Wie manch anderer Besucher aus dem Norden gerät Goethe in Neapel in Konflikt mit dem, was Sigmund Freud das »Über-Ich« nennen wird, mit der Gewissensstimme der Pflicht also, die ein »Genießen« nicht als Zweck des Lebens, sondern lediglich als Erholung von der Tätigkeit tolerieren kann: nach dem Motto »Saure Wochen – frohe Feste« aus der Ballade vom »Schatzgräber«. Goethe hat die Versuchung empfunden, die von dieser anderen, der südlichen Lebensart auf ihn ausging: »Wenn man in Rom gern studieren mag, so will man hier nur leben, man vergißt sich und die Welt.« Was andere in Neapel genießen konnten, das Sich-selber-Verlieren, die Regression, erlebt Goethe als Gefahr für sein Ich, als Verkehrung seiner Identität. »Ich erkenne mich kaum, ich scheine mir ein ganz anderer Mensch. Gestern dacht' ich: ›Entweder du warst sonst toll, oder du bist es jetzt.‹«[131]

Da blieb, um die eigene seelische Welt wieder in Ordnung zu bringen, nur die Rückkehr nach Rom – »halb betäubt«[132]. Da gibt es dann wieder »Klarheit« und »Ruhe«, da darf der Reisende »fleißig« sein und, gut protestantisch, »von innen heraus« wachsen.[133]

Wenigstens ist er jetzt, bei seinem zweiten römischen Aufenthalt, reif für die Liebe, für die Begegnung mit einer Faustina, zum ersten Mal in seinem Leben.

Die ausländische Kolonie und Sir William Hamilton

Beschäftigt man sich mit einem namhaften Reisenden der Vergangenheit und seinen Erfahrungen, kann man darüber nur allzu leicht vergessen, daß sich Reisende in früheren Jahrhunderten selten allein in einer fremden Stadt aufhielten. Sie waren dort zumeist eingebunden in eine lokale Infrastruktur des Reisebetriebs, die vor allem im Beziehungsnetz einer nationalen oder internationalen Fremdenkolonie Gestalt annahm. Diese konnte sich um die jeweiligen diplomatischen Legationen gruppieren, um berühmte Künstlerpersönlichkeiten und deren Ateliers, um bestimmte Vereinigungen, Fremdenpensionen oder Cafés (in Rom beispielsweise das berühmte *Café Greco*). Im Neapel des 18. Jahrhunderts war es die Figur von Sir William Hamilton, des britischen Botschafters im Königreich, der nicht nur am Ort selber einen Dreh- und Angelpunkt des gesellschaftlichen Lebens der ausländischen Besucher der Stadt bildete, sondern der auch in ganz Europa als Galionsfigur der ausländischen Diaspora in Neapel bekannt war. Hamilton verdankte seinen überragenden Ruf dabei weniger seiner diplomatischen Mission als seinem bewundernswerten *dilettantismo* in der Vulkanologie und in der Altertumskunde sowie seinem »Skandalverhältnis« zu der jungen, schönen Emma Hart.

Hamilton wurde 1764 zum *Extraordinary Envoy* in Neapel ernannt (ab 1767 lautete sein Titel *Plenipotentiary Minister*); fast 37 Jahre lang vertrat er am Golf die Interessen des Vereinigten Königreichs – und verband sie sehr geschickt mit seinen eigenen. Seine regelmäßigen dipolomatischen Berichte nach London – sie haben Susan Sontag zu ihrem Roman *The Vulcano Lover* (1992) inspiriert – bilden eine der fundiertesten kulturhistorischen Quellen über die Zustände im Königreich beider Sizilien. Hamilton, der wie alle Gesandten den Hof auch bei Festlichkeiten, Ausflügen, Jagden und ähnlichen *divertimenti* zu begleiten hatte, berichtet dort ziemlich frei

Sir William Hamilton und Lady Emma bei der Aufdeckung eines antiken Grabes, Kupferstich v. Christoph Heinrich Kniep, 1791.
Hamilton war passionierter Sammler antiker Vasen,
Teile seiner Sammlung befinden sich heute im Britischen Museum.

nicht nur über diplomatische Angelegenheiten im engeren Sinn, sondern auch über die Vorfälle bei Hof, die Sitten in der Stadt, den Ablauf des Karnevals, über Bälle und Feste und sogar die Anzahl und die Arten der vom König erlegten Jagdtiere.[134]

In der wissenschaftlichen Welt bekannt wurde Hamilton, der seit 1766 Mitglied der Royal Society in London war, durch seine detaillierten Beobachtungen der vulkanischen Aktivitäten des Vesuv und der *Campi Phlegraei.* Seit 1779 führte er, zusammen mit Padre Antonio Piaggio, ein illustriertes Tagebuch über die Tätigkeiten des Berges, die Gestalt der Laven, Art und Wirkung der Ausbrüche – bis heute eines der wichtigsten Dokumente der historischen Vulkanologie. Regelmäßig sandte er Berichte darüber an die Royal Academy; Übersetzungen davon erschienen auch in Deutschland. Sein großes dreibändiges Tafelwerk *Campi Phlegraei. Observations on the Volcanoes of the Two Sicilies* (1776/79), versehen mit kolorierten Kupferstichen von Pietro Fabris, verband erlesene Buchkunst mit detailfreudiger vulkanologischer Information.

Hamiltons zweite Passion war die Altertumskunde. Er war ein leidenschaftlicher Sammler von Vasen, Gläsern, Terrakotten, Bronzen, Münzen und anderen Altertümern, wobei – was damals nicht ungewöhnlich war – zahlreiche Stücke aus »privaten« Ausgrabungen stammten. Goethe, der Hamilton zusammen mit Hackert besuchte, spricht ein wenig abschätzig von dessen »geheimen Kunst- und Gerümpelgewölbe« und kritisiert, daß die Kollektion unsystematisch angelegt und zum Teil aus dubiosen Quellen zusammengetragen worden sei. »In einem langen Kasten an der Erde, dessen aufgebrochenen Deckel ich neugierig beiseiteschob, lagen zwei ganz herrliche Kandelaber von Bronze. Mit einem Wink machte ich Hackerten aufmerksam und lispelte ihm die Frage zu, ob diese nicht ganz denen in Portici [=dem Museum der Ausgrabungen] ähnlich seien. Er winkte mir dagegen Stillschweigen; sie mochten sich freilich aus den pompejanischen Grüften seitwärts hierher verloren haben. Wegen solcher und ähnlicher glücklicher Erwerbnisse mag der Ritter diese verborgenen Schätze nur wohl seinen vertrautesten Freunden sehen lassen«.[135]

Darin allerdings irrte Goethe, dessen Kritik wahrscheinlich auch ein wenig vom Neid diktiert war. Bereits 1766/67 hatte Hamilton in vier reich illustrierten Folio-Prachtbänden seine erste Antikensammlung veröffentlicht, die *Collection of Etruscan, Greek and Roman Antiquities*. Text und Redaktion des Werks hatte er einem extravaganten französischen Abenteurer anvertraut, der sich Baron d'Hancarville nannte.[136] Das Werk hatte eminente Bedeutung für die Ausbildung des europäischen Klassizismus. Iosiah Wedgwood nutzte die Vorlagen für die Entwicklung seiner berühmten Jasper- und Queens-Vasen, auch Maler wie John Flaxman und Johann Heinrich

Füssli schöpften daraus Anregungen. Später verkaufte Hamilton seine Sammlung nach London, wo sie bis heute den Grundstock der griechisch-römischen Altertümer des Britischen Museums bildet.[137] Auch die berühmte »Portland-Vase«, eines der Glanzstücke des Britischen Museums, war ursprünglich im Besitz von Hamilton.

1791–95 veröffentlichte Hamilton seine zweite Antikensammlung, auch diesmal in Zusammenarbeit mit einem in Neapel ansässigen ausländischen Künstler, Johann Heinrich Wilhelm Tischbein. Das Werk erschien in Neapel in drei Bänden unter dem Titel *Collection of Engravings from Ancient Vases*; das Titelkupfer des ersten Bandes stammt von Christoph Heinrich Kniep und zeigt William Hamilton und seine Frau beim Eröffnen eines antiken Grabes. Auch diese Sammlung sollte nach London verkauft werden. Als im Dezember 1798 die Gefahr einer französischen Invasion näherrückte, verschiffte Hamilton die Vasen auf der Fregatte »Colossus« nach England. In einem Sturm vor den Scilly-Inseln sank das Schiff mit seiner unersetzlichen Fracht. Tischbeins Zeichnungen blieben die einzigen Zeugen der kostbaren Altertümer und wurden ebenfalls vielfach als kunstgewerbliche Vorlagen benutzt. Im Jahr 1974 wurden die Scherben der Sammlung auf dem Meeresgrund geborgen; einige Stücke konnten nach den Zeichnungen von Tischbein restauriert werden.[138]

Es wundert nicht, daß der so vielseitig interessierte und tätige britische Botschafter für die durchreisenden Fremden ein Anziehungspunkt allererster Ordnung war. Ähnlich wie Winckelmann in Rom begleitete er hochgestellte Persönlichkeiten, war Ansprechpartner in Fragen der antiken Kunst und vermittelte Kontakte zum Hof Ferdinands und Maria Carolinas, wo »foreign travellers of distinction« regelmäßig an Bällen und Empfängen teilnahmen.[139] Gern zeigte er seine Antikensammlung ausländischen Gästen. So gut wie jeder englische Reisende von einigem Rang trat mit Sir William in Neapel in Kontakt; unter den Deutschen waren neben Goethe auch Mozart, Lessing und Herder seine Gäste. Mit Fürst Franz von Anhalt-Dessau verband ihn eine lebenslange Freundschaft; der Fürst setzte dem bewunderten britischen Minister im Park von Wörlitz mit dem Nachbau von Hamiltons Villa Emma und dem künstlichen Vesuv ein außerordentliches Denkmal.

Hamilton hatte seine Residenz im Palazzo Sessa, außerdem besaß er die erwähnte Villa Emma am Posillipo und die Villa Angelica in Portici. Der Palazzo Sessa, auf dem Pizzofalcone gelegen, bot mit seinem vielgerühmten Panorama-Rundfenster einen grandiosen Blick über den Golf. Ein Zentrum des gesellschaftlichen Lebens, trafen hier auf den berühmten Abendgesellschaften Reisende und ortsansässige Fremde zusammen, aber auch die Notablen der Stadt. »Mr. Hamilton, der Gesandte und ein Gentleman von Lebensart, empfängt jeden Abend Gesellschaft, was sehr zum Vergnügen der hier anssässigen Engländer beiträgt«, schreibt Samuel Sharp 1766 in seinen *Letters from Italy*. »Es ist Brauch, wenn weder die Oper noch irgendwelche besonderen Verabredungen entgegenstehen, sich in seinem Haus zu versammeln, wo wir uns vergnügen, wie es uns gefällt, entweder beim Kartenspiel, am Billardtisch oder bei seinem kleinen Konzert; manche vereinigen sich auch zu kleinen Konversationen, und da die Teilnehmer an dieser Gesellschaft häufig Botschafter, Nuntien, Monsignori, Gesandte, Residenten und die Hautevolee von Neapel sind, werden Sie sich denken können, daß dies ebenso lehrreich wie ehrenvoll ist.«[140]

Hamiltons Soireen bekamen, ebenso wie der Nimbus um seine Persönlichkeit, eine gewisse pikante Note durch die Anwesenheit einer schönen jungen Frau an seiner Seite: Miss Emma Hart. Emma, 35 Jahre jünger als Sir William, war in Verhältnissen aufgewachsen, die man früher gern als »zweifelhaft« bezeichnet hat. Zuletzt war sie die Favoritin von Hamiltons Neffen in London gewesen, der sie nach dem Tod von Hamiltons Gattin Catherine seinem Onkel in Neapel »vermachte«. Nichtsahnend war das 21jährige Mädchen 1786 in den Süden geschickt worden, wo sie nach einiger Zeit zunächst die Geliebte, einige Jahre später die Ehefrau von Hamilton wurde.[141] Später hatte Emma eine Liaison mit Lord Nelson – was erneut dem Klatsch und der Häme in Europa Auftrieb gab und zur Abberufung Hamiltons als Botschafter im Jahr 1800 führte.

Bereits die Anwesenheit dieser Frau hätte unter den Gästen im Palazzo Sessa für Neugier und besondere Aufmerksamkeit sorgen können. Hamilton tat ein übriges: Er nahm Emma, wie Carlo Knight schreibt, »nicht nur als Liebhaberin in sein Haus auf, sondern auch als ein Meisterwerk zur Komplettierung seiner Sammlungen«.[142] Er ließ sie, griechisch gewandet, in lebenden Bildern Frauengestalten im Stil antiker Kunstwerke reproduzieren: die berühmten *Attitudes*, die zu den besonderen Attraktionen auf den Abendgesellschaften im Palazzo Sessa gehörten. In diesen Posen hat die schöne Lady Emma auch in der europäischen Malerei Furore gemacht: Tischbein hat sie als Iphigenie dargestellt[143], Joshua Reynolds als Bacchantin[144], Elisabeth Vigée-Lebrun als Sibylle[145], Angelika Kauffmann als komische Muse[146]. Der preußische Hofmaler und Kunstagent Friedrich Rehberg, der seit 1787 in Rom lebte und während eines Neapelaufenthalts 1794 ebenfalls William Hamilton kennenlernte, hielt in einem Bilderzyklus Lady Emmas »Attituden« fest und machte damit diese theatrale Form auch einem breiteren Publikum bekannt.[147]

Studies from nature. Künstlerleben am Golf

Leider verfügen wir für die Zeit vor dem 19. Jahrhundert nicht über absolute Zahlen der auswärtigen Besucher; doch machen Tagebücher, Reiseberichte und die erhaltenen künstlerischen Zeugnisse die wachsende Beliebtheit Neapels hinreichend deutlich. Vor allem in der zweiten Hälfte des 18. Jahrhunderts gehörte der kürzere oder längere »Ausflug« an den Golf zu den Gepflogenheiten der meisten Besucher Roms. Mit den Ausgrabungen von Herkulaneum und Pompeji und der Entdeckung der griechischen Tempel von Paestum war Kampanien zum zentralen Anziehungspunkt der Antikenbegeisterung in ganz Europa geworden. Auch der Vesuv, der seit den 1770er Jahren wieder mit einer Reihe von spektakulären Ausbrüchen von sich reden machte, befriedigte das Abenteuerbedürfnis der Touristen. Zudem regierte Maria Carolina, eine Königin aus österreichischem Hause, die von den Besuchern aus den deutschsprachigen Ländern als »Landsmännin« betrachtet wurde. Und mit Hamilton und dem Minister Acton hatten starke englische Persönlichkeiten in Neapel Fuß gefaßt. Es wundert also nicht, daß die Liste der auswärtigen Besucher Neapels, zusammengestellt nach den reiseliterarischen Quellen, zahlreiche bekannte Namen enthält (siehe Kasten, Seite 116/117).

Künstler, Schriftsteller, Musiker, Gelehrte und andere prominente Besucher im bourbonischen Neapel 1734–1799

1739	Charles de Brosses
1740	Johann Caspar Goethe
	Horace Walpole, Thomas Gray
1746	Joseph Vernet
1749	William Fordyce
1751 oder 1752	Joshua Reynolds
1752	Christoph Willibald Gluck
1755/5–6	Markgräfin Wilhelmine von Bayreuth
1758/2–5	Johann Joachim Winckelmann (1)
1758	Martin Knoller
1759/8–1760/5	Anton Raphael Mengs
1760	Richard de Saint-Non
	Jean-Honoré Fragonard
	Hubert Robert
1761	Johann Christian Bach
1762	Johann Joachim Winckelmann (2)
	Johann Friedrich (Rat) Reiffenstein
1763	Charles-Marie de la Condamine
1764/2–3	Johann Joachim Winckelmann (3)
	Johann Heinrich Füssli
1765	Samuel Sharp
1766/2–3	Leopold Friedrich Franz von Anhalt-Dessau
	Friedrich Wilhelm von Erdmannsdorff
1767/9–11	Johann Joachim Winckelmann (4)
	Johann Hermann Riedesel
1769/4	Kaiser Joseph II.
1769–	Pierre Jacques Volaire
1770	Philipp Hackert (1)
1770/5–6	Leopold und Wolfgang Amadeus Mozart
1774 oder 1775	Joseph Wright of Derby
1775/10–11	Gotthold Ephraim Lessing
	Prinz Leopold von Braunschweig
1777/12	Louis Jean Desprez
1778/4–7	Abraham Louis Ducros (1)
1778/9–1779/1	Thomas Jones (1)
1779	Jacques Louis David
	Michael Wutky
	Johann Wilhelm von Archenholtz
1780/5–1783/8	Thomas Jones (2)
1782–1799	Philipp Hackert (2)
	Georg Hackert
1782/6–9	Angelika Kauffmann (1)
1782	Friedrich Heinrich Füger

	John Robert Cozens
1784–1785/1	Angelika Kauffmann (2)
1785/10–1825/2	Christoph Heinrich Kniep
1785/7–11	Angelika Kauffmann (3)
1787/2–3	Johann Wolfgang von Goethe (1)
1787–1799	Johann Heinrich Wilhelm Tischbein
1787/5–6	Johann Wolfgang von Goethe (2)
1787	Karl Philipp Moritz
1787–1790	Friedrich Wilhelm Gmelin
1788	Heinrich Meyer (»Kunst-Meyer«)
1789/1–2	Johann Gottfried Herder
	Anna Amalia von Sachsen-Weimar (1)
	Luise von Göchhausen
1789/5–1790/4	Anna Amalia von Sachsen-Weimar (2)
	Luise von Göchhausen
1790	Elisabeth Louise Vigée-Lebrun
1793/6–1799/6	Abraham Louis Ducros (2)
1794	Friedrich Rehberg
1794 oder 1795	Johann Georg von Dillis

Von besonderer Bedeutung ist in diesem Spektrum die Präsenz ausländischer Künstler. »Es scheint, daß sich hier mehr als andernorts Talente für die Musik, die Malerei und die Dichtkunst bilden«, liest man in einem neapolitanischen Führer von 1792, und der Autor macht dafür die Lage der Stadt verantwortlich, »in der die Natur sich in aller ihrer Schönheit zeigt«.[148] Zu den landschaftlichen Reizen kam hinzu, daß sich, wie bereits gesagt, Neapel durch die Überführung der Sammlung Farnese aus Rom und die Ausgrabungen der verschütteten Städte zu einer Kunststadt ersten Ranges entwickelt hatte. Auf zwei Feldern sticht daher die zeitgenössische Malerei besonders hervor: auf dem der Landschaftsdarstellung und dem des Klassizismus.

Während der Stil der einheimischen Maler der Zeit noch weitgehend vom ausklingenden neapolitanischen Barock geprägt war, also in der Nachfolge von Künstlern wie Francesco Solimena oder Luca Giordano stand[149], verdanken Vedutismus und Klassizismus vor allem ausländischen Talenten ihre Entwicklung. In der zweiten Hälfte des 18. Jahrhunderts wird Neapel mehr und mehr das Ziel reisender Maler, die sich, meist aus den Künstlerkolonien in Rom kommend, für eine Zeitlang im Süden aufhalten: eine Gepflogenheit, die sich bei den Landschaftsmalern des 19. Jahrhunderts verstärkt fortsetzen wird. Die Gegend am Golf war bei Malern wegen ihrer Lieblichkeit und nicht zuletzt wegen ihres Lichts geschätzt – »das eigentlichste Element des Landschafters« nennt Goethe die Stadt im Vergleich mit Rom.[150]

Unter den englischen Landschaftsmalern jener Zeit ist dabei neben Joseph Wright of Derby[151] und John Robert Cozens[152] vor allem der geniale Thomas Jones zu nennen. Er geht 1776 nach Rom und lebt von 1778 bis zu seiner Rückkehr nach England 1783 überwiegend in Neapel und Sorrent, durchstreift dabei mit Freunden auch die malerischen Gegenden in der Umgebung der großen Stadt. »We spent a great part of our time together in such kind of scenery, making studies from nature, and when fatigued and at a distance from our habitations, generally got into the first hedge tavern that presented itself, for refreshment«, schreibt er vom Juli 1782 aus der Gegend von Neapel.[153] Hier klingt schon jene Ungezwungenheit an, wie sie für die romantische Künstlerreise des 19. Jahrhunderts typisch werden sollte. Thomas Jones' realistische Naturstudien, zum Beispiel sein Bild »Häuser in Neapel«[154], gehören zum Ungewöhnlichsten der frühen Landschaftsmalerei.

Traditionell gut entwickelt waren die Beziehungen der Franzosen zu Italien. Ludwig XIV. hatte 1666 in Rom die *Académie de France* gegründet (sie existiert bis heute, seit 1803 im *Palazzo Medici*), die jungen Künstlern die Möglichkeit eines Studienaufenthalts in Italien bot. Es wundert daher nicht, daß die Künstlerszene des 18. Jahrhunderts in Rom und in Neapel stark von französischen Namen geprägt war. Französische Künstler waren es auch, die in den 1770er und 1780er Jahren entscheidend zur Erkundung und Beschreibung des noch weitgehend unbekannten Unteritalien beitrugen, und zwar mit dem Monumentalwerk *Voyage pittoresque ou description des royaumes de Naples et de Sicile* von Abbé Richard de Saint-Non, einem Pariser Altertumskundler. Der Text des Tafelwerks stammt von Dominique Vivant-Denont, Sekretär der französischen Legation in Neapel, Verfasser eines erotischen Romans und späterem Direktor des Louvre. Das Werk erschien, mit zahlreichen Kupferstichen versehen, 1781 bis 1786 in fünf Bänden und war der Königin Marie Antoinette gewidmet. Da Saint-Non ebenso an der exakten geographischen Erfassung des Landes und seiner bedeutendsten Denkmäler gelegen war wie an höchster künstlerischer Qualität der Abbildungen, beauftragte er eine Equipe von angesehenen französischen Landschaftsmalern, die vor Ort die Vorlagen für das Tafelwerk zeichneten. Zu ihnen gehörten Claude Louis Chatelet, Charles-Nicolas Cochin, Louis Jean Desprez[155], Jean Houel[156], Hubert Robert und Jean Honoré Fragonard.

Unter den längere Zeit in Neapel tätigen Franzosen ist vor allem Pierre-Jacques Volaire bekannt geworden. Seine hochdramatischen nächtlichen Vesuvansichten fanden Geschmack bei vielen Auftraggebern und finden sich heute in zahlreichen europäischen Museen[157]. Eher für seine Seestücke war Joseph Vernet (der 1734–53 in Italien lebte[158]) bei den Kommittenden beliebt.

Ein begeisterter Wahlneapolitaner, verstrickt wie kaum ein anderer in die politischen Unruhen der Franzosenzeit, war der französisch-schweizerische Landschaftsmaler Abraham Louis Ducros[159]. Wie viele andere Künstler, die aus eher einfachen Verhältnissen kamen, war ihm die »Tour« nach Italien nur dadurch möglich geworden, daß ihn vermögende Reisende (in diesem Falle waren es Holländer) als zeichnenden Begleiter einstellten. 1778 kommt er auf diese Weise nach Kampanien, läßt sich anschließend in Rom nieder, wo er für Papst Pius VI. tätig wird. Während der Revolutionszeit gerät er wie andere französische Maler in den Verdacht des Republikanismus, wird polizeilich überwacht und 1793 aus dem Kirchenstaat ausgewiesen. Bis Sommer 1799 lebt er in Neapel, dann wird er dort, nach der Rückkehr der Bourbonen, ebenfalls als Jakobiner denunziert und des Landes verwiesen. Der Zufluchtsort seiner zweiten Emigration ist durchaus ungewöhnlich: Malta. Von 1802 bis 1806 hält er sich dann wieder in Neapel auf, bis er über Rom in die Schweiz zurückkehrt. Es ist ein frühes Emigrantenschicksal, wobei Ducros – anders als Hackert und Tischbein – in Neapel keine »offizielle« Funktion bei Hofe hatte, sondern sich aus der politischen »Opposition« heraus verdächtig machte.

»Deutsch-Neapolitaner«

Der Begriff der »Deutsch-Römer« ist in der Kunstgeschichte seit langem geläufig. Analog dazu könnte man von »Deutsch-Neapolitanern« sprechen: einer Gruppe von Malern aus den deutschsprachigen Ländern, die in der zweiten Hälfte des 18. Jahrhunderts in Neapel tätig waren. Dem Herrscherhaus kam bei deren Berufung eine wichtige Vermittlerfunktion zu, stammten doch die beiden Regentinnen aus kunstliebenden deutschen Residenzen: Maria Amalia, die Frau Karls III., aus Dresden, Maria Carolina, die Frau Ferdinands IV., aus Wien.

Maria Amalia, die Schwester August III. von Sachsen, engagierte 1759 Anton Raphael Mengs, Hofmaler in Dresden und wohl der angesehenste deutsche Künstler seiner Zeit. Gegen den Widerstand der am Hof tätigen Porträtmaler übertrug sie ihm den Auftrag, das offizielle Krönungsbild des achtjährigen Königs Ferdinand zu malen.[160] Hinzu kamen Aufträge für das neue Schloß in Caserta. Nach seinem etwa dreivierteljährigen Aufenthalt in Neapel folgte Mengs dem bourbonischen Königspaar nach Madrid, wo Don Carlos den spanischen Thron übernahm.

Ihre Nachfolgerin, Maria Carolina, die zweite »deutsche« Königin im bourbonischen Neapel, versuchte ebenfalls eine damals hochangesehene Persönlichkeit an den Hof zu binden: Angelika Kauffmann. Sie wies ihr eine Wohnung im Palazzo Francavilla an (wo auch Hackert wohnte), beauftragte sie mit dem Zeichenunterricht ihrer Kinder und mit Porträts der königlichen Familie.[161] Dennoch verließ Angelika Kauffmann nach zwei längeren Aufenthalten die Stadt am Golf. Auch die französische Malerin Elisabeth Louise Vigée-Lebrun, die 1789 mit ihrer Tochter aus dem revolutionären Frankreich geflüchtet war, wurde von der Königin mit Porträtaufträgen bedacht, denen sie sich, wie sie in ihren Memoiren schreibt, vergeblich zu entziehen suchte.[162]

Mehr Glück hatte Maria Carolina bei der »Ansiedlung« eines anderen berühmten Malers: Philipp Hackert. Er war der eigentliche Exponent der »Deutsch-Neapolitaner«, hochberühmt schon unter den Zeitgenossen und später durch seine Würdigung aus der Feder Goethes (»Philipp Hackert. Biographische Skizze«, 1811) und durch

Angelika Kauffmann: König Ferdinand IV. und Königin Maria Carolina, 1782

E.T.A. Hoffmanns Novelle »Die Jesuiterkirche in G.«. Ein Besuch bei Philipp Hackert im Palazzo Francavilla oder in seiner Sommerwohnung im Palazzo Vecchio in Caserta gehörte zum Programm der deutschen Reisenden aus den oberen Schichten. »Jedermann liebte ihn da als guten Gesellschafter und schätzte ihn als erfahrenen Weltmann. Meine meisten Bekanntschaften in der Stadt verdanke ich ihm«, notierte der Tübinger Theologe und Schriftsteller Philipp Joseph Rehfues, der 1804–05 in Neapel lebte.[163]

Hackert hatte sich nach einem ersten Aufenthalt 1770 in Neapel 1782 dort endgültig niedergelassen. Hier, im Süden, schulte er seinen akribischen Blick für die Natur, vertiefte sich in die genaue malerische Aneignung der landschaftlichen Formationen Kampaniens, auch weniger bekannter Gegenden. 1786 wurde er mit dem Amt des Ersten Hofmalers betraut. Zahlreiche seiner Landschaftsbilder mit »pittoresken« Ansichten aus dem Königreich, dazu Jagdszenen, Marinestücke und Hafenansichten, schmücken bis heute die Schlösser in Neapel und Caserta.[164] Darüber hinaus produzierten Hackert und seine Werkstatt (in der auch sein Bruder Georg als Stecher tätig war) für Auftraggeber aus ganz Europa: Seine Landschaftsbilder sind heute in vielen Museen präsent.[165] Zu seinen Aufgaben am Hof gehörte auch der Zeichenunterricht für die Königskinder sowie abendliche Vorlesungen über Kunst und Kunstgeschmack.[166]

Philipp Hackert: Ausbruch des Vesuv, 1774. Einheimische Führer mit einer Gruppe vornehmer Reisender am Kraterrand.

Als Protegé des Königs und vor allem der Königin[167] konnte es sich Hackert leisten, gesellig und auf großem Fuße zu leben. »Es ist ein sehr bestimmter, kluger Mann, der bei unausgesetztem Fleiß das Leben zu genießen versteht«: So beurteilte ihn Goethe[168], der ihm gleich am zweiten Tag nach Ankunft in Neapel seine Aufwartung machte und später in Caserta bei ihm Zeichenunterricht nahm. Man muß sich Hackerts Atelier als eine Art Institution vorstellen, als Zentrum einer Kunstszene, in der Diplomaten, Künstler und auswärtige Besucher unterschiedlicher Herkunft aufeinandertrafen, wo antichambriert, geklatscht und natürlich auch über Kunst und Kunstgeschmack diskutiert wurde – vergleichbar dem Atelier eines Bertel Thorvaldsen in Rom. Dabei gehörte Hackert dank der königlichen Protektion zu den wohlhabenden und im Grunde fürstlich etablierten bürgerlichen Malern der Zeit, was ihm den Neid seiner deutschen Künstlerkollegen eintrug: »Er hatte das Unglück, reich zu sein, Equipage zu halten, Tafel zu geben, gute Gesellschaft zu besuchen und konnte damit zwar viele Freunde besitzen, aber seine Kunstgenossen, die übrigens das alles auch gerne gehabt hätten, nicht mit sich aussöhnen.«[169]

Um Hackerts Werkstatt gruppierte sich eine Kolonie deutscher Künstler, die ihr Engagement bei Hof der Fürsprache des großen Meisters verdankten. Dazu gehörte der Restaurator Friedrich Andres, ein Schüler Hackerts und später Direktor der Gemäldegalerie auf Schloß Capodimonte, der ebenfalls im Palazzo Vecchio in Caserta residierte und Goethe mit seiner Geschicklichkeit beeindruckte.[170] An den Dekorationsarbeiten in Schloß Caserta war der in Heilbronn gebürtige Maler Friedrich Heinrich Füger beteiligt, ein Mengs-Schüler, der später Direktor der Akademie in Wien wurde.[171] Er hat die Königliche Bibliothek des Schlosses mit allegorischen Fresken ausgemalt. Auch der Schweizer Kupferstecher Friedrich Wilhelm Gmelin arbeitete mehrere Jahre in Neapel als Gehilfe in Hackerts Werkstatt.

Zur deutschen Künstlerkolonie des späten 18. Jahrhunderts zählte auch ein anderer großer Name: Johann Heinrich Wilhelm Tischbein. Hatte Hackert seinen malerischen Stil in der präzisen Wiedergabe süditalienischer Landschaften ausgebildet, so ließ sich Tischbein von einer anderen zeitgenössischen Realität Kampaniens inspirieren: den Ausgrabungen von Herkulaneum und Pompeji. Sie haben seinen klassizistischen Stil entscheidend geprägt, sichtbar vor allem in der Anverwandlung pompejanischer Dekorationselemente in seinem »Idyllen«-Zyklus[172]. Anders als Hackert spielte Tischbein in Neapel zwar nicht die Rolle eines Malerfürsten (dazu fehlten ihm die finanziellen Mittel), er war aber durch seine offizielle Funktion als Direktor der 1754 gegründeten Akademie der Schönen Künste ein Jahrzehnt lang (1789–99) eng mit dem bourbonischen Hof verbunden.

Tischbein, aus bescheidenen Verhältnissen stammend, hatte seit 1783 in Rom gelebt, dank eines Stipendiums des Herzogs von Gotha, das ihm durch Goethes Fürsprache zuteil geworden war. Während Goethes erstem römischem Aufenthalt lebten beide zusammen in der Künstler-Wohngemeinschaft am Corso 18. Zusammen mit Goethe reiste Tischbein dann im Februar 1787 nach Neapel; auch hier wohnten beide zusammen. Die beiden Künstler entfremdeten sich jedoch zusehends – Ursache waren möglicherweise Vorbehalte Goethes gegenüber Tischbeins naivem Klassizismus[173]; eine andere Ursache war aber gewiß, daß Tischbein sich in Neapel Goethes Nähe zunehmend entzog, eigene Wege ging, um sich hier im Süden eine materiell sichere Existenz aufzubauen. Tischbein, so notiert Goethe, sei »als Mensch und Künstler [...] von tausend Gedanken hin und her getrieben, von hundert Personen in Anspruch genommen«.[174] Die Enttäuschung ist unverkennbar. Während Goethe in Italien ausgesprochen zurückhaltend in der Pflege von »lokalen« Kontakten war, im übrigen natürlich auch im Zentrum der Aufmerksamkeit seines Freundes stehen wollte, orientierte sich Tischbein mehr und mehr in Richtung der örtlichen Honoratioren-Gesellschaft, knüpfte Kontakte mit dem österreichischen Legationsrat Christian von Waldeck, mit dem englischen Gesandten Sir William Hamilton, mit dem Direktor der Königlichen Porzellanmanufaktur, Marchese Venuti, und mit zahlreichen anderen Persönlichkeiten.[175] Er nahm, was Goethe vermutlich nie getan hätte, an königlichen Jagdgesellschaften teil[176], porträtierte nicht nur durchreisende Engländer, sondern auch die Lieblingshunde von König Ferdinand[177] – kurzum, er tauchte mehr und mehr in die »High-Society« Neapels ein. Mit Erfolg. Vermutlich durch Hackerts Vermittlung erhielt er den Posten des Akademiedirektors, den er bis zu seiner Flucht aus Neapel 1799 innehatte. Auch Porträts des Königs und der Königin hat er gemalt.[178]

Tischbein hatte Goethe eigentlich nach Sizilien begleiten sollen. Diese Ehre widerfuhr dann dem 32jährigen und noch ärmeren Christoph Heinrich Kniep. Goethe bezahlte ihm die Reise und erhielt dafür seine Zeichnungen. Der Dichter lobte – wie häufig ein wenig herablassend – seine »genaue und reinliche Fertigkeit« und sein beständiges Bleistiftspitzen.[179] Das mag dazu beigetragen haben, daß er bis heute als ein wenig beschränkt angesehen wird; in Wahrheit gehören seine Zeichnungen zu den eindrucksvollen Mustern präziser Wiedergabe von vor der Natur gestalteten Landschaften. Kniep war 1781 nach Italien gekommen und hatte sich nach kurzem Aufenthalt in Rom dann 1785 in Neapel niedergelassen. Vierzig Jahre lebte er hier, in seinem Haus Chiaia 170, über alle politischen Wirrnisse hinweg bis zu seinem Tod im Jahr 1825, länger als jeder andere deutsche Maler. Er lehrte an der Akademie, hielt aber Distanz zum Königshof. Das mag auch der Grund dafür gewesen sein, daß er, anders als Hackert und Tischbein, von den politischen Umwälzungen nichts zu fürchten hatte und das Land nicht verlassen mußte. Im Gegenteil: Ähnlich wie Joseph Rebell genoß er Anerkennung in der

J. H. W. Tischbein: Landschaft mit Ente 1790/96
Auftragsarbeit für das Schloß in Caserta

Franzosenzeit und war in dieser Phase an den Arbeiten zur Umgestaltung des Parks der Villa Reale beteiligt.[180]

Ich habe zu Beginn dieses Abschnitts den Begriff der »Deutsch-Neapolitaner« als Pendant zu dem der »Deutsch-Römer« eingeführt. Zahlreiche Künstlernamen lassen sich in beiden Städten nachweisen, und auch für diejenigen Künstler, die sich nicht für längere Zeit oder endgültig am Golf niederließen, gehörte ein dortiger kürzerer Aufenthalt in der Regel zum Programm. Was die Künstlerkolonien in Rom und Neapel jedoch auffallend unterscheidet, ist die Stellung ihrer Mitglieder zu den jeweiligen Höfen und den Eliten der Stadt. In Rom konnten sich die deutschen Künstler keineswegs der großzügigen Förderung von seiten der Kurie erfreuen. Das mag ein Problem der großen Konkurrenz mit einheimischen Malern gewesen sein, sicherlich war es eines der konfessionellen Zugehörigkeit. Angelika Kauffmann, obwohl katholisch getauft, hat im kirchlichen Ambiente der Ewigen Stadt kein einziges Bild hinterlassen. Der große Raphael Mengs, auch er Katholik, ist nur mit drei kleineren Arbeiten in Rom präsent.[181] Der berühmte Bertel Thorvaldsen, protestantischer Herkunft, erhielt einen einzigen »Regierungsauftrag«, und diesen erst 1823 und nach einem heftig umstrittenen Einsatz durch seinen Gönner Kardinal Consalvi.[182] Eine Tendenz zum Rückzug, zur Cliquenbildung, ist daher kennzeichnend für die römische Künstlerkolonie; die lukrativen Aufträge kamen entweder aus den deutschen Ländern oder von privater Hand in Rom – man denke an die »Nazarenerfresken« in der Casa Bartholdy.

Ganz anders die Situation im »weltlichen« Königreich beider Sizilien. Die Tatsache, daß Angelika Kauffmann eine Frau war, störte hier ebensowenig wie der lutherische Taufschein von Philipp Hackert oder von Wilhelm Tischbein. Die »Deutsch-Neapolitaner« waren eng mit dem bourbonischen Hof und den Eliten der Stadt verbunden. Bis heute finden sich ihre Werke zahlreich in den Schlössern der Stadt und in der Umgebung. Auch darin zeigt sich der kosmopolitische Geist Neapels, der »poröse« Charakter seiner Gesellschaften: Was praktiziert wurde, war nicht Abgrenzung, sondern Verschmelzung der fremden Kulturen mit der eigenen.

Die Revolution des Jahres 1799 und die Jahre der Franzosenherrschaft bedeuteten dann das brüske Ende dieser Epoche. »Die wenigen Jahre, von denen Goethe geschrieben hatte ›Neapel ist ein Paradies‹ waren verflogen [...]. Weder unter Murat noch während der bourbonischen Restauration sollten die Zeiten zurückkehren, in denen Neapel eine Vorrangstellung auf dem Gebiet der europäischen Kunst genoß.«[183] Das Goldene Zeitalter der neapolitanischen Malerei und ihrer ausländischen Künstlerkolonie war vorüber.

IN FORTDAUERNDER REVOLUTION
Moloch Neapel und Freiheit des Südens

Im Visier der Polizei. Fremdenverkehr unter Beobachtung

Reisende hinterlassen Spuren, und dies oftmals, ohne selber davon zu wissen. Für den Historiker können solche unbewußt hinterlassenen Spuren ebenso wichtige Quellen zur Geschichte der Reise sein wie jene bewußt produzierten Zeugnisse, wie sie Reisebeschreibungen, Tagebücher, Briefe, Erzählungen oder Zeichnungen darstellen, die seit langem als reisegeschichtliche Quellen herangezogen werden. Über die Entwicklung des Fremdenverkehrs im Neapel des 19. Jahrhunderts gibt es Dokumente an abgelegenem Ort, die zwar nicht untrüglich, aber doch von erstaunlicher Präzision sind: die zeitgenössischen Polizeiakten. Ab September 1831 geben sie unter dem Titel *Stranieri venuti e partiti* (»Angekommene und abgereiste Fremde«) einigermaßen kontinuierlich Auskunft über die Reisebewegungen in der Hauptstadt des Königreichs beider Sizilien. Fremde mußten bei der Ankunft ihren Paß bei der Präfektur abgeben; die Ordnungsbehörden verfügten demnach über die »Daten« der ins Land Einreisenden, in der Regel über Name, Nationalität, Stand und das vom Fremden bezogene Wohnquartier.

Warum für die Zeit vor 1831 diese Daten nicht erhalten sind (eine Ausnahme bildet lediglich ein 1823 angelegtes Register über die Entwicklung des Fremdenverkehrs in den Jahren 1820–23), ist unklar. Akten können im Revolutionsjahr 1799 vernichtet, sie können ausgesondert oder möglicherweise auch gar nicht als sammelwürdig befunden worden sein. Tatsache ist, daß in den Jahren der französischen Herrschaft in Neapel (1806–15) die innere Verwaltung des Landes effektiver organisiert, die Polizeihoheit aus dem Justizministerium ausgegliedert und einem eigenen Ministerium unterstellt wurde. Die Jahre nach der Rückkehr der Bourbonen waren eine politisch unruhige Zeit, immer wieder flackerten in Unteritalien Aufstände auf, Räuberbanden zogen durchs Land, und die Ideen des Risorgimento breiteten sich aus. Die Überwachung des Reiseverkehrs mußte daher ein besonderes Anliegen der Polizei sein, die auch durch Anlage von Listen mit den Namen unerwünschter Ausländer[1] der Infiltration seitens »fremder Elemente« zu begegnen suchte. Es ist wahrscheinlich kein Zufall, daß die ersten in der Polizeiregistratur erhaltenen Ausländerlisten die Jahre unmittelbar nach dem Carbonari-Aufstand (1820) betreffen, und ganz sicher geht die Sorgfalt, mit der nach dem Regierungsantritt von Ferdinand II. (1830) die Ausländerregistratur in Monatsintervallen geführt wurde, auf das Konto des Polizeiministers Del Carretto, eines Mannes, den Gregorovius den »Dämon Neapels und den Gründer eines fluchwürdigen Polizeiregiments« nennt.[2]

Flucht aus Neapel. Das Ende einer Epoche

Neapel hatte zu Beginn des 19. Jahrhunderts 345.000 Einwohner und war damit noch immer die volkreichste Stadt Italiens.[3] Die Umwälzungen und blutigen Auseinandersetzungen während der Revolution (1799), während der folgenden Jahre der bourbonischen Reaktion und der erneuten Besetzung durch die Franzosen hatten nicht nur für die Anwesenheit der Fremden, sondern auch für den Ruf, den die Stadt in Europa genoß, gravierende Folgen. Berühmte Persönlichkeiten, deren Leben eng mit dem bourbonischen Königshof verbunden gewesen war, hatten das Land verlassen. Philipp Hackert, alteingesessener Königlicher Hofmaler, und Wilhelm Tischbein, langjähriger Direktor der Akademie der Schönen Künste, schifften sich im März 1799 auf einem dänischen Schiff nach Livorno ein. Zu den insgesamt 43 Passagieren des unter neutraler Flagge segelnden Schiffes gehörten außerdem Philipps Bruder Georg Hackert, der Schweizer Bankier Schwarz und der dänische Konsul Heigelin. Goethe berichtet, daß Hackert nicht weniger als einige zwanzig Kisten und eine komplette englische Kutsche an Bord gebracht habe[4]; Tischbein führte seine Gemäldesammlung sowie die Druckplatten zu Hamiltons vierbändigem Tafelwerk *Collection of Engravings from Ancient Vases* mit sich[5]. Obwohl beide Maler wegen ihres hohen Ansehens eine durchaus privilegierte Behandlung von seiten der französischen Besatzer erfahren hatten[6], glich ihre Abreise doch eher einer Flucht.

Die melancholische Stimmung, mit der sich Tischbein an seinen unfreiwilligen Abschied aus Neapel erinnert, ist gewiß nicht untypisch für das Bild, das die Stadt damals in den Augen vieler ihrer ausländischen Liebhaber geboten haben muß:

»Das so glänzende Neapel erschien mir jetzt schwarz und traurig wie ein Grab. Sonst waren die Klöster auf den Bergen umher an den heiligen Festen mit tausend Lichtern erleuchtet, es wurden Kanonen und Feuerwerke abgebrannt – nun war alles dunkel und öde; die hohen Paläste standen finster und schweigend, kaum hier und dort blinkte ein einsames Licht. Mein Blut war in Gährung, meine Nerven waren in Erschütterung und mein Herz war in Wehmut! Diese Stadt, wo ich so viel genoß, so viele Freude, so viele Freundschaft, so viele Ehre ...«[7]

In Tischbeins Bericht äußert sich nicht nur die individuelle Trauer des Flüchtlings; es klingt auch die Idee einer Zeitenwende an, wie sie damals viele sensible Gemüter bewegte: die Ahnung vom unaufhaltsamen Ende der alten Welt.

Auch der prominenteste Ausländer in Neapel mußte die Stadt verlassen: Sir William Hamilton. Ende Dezember 1798, drei Wochen vor dem Einmarsch der Franzosen unter General Championnet und der Ausrufung der »Parthenopäischen Republik«, floh er zusammen mit der Königlichen Familie auf einem Schiff unter englischem Begleitschutz durch Lord Nelson nach Palermo[8]; ein Jahr später wurde er von seinem Posten als englischer Botschafter im Königreich beider Sizilien abberufen. 34 Jahre lang hatte Hamilton in Neapel residiert; sein kläglicher Abgang aus Neapel markierte auch das Ende einer Geselligkeit, wie sie in der internationalen Fremdenkolonie Neapels unter Personen von Stand an der Tagesordnung gewesen war.

Blut und Feuer. Schicksalsjahr 1799

Das Jahr 1799 wurde ein Schicksalsjahr für Neapel – und dies nicht nur für das Bild der Stadt in der europäischen Wahrnehmung; hier wurden auch die Weichen für die zukünftige soziale und politische

Entwicklung Neapels gestellt. Auf den nur wenige Monate dauernden Tanz der »Parthenopäischen Republik« folgte, nach dem Rückzug der Franzosen, die Wiedereroberung der Stadt durch die von Österreich unterstützte Armee von Kardinal Ruffo. Die »Sanfedisten« richteten in Neapel ein Blutbad an, das auch in einem Zeitalter, in dem die Hemmschwelle zur Anwendung körperlicher Gewalt niedriger war als heute, als Rückfall in die krasseste Barbarei erscheinen mußte. Menschen wurden bei lebendigem Leib gebraten, ihr Fleisch in den Garküchen auf den Straßen verkauft und gegessen – »eine Sache, die unglaublich klingt, aber wirklich geschehen ist, ich habe es mit eigenen Augen gesehen.«[9] Der alte Topos von den Neapolitanern als den »Wilden Europas« fand erneute Bestätigung. Gleichzeitig weckten die Gewalttätigkeiten des Pöbels die Erinnerungen an den Masaniello-Aufstand des Jahres 1647. »Alles ruft uns das Andenken an jene Zeiten zurück, wo der Fischer Masaniello die große, von wildem Aufruhr brausende Stadt beherrschte«, heißt es im Vorwort eines 1799 zu Frankfurt und Leipzig erschienenen Buches über die aktuellen Ereignisse.[10] Daß dann ausgerechnet im Revolutionsjahr 1799 auch der Vesuv wieder aktiv wurde (und in eine bis 1822 anhaltende »Eruptionsphase« eintrat), gab den Ereignissen eine gleichsam naturmagische Dimension; in der Metaphorik des brodelnden, kochenden, alle festen Grenzen sprengenden vulkanischen Feuers fand die Idee Neapels und des Charakters seiner Bewohner ihren sichtbaren Ausdruck. Daniel Aubers schon erwähnte Revolutionsoper »Die Stumme von Portici« (1828) setzt in ihrem Finale den brennenden Berg in diesem Sinne in Szene.

Unter politischem Aspekt bestand die Besonderheit der revolutionären Ereignisse in Neapel darin, daß sie dem späteren marxistischen Revolutionsmodell ganz und gar nicht entsprachen. (Hätte Karl Marx seine Theorie der Revolution statt aus den Umwälzungen in Paris 1848 aus jenen in Neapel 1799 gewonnen, wäre er vermutlich zu anderen Ergebnissen gekommen.) Die Träger der jakobinischen Bewegung in Neapel waren nämlich nicht das »Volk«, sondern die aufgeklärten Teile des Adels und des Großbürgertums. Das Volk hingegen, also die großstädtischen Massen der Fischer, Markthändler, Lohnarbeiter, Bediensteten und der zahllosen Jugendlichen auf den Straßen, hielt mit unverbrüchlicher Treue zum

König, jenem schwächlichen, kindsköpfigen, nur der Jagd und der pompösen Repräsentation lebenden Ferdinand IV., der die *Lazzaroni* mit Brot und Spielen bei Laune hielt. Sie waren es dann auch, die im Verein mit den reaktionären Truppen der Sanfedisten die blutrünstigen und maßlosen Racheinstinkte des nach Sizilien geflüchteten Königs in Taten umsetzten, denen innerhalb weniger Wochen durch Henkershand fast die gesamte geistige Elite zum Opfer fiel. Von diesem Aderlaß sollte sich Neapel nie wieder erholen. Der Niedergang der Stadt im 19. Jahrhundert hat, so der neapolitanische Schriftsteller Raffaele La Capria, hier seine eigentliche Ursache, in der »Enthauptung der Bourgeoisie« im Verlauf der Konterrevolution von 1799.[11]

Von politischen Umwälzungen geprägt waren auch die folgenden Jahre. Die Rückkehr des bourbonischen Königspaares im Juni 1802 sollte nur von kurzer Dauer sein. Bereits Anfang 1806 müssen *Re Lazzarone* (der »*Lazzaroni*-König«) und Maria Carolina erneut den Thron räumen und nach Sizilien fliehen; Neapel kommt wieder unter französische Herrschaft. Bis zur Niederlage Napoleons 1815 wird das Königreich zunächst von dessen Bruder Joseph Bonaparte, anschließend von seinem Schwager Gioacchino Murat regiert.

Im Schatten der europäischen Krise. Die Franzosenzeit

Natürlich hatten die Ereignisse dieser Jahre deutliche Auswirkungen nicht nur auf das Bild der Stadt in Literatur und öffentlicher Wahrnehmung, sondern auch auf den Fremdenverkehr und die neapolitanische Ausländerkolonie. Die Zahl der fest in der Stadt lebenden Ausländer erreicht mit 1143 im Jahr 1823 einen absoluten Tiefstand (wobei man berücksichtigen muß, daß natürlich auch Bürger anderer italienischer Staaten im Königreich beider Sizilien als »Ausländer« registriert wurden); insgesamt zählen dazu nur 116 Personen aus deutschsprachigen Ländern. Unter den »durchreisenden Ausländern« *(esteri di passaggio)* wurden im Zeitraum 1820–23 insgesamt nur 630 Personen – darunter lediglich 50 aus den deutschsprachigen Ländern – registriert. Bedenkt man dabei, daß die Listen auch Schiffskapitäne oder wandernde Handwerker als »durchreisende

Ausländer« führen, wird deutlich, daß von einem nennenswerten qualifizierten Fremdenverkehr in diesem Zeitraum nicht die Rede sein kann.[12]

Die geringe Reiselust hatte ihre Gründe natürlich nicht nur in den italienischen Verhältnissen. In Europa herrschte Krieg, und auch in den Zeiten, in denen die Waffen schwiegen, war die politische Lage instabil. Auch nach Italien waren die Truppen Napoleons als Besatzer gekommen, und die Zeiten, wo man dort – wie es in Stendhals Roman »Die Kartause von Parma« ironisch heißt – »voll Sehnsucht an die Freuden des ersten Aufenthaltes der Franzosen« dachte[13], waren bald vorbei. Die Deutschen waren spätestens seit der Niederlage Preußens bei Jena und Auerstädt antifranzösisch eingestellt, und nicht zuletzt die Repräsentanten der *Grande Armee* galten ihnen als Emporkömmlinge und Kulturbanausen. Seume, obgleich seiner politischen Überzeugung nach Republikaner und Antiklerikaler, registriert giftig, daß die Soldaten die Kirchen in Itri als Pferdeställe benutzt und daß französische Generäle die alten schönen Wände der ausgegrabenen pompejanischen Häuser mit ihren Namen bekleckst hätten.[14] Der gleiche Seume wäre – Ironie des Schicksals! – in Syrakus beinahe von einer aufgebrachten Menge gelyncht worden, weil man ihn für einen Franzosen gehalten hatte; zu geläufig, so schien es seiner Umgebung, sprach er Französisch, freilich damals auch die Sprache des Fremdenverkehrs.[15]

Keine gute Zeit also für Reisen nach Neapel, das doch noch immer, wie es in einem Reiseführer von 1806 heißt, »zurecht als die dritte Stadt Europas kann betrachtet werden«[16] – nach Paris und London. Für die deutschen Reisenden hatte die Abneigung gegenüber den neuen Herren im Palazzo Reale auch noch einen ganz speziellen Grund: die nationale Sympathie mit Königin Maria Carolina, der Tochter Maria Theresias. Während sie von französischen und englischen Autoren wegen ihrer Machtgier und Sittenlosigkeit attackiert wurde[17], sehen sie die Deutschen als verfolgte Unschuld, eine Art Königin Luise vom Mittelmeer. Daß sie, die gemütstiefe »deutsche Frau« und »zärtlichste Mutter ihrer Kinder«[18] von den heranrückenden Franzosen zweimal zur Flucht nach Sizilien gezwungen wurde, gab ihr den Nimbus einer tragischen Heroine und rückte die Truppen Napoleons ins finsterste Licht.

Reiseschriftsteller in Feindesland

Ohne Zweifel waren es die Turbulenzen der politischen Verhältnisse und der mit ihnen einhergehenden sozialen Umwälzungen, die den Berichten der wenigen Deutschen, die zwischen 1800 und 1815 den Aufenthalt im Süden nicht fürchteten, eine ganz besondere Brisanz geben. Unter ihnen befanden sich angesehene Autorinnen und Autoren ihrer Zeit. Johann Gottfried Seume unternimmt 1802 seinen berühmten »Spaziergang nach Syrakus«, der ihn auf Hin- und Rückreise auch durch Neapel führt: ein kritischer und witziger Kommentator gerade der politischen Zustände. Sein Reisebericht zeigt wie kein anderer, in welche unerwarteten Situationen, auch Gefahren für Leib und Leben, ein unkonventioneller Reisender ohne nennenswerte Bewaffnung und Begleitung damals kommen konnte. Mit mehr Geld und Komfort war hingegen der Weimarer Erfolgsautor August von Kotzebue unterwegs, ein regimekritischer Beobachter auch er; 1804 hielt er sich zwei Monate in Neapel auf, wurde dort Zeuge von Hinrichtungen und Exzessen. Die pompös inszenierte Ankunft des Königs aus seinem ersten sizilianischen Exil und die Zeit der folgenden bourbonischen Reaktion erlebte der schlesische Schriftsteller Karl Friedrich Benkowitz, der die Jahre 1802–03 zunächst in Neapel, dann in Sorrent verbrachte; ihm verdanken wir gleich mehrere ausführliche Berichte über seinen Aufenthalt im Süden. 1804 kam dann der 25jährige Tübinger Theologe Philipp Joseph Rehfues an die Stadt am Golf, verfaßte dort während seines einjährigen Aufenthalts seine anschaulichen »Gemälde von Neapel und seinen Umgebungen« (1808). Und schließlich sollten zwei namhafte Frauen nicht vergessen werden, die sich, natürlich ihrer angegriffenen Gesundheit wegen, für längere Zeit am Golf aufhielten: die kurländische Gräfin Elisa von der Recke (1806) und die thüringische Dichterin Friederike Brun (1809/10).[19]

Wie unterschiedlich die Standpunkte, die sozialen Kontexte und die Wahrnehmungsweisen dieser und anderer zeitgenössischer Neapel-Besucher auch sind, keiner von ihnen kann vor den brodelnden politischen und sozialen Verhältnissen der »neuen Zeit« die Augen verschließen. Verglichen mit den Reiseberichten der früheren Generationen dringen in die Neapel-Wahrnehmung jetzt neue Realitäten

Giorgio Sommer: Lazzarone, 1870er Jahre
Im 19. Jahrhundert werden die einst gefürchteten *Lazzaroni* zum Teil einer pittoresken folkloristischen Kulisse.

ein. Vor das klassisch-antiquarische Bild der »Stadt Vergils« schiebt sich deutlicher als zuvor das Bild der »Stadt der *Lazzaroni*«, der großstädtischen Massen. Zwar war, wie gezeigt, »das Volk« bereits in den Reisebeschreibungen des 17. und 18. Jahrhunderts ein für die Neapel-Berichterstattung charakteristisches Thema, auch verschwinden Antike und Landschaft keineswegs aus den modernen Berichten; dennoch gewinnen die altüberlieferten Topoi vom zügellosen, leidenschaftlichen, leicht entflammbaren, auf der anderen Seite vom kindlichen, naiven, gefallsüchtigen »Volk« jetzt eine neue Dimension, verdichten sich angesichts neuer Erfahrungen und gewinnen damit eine neue Realität.[20] Es ist, im gesamteuropäischen Kontext des 19. Jahrhunderts gesehen, die Realität der modernen Großstadt, die sich immer in Zeiten revolutionärer Ereignisse besonders deutlich zu Wort meldet – in Neapel ebenso wie in Paris oder Berlin.[21] In diesem Sinne haben die zu Beginn des 19. Jahrhunderts entstandenen Neapel-Berichte nicht nur das »Image« Neapels für die kommenden Generationen der Fremden geprägt, sondern auch deren »Umgang« mit der Stadt nachhaltig beeinflußt.

Der irritierte Blick. Unsichere Großstadt

»Schon die ersten Empfindungen, welche diese Stadt mitten im Reichtum einer schönen Natur mir einflößte, waren von Einmischungen niederschlagender Wahrnehmungen nicht frei; und jetzt kann ich noch weniger zu einem unverkümmerten Genuß dessen, was mich anzieht, gelangen. Das wilde Getöse schreit unaufhörlich in mir die Erinnerung auf an die Greuelthaten, welche vor wenig Jahren hier verübt wurden und die so leicht bei irgend einer Veranlassung wiederholt werden können, wenn die heimtückische Politik der hier in der Nähe lauernden Franzosen ihre Rechnung dabei finden sollte [...]. Und welch ein Volk bewegt sich hier vor meinen Augen! Es scheint nur die äußere Gestalt von Menschen zu haben, im Innern ist alles rohe Wildheit. Es ist eine entzündbare Masse, die nur eines Funkens bedarf, um aufzufahren und nach regellosen Richtungen Verderben zu schleudern.«[22]

Elisa von der Recke schreibt diese Sätze im Sommer des Jahres 1806 auf dem Balkon ihres Palazzo an der Mergellina, der Uferpromenade Neapels. Die Ereignisse, auf die sie anspielt, liegen sieben Jahre zurück, und die Schreiberin hat sie keineswegs selber erlebt; aber der Schrecken, den sie hinterlassen haben, ist gegenwärtig, und allein die Geräusche der Großstadt, das »wilde Getöse«, genügt, um die Erinnerung daran aufflammen zu lassen. Neapel ist ein Pulverfaß, das jederzeit wieder in die Luft fliegen kann.

Der Text trägt Merkmale eines Frontberichts und verdeutlicht die Einstellung, mit der viele Reisende des 19. Jahrhunderts die Stadt am Golf betreten oder sich dort aufhalten. Neapel ist nicht mehr einfach, wie es der alte mythische Topos wollte, das »von Teufeln bewohnte Paradies«; es ist, in einem sehr viel konkreteren Sinn, gefährliche, ja feindliche Großstadt. »Die Stadt scheint in fortdauernder Revolution«, schreibt Ferdinand Gregorovius 1856[23]: Wieder einmal hat, im Mai 1848, eine Volkserhebung stattgefunden, deren Echo noch Jahre später nachhallt. Auch wenn dieser Eindruck in ruhigeren Zeiten (wirklich ruhig sollten sie in Neapel im Grunde nie werden) verblassen konnte – latent wird er doch immer die Haltung der Fremden, der »durchreisenden« ebenso wie der »ansässigen«, gegenüber ihrer Wahlheimat Neapel bestimmen.

Die Distanz gegenüber der als gefährlich erlebten Stadt läßt sich auch an der Ausbildung bestimmter touristischer Verhaltensmuster ablesen: Man steigt zum hochgelegenen Castel Sant'Elmo hinauf, genießt hier unbelästigt den panoramatischen Blick auf das zu Füßen sich ausbreitende Häusermeer (ab 1891 erleichtert eine Zahnradbahn den Zugang). Man mietet eine Barke, um vom Meer aus das zauberhafte Halbrund der in die Bucht geschmiegten Stadt zu genießen. Oder man läßt sich um den Posillipo rudern, um den pittoresken Blick auf das felsige Ufer mit seinen Grotten und Palästen festzuhalten. »Vom Meere aus Neapel zu lieben ist leicht«: Dieser Satz von Walter Benjamin[24] kann als Motto für den Neapeltourismus über zwei Jahrhunderte hinweg gelten.

Auch wer für längere Zeit hier leben und arbeiten wollte, ging auf Distanz zur Stadt, suchte die »extraterritorialen« Orte (von denen später noch ausführlicher die Rede sein wird): das Schweizer Hotel, den englischen Club, den deutschen Männerchor, die deutsch-französische Kirche. Auf diese Weise organisierte sich das deutsche ebenso wie das englische oder das französische Leben in Neapel auf sicheren nationalen »Inseln« inmitten der Brandung der feindlichen Großstadt. Aus dem historischen Abstand von zweihundert Jahren mag uns das heute als ein bißchen feige, als borniert oder gar »fremdenfeindlich« erscheinen. Aber bewegen wir uns selber in Kairo oder in Kalkutta anders? Und spricht nicht aus der Angst vor dem Fremden immer auch zugleich der Respekt vor dem Fremden als dem Anderen, dem Nicht-Eigenen?

Wie sicher hatte sich der Reisende in Rom bewegen können! Die Stadt war relativ klein, zählte zu Beginn des 19. Jahrhunderts nur rund 140.000 Einwohner.[25] Ihre städtebauliche Anlage war klar überschaubar, jeder bayerische Gymnasiast hätte auf dem Stadtplan die wichtigsten Sehenswürdigkeiten angeben können. Durch eingreifende Baumaßnahmen unter Sixtus V. war seit Ende des 16. Jahrhunderts ein großzügiges städtisches Tableau entstanden, geprägt durch symmetrische Straßenfluchten, repräsentative Platzanlagen mit Brunnen und Obelisken und eine markante geistliche und weltliche Architektur. Hinzu kamen weitläufige Grünzonen innerhalb des antiken Mauerrings, die zur Erholung einluden. Auch das öffentliche Leben, von »Rotstrumpf und Violettstrumpf« (Goethe) geprägt, war beschaulich. »Abends um 9 Uhr ist es hier […] schon so stille als zu Frankfurt um Mitternacht«, schrieb Christian Brentano 1823 aus Rom an seinen Bruder Clemens in Frankfurt.[26]

Anders Neapel. Durch die beschriebene Entwicklung während der spanischen Herrschaft war die Stadt auf 450.000 Einwohner gewachsen, ohne daß die städtebauliche Struktur des historischen Zentrums damit Schritt gehalten hätte. Enge und Übervölkerung prägten die Innenstadt, einzig die Via Toledo bildete eine größere »Schneise« im Gewirr der Gassen. Die für das Stadtbild von Rom typischen freien Prospekte fehlten hier fast vollständig, und an »Grünzonen« hatte die Stadt lediglich die seit 1780 geöffnete Villa Reale aufzuweisen. Und dann die Menschen! »Du hast keinen Begriff von dem Gewimmel in dieser Stadt, von der auch die entlegensten Gassen vollgepfropft sind«, schreibt August von Platen 1827 aus Neapel.[27]

Natürlich übte das Fremde, das Bedrohliche und Gefährliche der großen Stadt für viele Besucher auch einen ganz eigenen Reiz aus, stimulierte die Kunst der Beobachtung und Beschreibung, schärfte jene optische Einstellung, die wir heute den »ethnologischen Blick« nennen. Auf diese Weise entstanden im 19. Jahrhundert die ersten detaillierten Studien zu »Sitten und Denkungsart der Neapolitaner« (August Kotzebue)[28], also zur Lebensweise, den Essensgewohnheiten, der Kleidung, der Gebärdensprache, der Frömmigkeit, den Festen, den Spielen, den Marionettentheatern und anderen volkstümlichen Vergnügungen und nicht zuletzt zum »Charakter«, der »kollektiven Mentalität« der großstädtischen Massen. Vor allem Autoren, die sich länger in der Stadt aufgehalten haben, die mutig genug waren, auch die populären *Quartieri* zu besuchen, und die des Neapolitanischen mächtig waren, haben auf diese Weise eine Reihe von volkskundlichen Beobachtungen zusammengetragen, die trotz aller gelegentlich einfließenden Vorurteile wertvolle historische Quellen für die Süditalien-Ethnologie darstellen und heute auch bei örtlichen Kulturhistorikern Beachtung finden. Unter den oben genannten Namen sind unter diesem Gesichtspunkt vor allem Rehfues, Benkowitz und Friederike Brun hervorzuheben. 1827 erscheint dann Wilhelm von Lüdemanns »Neapel, wie es ist«, 1840 Karl August Mayers »Neapel und die Neapolitaner«, ein zweibändiges

Werk, das fast ausschließlich der Beschreibung neapolitanischen Volkslebens gewidmet ist. In der zweiten Hälfte des Jahrhunderts waren es dann Woldemar Kaden, Lehrer an der deutschen Schule in Neapel, und Theodor Trede, Pfarrer an der deutschen evangelischen Gemeinde, die umfangreiche Studien zur Volksreligiosität und zu den Heiligenkulten in Süditalien verfaßten.[29]

Neuer Zustrom. Das Anwachsen der Fremdenkolonie

Der Wiener Kongreß des Jahres 1815 hatte auch für die italienischen Staaten die alten Verhältnisse wieder festgeschrieben. Süditalien kam erneut unter das Regiment von König Ferdinand, und auf dem neuen französischen Mobiliar im Palazzo Reale wurden die alten bourbonischen Lilien angebracht.[30] Gioacchino Murat hatte das Land nach französischem Vorbild reformiert (Enteignungen des Adels und der Kirche, Säkularisation, Verwaltungsreform, Freihandel); nicht alle diese Reformen wurden von König Ferdinand wieder rückgängig gemacht, dennoch versank das Land für mehr als eine Generation in politischer Stagnation. Unruhig blieb es noch immer, wurde von Aufständen und Räuberunruhen erschüttert. Für den Reiseverkehr nach Neapel allerdings schien das Ende der Franzosenherrschaft eine Art von Normalisierung einzuleiten: Der Zustrom der Fremden nach Neapel wächst jetzt kontinuierlich. Die folgende Tabelle dokumentiert die numerische Entwicklung von 1831 bis 1840.[31]

Hatten, wie oben gezeigt, im Jahr 1823 in der Stadt nur insgesamt 1.143 Ausländer gelebt, so registriert die Polizei für 1831 schon 2.173, zwei Jahre später 3.744 und 1835 gar 5.727 *esteri rimasti* (»ansässige Ausländer«). Im Mai 1840 leben dann schon nicht weniger als 8.437 Fremde in der Stadt am Golf (was einem Ausländeranteil von rund 2,5% der Gesamtbevölkerung entspricht). Die Polizeistatistik dokumentiert also ein rapides Ansteigen des Ausländeranteils innerhalb von wenigen Jahren. Es ist offenkundig, daß Neapel in der politisch relativ stabilen Zeit nach dem Regierungsantritt von Ferdinand II. (1830) zu einer attraktiven Fremdenmetropole zu werden beginnt: eine Entwicklung, die das Profil der Stadt auch in der Folgezeit bestimmen wird.

Fremdenverkehr in Neapel 1831–1840

	In Neapel ankommende Ausländer	In Neapel lebende Ausländer
1831	2.173 (September)	
1832		2.979 (Dezember)
1833	6.340	3.744 (Dezember)
1834	7.146	5.165 (Dezember)
1835	6.328	5.727 (Dezember)
1836	5.136	6.387 (Dezember)
1837	3.079	7.036 (Dezember)
1838		7.576 (August)
1839		
1840		8.437 (Mai)

Ähnlich entwickelte sich auch die Einreisestatistik während des genannten Zeitraums. Hatten in dem Triennium von 1820–1823 lediglich 630 Personen die Grenzen des Königreichs passiert, so sind es zwölf Jahre später in einem einzigen Jahr (1835) nicht weniger als 6.328.[32] Lediglich 1837 weist die Statistik einen dramatischen Besucherschwund aus: eine Folge der Cholera, die damals in Süditalien wütete und allein in Neapel 13.798 Opfer forderte.[33] Der Grund für die rückläufigen Besucherzahlen war auch dem Polizeiminister nicht entgangen. In seinem Ausländer-Rapport an den König vom 20. Februar 1837 stellt er fest: »Eure Majestät wird erkennen können, daß der Rückgang der Ankunft von Ausländern in hiesiger Hauptstadt anhält, ein Rückgang, der im Monat Oktober 1836 seinen Anfang nahm, als Folge der Cholera, die sich damals ausbreitete.«[34] Schon damals reagierten also die Reisenden recht sensibel im Hinblick auf »Risiko-Destinationen«.

Da die Akten von 1841 bis 1847 fehlen und ab 1848 keine Jahresstatistiken mehr geführt werden, kann die weitere Entwicklung nur noch durch mühsame Addition der jetzt alphabetisch geführten Listen »hochgerechnet« werden. Eine Auszählung für den Vierteljahreszeitraum von April bis Juni 1857 ergab 2.974 Ankünfte.[35] Hochgerechnet auf ein Jahr, würde das für die späten 1850er Jahre die Einreise von jährlich 11.000 bis 12.000 Fremden bedeuten.

Franzosen, Engländer Deutsche: Das Profil der Nationalitäten

Über die Nationalitäten gibt die folgende Zusammenstellung (nach ausgewählten Monaten) Auskunft[36]:

Monat/Jahr	9/31	1/32	3/33	6/34	5/35	3/36	5/37	1/38	7/39	5/40
Italiener	459	515	610	941	1.680	2.031	2.458	2.576	2.398	3.143
Franzosen	450	477	594	727	824	772	762	785	728	906
Engländer	380	411	468	695	711	635	598	667	546	812
Deutsche[37]	303	344	487	671	868	882	974	1.003	954	1.157
Österreicher	177	200	264	414	411	402	440	471	431	643
Schweizer	156	165	173	246	369	495	645	712	637	910
Russen	102	120	133	198	158	140	143	181	143	223
Türken	51	53	54	63	67	71	76	76	76	65
Spanier	47	49	52	66	114	107	221	207	217	121
Schweden	19	28	24	32	46	51	51	58	51	32
Griechen			4	18	52	59	62	76	62	120
Amerikaner	12	31	24	94	115	127	143	166	142	88
Belgier				9	32	40	73	89	75	132
Dänen	7	16	21	58	60	42	42	43	39	37
Portugiesen					6	31	33	34	33	34
Niederländer						3		7		7
Afrikaner					6	5	4	4	4	5
Brasilianer					1	1	2	5	3	2
Asiaten						1	1	1	1	

Nach den Franzosen und den Engländern bilden also quantitativ die Deutschen zu Beginn der 1830er Jahre die drittstärkste Nationalität der Fremden; ab 1835 rücken sie sogar an den ersten Platz der Statistik. Addiert man dazu noch die Zahl der (vermutlich überwiegend deutschsprachigen) Österreicher, so wird die Dominanz des deutschsprachigen Anteils in der neapolitanischen Fremdenkolonie

Carl Christian Vogel von Vogelstein: Reisende Dame am Golf von Neapel, 1816

besonders deutlich. Sehr stark vertreten – und mit der höchsten Wachstumsrate im Laufe des Jahrzehnts – sind auch die Schweizer. Das erklärt sich nicht nur aus der Tatsache, daß sich die Elite-Regimenter der neapolitanischen Armee aus Schweizer-Soldaten rekrutierten, sondern vor allem daraus, daß sich in den 1830er Jahren in Kampanien eine Reihe von Schweizer Industrieansiedlungen der

Textilbranche etablierte, die zahlreiche Deutsch-Schweizer Arbeitskräfte ins Land zog. Daß Russen und Amerikaner bereits in der ersten Hälfte des 19. Jahrhunderts zu den reisefreudigen Nationen gehören, ist wenig bekannt. Es ist kein Zufall, daß neben dem Hotel *Grande Bretagne* eines der anspruchsvollsten Hotels der Stadt den Namen *Hotel de Russie* trug.

Erwünschte und unerwünschte Ausländer

Natürlich konnte der für die Registrierung der Ausländer zuständigen Polizei in keiner Weise bewußt sein, daß sich unter ihren Augen ein – modern gesprochen – »qualifizierter« Neapeltourismus entwickelte, wie sich rückblickend aus Reisebeschreibungen, Dichtungen und bildkünstlerischen Zeugnissen erkennen läßt. Ausländerzuzug war für die Behörden ein Risikofaktor, und die Angabe von Stand und Beruf sowie die Unterscheidung von *persone distinte* und *soggetti varii* in den Tageslisten diente auch dazu, dieses Risiko zu begrenzen. Dem gleichen Zweck diente auch ein System der »Garantieleistung« *(garantia)*, das den Behörden die Möglichkeit gab, unerwünschte Ausländer kurz nach Einreise wieder abzuschieben. Worin diese Garantieleistung konkret bestand, ist nicht näher bekannt; vermutlich ging es um die Angabe von Referenzen oder den Nachweis ausreichender Barschaften. Das System funktionierte jedenfalls so, daß diejenigen Ausländer, die bei Einreise verdächtig erschienen (vermutlich wegen ihres Standes, ihrer Herkunft oder ihres Aussehens), gezwungen wurden, eine Garantieleistung zu erbringen *(dare garantia)*. Sofern diese nicht zur Zufriedenheit der Behörden ausfiel, wurden sie ausgewiesen.

Von den beispielsweise im Monat Januar 1838 an der Grenze registrierten 400 Personen wurde 234 die Einreise ohne weitere Umstände gewährt. 166 mußten eine Garantieleistung erbringen; 16 von ihnen, denen dies nicht gelang, verließen das Land freiwillig, 18 wurden zur Ausreise gezwungen. Ähnlich sind die Relationen auch in den folgenden Jahren.[38]

Insgesamt waren die Prozeduren der Einreise relativ kompliziert, wie das folgende »Polizei-Reglement in Sachen der Pässe« von 1845 dokumentiert.

Polizei-Reglement in Sachen der Pässe (1845)

Jeder Fremde, der auf dem Landweg nach Neapel kommt, hat an der Schranke beim Eintritt in die Stadt seinen Paß zu hinterlegen und dabei das Hotel anzugeben, wo er abzusteigen gedenkt. Er erhält ein Billett, das er beim Besitzer des Hotels, in dem er weilt, deponieren kann, um die Formalitäten zu vermeiden, denen er sich für den Fall zu unterziehen hat, daß er es selber einzubehalten wünscht.

Personen, die mit Dampfbooten oder anderen Kriegs- oder Handelsschiffen ankommen, müssen sich bei der Hafenpolizei melden, dort ihren Paß hinterlegen, wofür sie eine Quittung erhalten. An Bord der Dampfboote steht häufig auch ein von der Polizei Beauftragter zur Verfügung, der bereits dort die Pässe der Fremden einsammelt und ihnen dafür die genannte Quittung aushändigt.

Kein Fremder darf sich in Neapel ohne eine Sicherheitskarte aufhalten. Um sie zu erhalten, muß man sich an dem auf die Ankunft folgenden Tag beim Paßamt der Polizeipräfektur melden und dort die an der Schranke empfangene Quittung vorlegen. Gegen Bezahlung von 41 Gran erhält man die Sicherheitskarte. Sie wird persönlich und ausschließlich an Männer ausgestellt. Sofern man sich nicht länger als 7 oder 8 Tage in Neapel aufhält, hat man sich des Passes zu versichern, auf dem das Visum für die Abreise einzutragen ist. Sofern man diesen Umstand zu vermeiden wünscht, kann man die fragliche Quittung dem Besitzer des Hotels, in dem man sich aufhält, aushändigen und ihm entsprechende Anweisungen erteilen.

Personen, die nach Sizilien weiterzureisen wünschen, haben ihren Paß dringlich ihrem jeweiligen nationalen Botschafter, Minister oder Repräsentanten zu übermitteln, um ihn sich mit einem Bonus für die Reise nach Sizilien signieren zu lassen. Nach Erledigung desselben haben sie sich mit einer Garantie zu versehen, die in der Regel bei ihren jeweiligen Bankiers erhältlich ist, und dann die Pässe mit einer entsprechenden Bestätigung an die Präfektur weiterzuleiten, aufgrund deren man für 6 Carlini den Paß für Sizilien erhält.

Sofern man sich außer nach Sizilien auch nach Malta zu begeben wünscht, ist es notwendig, daß selbiges in der Beglaubigung des Ministers der jeweiligen Nation, dem der Betreffende angehört, erklärt wird. Sofern es sich dabei nicht um einen englischen Paß handelt oder der Paß nicht einem Engländer gehört, muß selbiger beim englischen Minister eingereicht werden, um ihn für Malta signieren zu lassen.

Anschließend hat man sich mit erwähnter Garantie für Sizilien zur Polizeipräfektur zu begeben und von dort zum Empfang des Visums beim Außenminister.

In diesem Fall kostet der Paß bei der Polizeipräfektur 6 Carlini und beim Außenminister 12 Carlini.

Die Pässe für Rom müssen nach der Unterschrift durch den jeweiligen nationalen Repräsentanten zur Visierung an den Apostolischen Nuntius geschickt werden, von dort an die Polizeipräfektur und zum Schluß an das Außenministerium.

In diesem Fall entstehen folgende Kosten: 6 Carlini beim Apostolischen Nuntius, 6 Carlini bei der Polizeipräfektur, 12 Carlini beim Außenministerium.

Ausländer, die auf dem Seeweg mit Dampfbooten oder anderen Schiffen abreisen, müssen ihre Pässe bei den Konsuln aller Häfen, in denen das Schiff anlegt, visieren lassen; für Civitavecchia genügt das Visum des Apostolischen Nuntius, für Marseille dasjenige des Ministers von Frankreich.

Regolamento di Polizia per i Passaporti, in: Manuale del forestiere in Napoli, impresso a cura del Magistrato Municipale, Napoli 1845, 154–57 (Übersetzung Dieter Richter).

Rentiers und Handwerker, Witwen und Studenten. Das soziale Profil der Besucher

Dank der von der Polizei verlangten Berufsangaben können wir uns ein ungefähres Bild vom sozialen Profil der damaligen Neapelreisenden machen. Zur Veranschaulichung wähle ich die Einreiseliste eines bestimmten Stichtags, nämlich die des 2. Mai 1836.[39]

An diesem Tag trafen 5 Personen »von Stand« *(persone distinte)* in Neapel ein. Es waren, auf einem Schiff aus Civitavecchia kommend, der französische Konsul in Rom »Errico Beyle«, also kein geringerer als der Schriftsteller Stendhal, ferner drei französische Staatsbeamte unterschiedlicher Provenienz sowie eine bayerische Generalswitwe mit Tochter und Zofe. Unter den 27 *soggetti varii* firmieren 9 als *proprietario, benestante, possedente, civile* oder *gentiluomo*, was im zeitgenössischen deutschen Sprachgebrauch dem »Rentier« entspricht, also demjenigen, der von Einkünften aus Grundbesitz oder anderem Vermögen lebt; zu dieser Gruppe gehört auch eine französische Witwe, ebenfalls in Begleitung einer Zofe. Zu den wohlhabenden Reisenden sind auch die *negozianti* oder *commercianti* (4 Nennungen) zu rechnen, also Geschäftsleute oder Unternehmer. Relativ zahlreich sind in den Ausländerlisten Handwerker oder Personen aus dem Dienstleistungsbereich vertreten; an dem genannten Stichtag sind es ein Kürschner, ein Schneider, ein Stukkateur, ein Kutscher mit seinem Sohn, eine Gouvernante, eine Zofe *(cameriera)* und ein Dienstmädchen *(domestica)* – die letztgenannten wahrscheinlich die Begleiterinnen der oben erwähnten alleinreisenden Damen. Aus dem bürgerlichen Mittelstand finden wir einen Advokaten, einen Arzt mit Sohn, einen Abbé, einen Buchhändler mit Schwester, einen Studenten und einen Maler.

Was den Zweck der Reise betrifft, so dürfen wir bei dem aufgeführten Personenkreis unterschiedliche Motive unterstellen. Von den »Grandtouristen« im engeren Sinn, die zum Vergnügen oder zur Erweiterung ihrer Bildung Neapel besuchten, sind diejenigen Personen zu unterscheiden, die aus kommerziellen oder sonstigen beruflichen Gründen einreisten. Hierher gehören außer den Dienstleistenden vor allem die zahlreichen Handwerker, die in Neapel für einige Zeit Arbeit suchten (im folgenden wird von ihnen noch die Rede sein). *Per diporto* oder *per affari*, also »zum Vergnügen« oder »aus geschäftlichen Gründen«: so differenzieren andere polizeiliche Register die *motivi della dimora* (»Gründe für den Aufenthalt«) in der Stadt am Golf. Daß die Grenze zwischen beiden Kategorien fließend sein konnte, zeigt die Registrierung des dänischen Märchendichters Hans Christian Andersen vom 13. Februar 1834. Andersen gab sich als *tipografo*, also »Schriftsetzer«, aus und gab als Grund für die Einreise *per affari* an, also »aus Geschäftsgründen«.[40] Tatsächlich verdanken wir ihm einen der farbigsten Tagebuchberichte über seinen neapolitanischen Aufenthalt und außerdem dessen literarische Verarbeitung in seinem Roman »Der Improvisator«.

Fürstliche Herrschaften

Die »Normalisierung« des Reiseverkehrs nach den unruhigen Jahren der Franzosenzeit findet ihren sichtbaren Ausdruck zudem darin, daß jetzt auch die Angehörigen einer Reihe von regierenden Häusern dem Königreich Neapel einen Besuch abstatten. Im Mai 1819 kommen Kaiser Franz I. von Österreich und seine Frau Karoline Auguste, machen den verschwägerten Bourbonen ihre Aufwartung und lassen sich die Ausgrabungen von Pompeji zeigen. Man hatte sie unter Gioacchino Murat tatkräftig weitergeführt, sie vor allem nicht mehr so sehr unter dem Gesichtspunkt der Schatz-

Franz Ludwig Catel: Der Architekt Friedrich Schinkel in Neapel, 1824

gräberei, sondern mit dem Ziel der systematischen Aufdeckung der antiken Siedlungen vorangetrieben. Dem österreichischen Kaiserpaar wird nun wieder mit einer sogenannten »Ehrenausgrabung« gehuldigt: Man schüttete dafür einen bereits aufgedeckten »ertragreichen« Fund wieder zu, um ihn dann in Anwesenheit der hohen Gäste erneut »auszugraben«.[41] Eine ähnliche Ehre wird übrigens auch dem abwesenden Herrn von Goethe aus Anlaß des Besuchs seines Sohnes August 1830 widerfahren.[42]

Natürlich diente der Besuch der österreichischen Verwandten auch der Stärkung der restaurativen Politik im Süden. Als wenige Monate nach dem Kaiserbesuch in Neapel der Carbonari-Aufstand ausbricht, schickt Österreich Interventionstruppen ins Königreich, die dort »Ordnung« schaffen und König Ferdinand an der Macht halten.

Eher privaten Charakter hatte hingegen die Italienreise des bayerischen Kronprinzen und späteren Königs Ludwig I. im Oktober 1817, die vor allem dem Besuch Siziliens gewidmet war. Mit von der Partie waren außer zwei Regierungsmitgliedern und dem Maler und späteren Münchner Galeriedirektor Johann Georg von Dillis auch Ludwigs Leibarzt Johann Nepomuk von Ringseis, der das Journal der Reise führte: »Neapel, das prächtige, empfing uns mit seinem Volksgebrause und seinen Naturherrlichkeiten, seinem Himmel voll Sonnenschein, seinen amphitheatralischen Bergen voll bunter Pflanzenpracht, seiner lachenden Bucht voll Segel, seinem köstlichen Gegenüber von Inseln – das Schönste und Größte, was ich bis dahin gesehen.«[43] Man findet die Stadt, wie sie sozusagen immer war, und selbst das »Volksgebrause«, das wenige Jahre zuvor der sensiblen Gräfin von der Recke noch die schlimmsten Erinnerungen heraufbeschworen hatte, ist jetzt schon wieder Teil eines klischeehaften neapolitanischen Stimmungsbildes.

Der Leibarzt und der Maler: Diese beiden Figuren gehören zum festen Personal der fürstlichen Herrschaften auf Reisen. Prinz Friedrich von Sachsen, der im Frühjahr 1828 nach Italien kam, hatte das Glück, in seinem Gefolge beide Rollen in ein und derselben Person vereinigt zu sehen. Es war Carl Gustav Carus, der die Tour höchst vergnüglich beschrieben hat. Ähnlich wie die Reise des bayerischen Thronfolgers war auch die des künftigen sächsischen Königs keine diplomatische Mission, sondern ein privates Unternehmen. Aber natürlich wußte der bourbonische Hof, wer hier auf Vergnügungsreise war. Als der Prinz und seine Entourage von Sorrent aus eine Fahrt über den Golf nach Capri planen, stellt ihnen König Francesco eine Brigantine zur Verfügung und läßt die Gesellschaft an der Marina Grande im Triumph empfangen. Und da den fürstlichen Herrschaf-

Carl Blechen: Non dubitate, 1829
»Non dubitate«, denkt nichts Arges – sagen die beiden neapolitanischen Fischer, die eine fremde Dame vom Boot an Land tragen und sie dabei so berühren, wie man eine Dame eigentlich nicht berührt.

ten aus Dresden die vor kurzem auf der Insel eröffnete *Locanda* von Giuseppe Pagano offenbar zu primitiv ist, verbringen sie, nach einem »ausgesuchten Abendessen« aus der königlichen Küche in Neapel, die Nacht auf dem eleganten Salonschiff im Hafen.[44]

Auch das preußische Herrscherhaus begab sich auf die Tour in den Süden: 1822 kam König Friedrich Wilhelm III. nach Neapel, logierte dort in der königlichen Villa Chiatamone. Nach seiner Rückkehr ließ er sie sich im Park des Charlottenburger Schlosses »nachbauen«. Karl Friedrich Schinkels auf diese Weise entstandener »Neuer Pavillon«, mit pompejanischen Motiven ausgemalt, ist bis heute eines der Schmuckstücke des preußischen Klassizismus.

1828 besuchte dann der Sohn des preußischen König, der spätere König Friedrich Wilhelm IV., den Golf von Neapel. Seine Reise ist »privat«, kommt aber ebenfalls ohne Zugeständnisse an das Zeremoniell nicht aus: Man besucht die königliche Familie und nimmt die Huldigungen der Truppen entgegen. Dennoch pflegt Friedrich Wilhelm ähnlich wie Ludwig I. von Bayern in Italien jenen lockeren, am Modell der Künstlerreise orientierten Stil mit Wanderungen, Picknicks und Besuchen in Osterien, wie sie im *Ancien Regime* undenkbar gewesen wären.

Landschaft der Maler

Für eine Gruppe von Reisenden gewinnt die Stadt am Golf samt ihren Umgebungen in der ersten Hälfte des 19. Jahrhunderts eine ganz besondere Attraktivität: für die Maler. Die Landschaftsmalerei, die sich, zunächst in England und dann in Deutschland, erst gegen Ende des 18. Jahrhunderts ihren Platz gegenüber anderen Genres erkämpft hatte, kommt jetzt zur Blüte, und die Künstlerreise nach Italien wird ein fester Bestandteil der Ausbildung zum »Landschafter«. Dabei wirkte Goethes 1816/17 erschienene »Italienische Reise« mit ihrer Idee der Bildung durch Anschauung, nicht zuletzt der Anschauung »großer« Landschaften, als Vorbild; für die Reisenden des 19. Jahrhunderts gehört dieses Buch zum obligatorischen Bestandteil ihres Reisegepäcks – ein »Kultbuch«, wie man heute sagen würde. Als Maler zu reisen – hatte sich nicht auch Goethe in Italien als Maler ausgegeben, als Maler gefühlt? – wird jetzt zu einer Art von Rollenspiel: Blättert man in historischen Gästebüchern italienischer Herbergen, stößt man dort immer wieder auf die Berufsbezeichnung »Maler« oder *pittore*. Es muß chic gewesen sein, sich auf Italienreise als Maler auszugeben und sich in der legeren Tracht wandernder Künstler in Herbergen und Osterien herumzutreiben. Noch heute gibt es auf der Insel Capri ein altes Hinweisschild zur »Malerplatte«, einem Belvedere mit einstmals berühmten Blick auf den Faraglioni-Felsen: Daß man sich bestimmten »malerischen« Punkten der Landschaft anders denn als »Maler« nähern könnte, mochte kaum einem in den Sinn kommen.

Die Künstlerreise führte bekanntlich zunächst nach Rom und in die dortige Künstlerkolonie. Die Sommermonate jedoch, die in Rom unerträglich heiß waren, verbrachte man in der Regel am Golf von

Neapel, und dies nicht nur wegen der von allen Reiseführern gerühmten »guten Luft«. Auch unter landschaftsästhetischen Gesichtspunkten galt die Gegend, neben der Campagna von Rom, als das beste Studienfeld für den »Landschafter«, vor allem in der in Mode gekommenen Technik *en plein air*, »vor der Natur«. Neapel, »unstreitig für den Nordländer an und für sich der reizendste Punkt Italiens« (Ernst Förster, 1848)[45], gewann damit für den Landschaftsmaler eine ganz besondere Anziehungskraft, wird neben Rom zum zweiten Brennpunkt der künstlerischen Italienbegeisterung. Und in Tausenden, wenn nicht Zehntausenden von Zeichenblättern und Aquarellen in europäischen Museen und Sammlungen hat diese Anschauung ihre Spuren hinterlassen. Erst mit dem Impressionismus und der wachsenden künstlerischen Bedeutung Frankreichs gegen Ende des Jahrhunderts beginnt diese Anziehungskraft allmählich zu erlöschen.

Eine – keineswegs vollständige und auf namhaftere Personen eingeschränkte – »Gästeliste« (siehe Kasten) zeigt, wie sehr in der

Maler, Bildhauer, Architekten in Neapel 1815–1835

1816	Johann Georg Dillis	Anton Sminck van Pitloo
	Ludwig Emil Grimm	
	Johannes Wolff	
	Christian Gottlieb Prestel	
	Wilhelm Huber	
	Karl Vogel v. Vogelstein	
1817	Joseph Rebell	
	Samuel Birmann	
	Johann Jakob Müller	
1818	Franz Ludwig Catel	
1819	Louise Seidler	Silvester Scedrin
	Friedrich Salathé	William Turner
1820	Heinrich Reinhold	Johan Christian Dahl
	Julius Schnorr von Carolsfeld	
	Johann Adam Klein	
1821		
1822	Friedrich Horner	
	Johann Baptist Stiglmaier	
1823	Carl Wilhelm Götzloff	
	Carl Wagner	
	Johann Joachim Faber	
	Christoph Rist	
	Theodor Witting	

1824	Karl Friedrich Schinkel	Kornelis Kruseman
1825	Ludwig Richter	
	Ludwig von Maydell	
	Nikolaus Hoff	
	Johann Heinrich Schilbach	
1826	Ernst Fries	
	Friedrich Preller	
	Florian Grospietsch	
1827	Joseph Führich	Friedrich Thöming
	Carl Rottmann	
	Theodor Weller	
1828	Carl Gustav Carus	Camille Corot
	Wilhelm Hensel	
	Carl Voigt	
1829	Carl Blechen	
	Leopold Schlösser	
	Carl Götzenberger	
	Wilhelm Ahlborn	
	Friedrich Maximilian Hessemer	
1830	Leo von Klenze	
	Friedrich Preller	
	Ernst Rietschel	
	Otto Wagner	
	Rudolf von Alt	
	Julius Hübner	
1831	August Ferdinand Hopfgarten	
1832	Eduard von Steinle	
	Erwin Speckter	
1833	Johann Nepomuk Ott	
	Carl Robert Kummer	
1834	Karl Morgenstern	Thomas Fearnley
	Théodore Aligny	
1835	Friedrich Nerly (1834?)	
	Eduard Primavesi	
	Moritz von Schwind	

Zeit der Hochblüte der romantischen Landschaftsmalerei ein kürzerer oder längerer Aufenthalt in Neapel in Mode kommt.[46]

Es sollte nicht lange dauern, bis sich auch in Neapel wieder eine kleine, multinationale Kolonie fest ansässiger Künstler etablierte. 1816 kommt Anton Sminck van Pitloo (Arnheim 1791–Neapel 1837) in die Stadt am Golf, eröffnet dort 1820 ein Atelier, das zum Treffpunkt von heimischen oder zugereisten Künstlern wie Teodoro Duclère, Giacinto Gigante, Achille Vianelli und Gabriele Smargiassi

August Ferdinand Hopfgarten: Ritt nach dem Kegel des Vesuv, 1831
Die Gruppe deutscher Maler reitet unter Begleitschutz bewaffneter einheimischer Führer.

wird. Aus diesem Kreis entsteht die »Scuola di Posillipo«, die von romantischen Ideen inspirierte Schule der süditalienischen Landschaftsmalerei. 1823 bezieht Theodor Witting aus Frankfurt eine Wohnung an der Mergellina 36[47], heiratet die Schwester von Achille Vianelli und lebt bis zu seinem Tod (um 1860) in Neapel. Und 1825 läßt sich Carl Wilhelm Götzloff[48] aus Dresden an der Chiaia nieder.

Die Casa Goetzloff

Vor allem Götzloffs Haus wird in der Folgezeit zu einem Zentrum deutschen und internationalen Künstlerlebens in Neapel. Götzloff war nach seiner Akademie-Ausbildung in Dresden als 22jähriger Stipendiat nach Rom gegangen. Dort lernt er den russischen Baron Karl Friedrich von Üxküll-Gyllenband kennen, der ihn als Begleiter für eine Reise nach Sizilien und Malta engagiert und mit dem er anschließend nach Neapel zieht. 1835 wird er von Ferdinand II. zum Königlichen Hofmaler ernannt (eine Position, die vor ihm bekanntlich Hackert und Tischbein innehatten). Er gibt Mitgliedern der Königlichen Familie Zeichenunterricht, verliert jedoch die Gunst des Königs bereits drei Jahre später und muß sich danach als Auftragsmaler verdingen. Anders als andere Künstler kehrt er in dieser

Carl Wilhelm Götzloff:
Selbstporträt, um 1820

Situation nicht nach Deutschland zurück, sondern bleibt in seiner Wahlheimat, die seine endgültige Heimat werden sollte. Er erlebt dort noch die Invasion Garibaldis, den Fall der Bourbonen und die ersten Jahre des Königreichs Italien. 1866 stirbt er.

Für die durchreisenden Künstler war Götzloff nicht nur ein bewunderter Malerkollege, sondern auch ein ortskundiger Fremdenführer. Er besteigt 1825 mit Ludwig Richter und einer Gruppe von Schweizer Künstlern den Vesuv[49], begleitet im Sommer 1828 den russischen Maler Silvester Scedrin nach Capri[50], trifft dort ein Jahr später auch mit Carl Blechen, Joseph Führich und Wilhelm Ahlborn zusammen. In Giuseppe Paganos vielgerühmter Herberge hat sich Don Carlo, wie er hier genannt wurde, in seinen frühen Jahren besonders gern aufgehalten; Wilhelm Ahlborn, der ihn dort im Mai 1829 trifft, unterstellt ihm sogar Heiratsabsichten, gerichtet auf eine der Pagano-Töchter.[51]

Die *Casa Goetzloff* an der Riviera di Chiaia 71, von deren Balkon aus man einen bezaubernden Blick über die Villa Reale nach Capri hinüber genoß[52], wurde für vier Jahrzehnte Anlaufstelle durchreisender Fremder und ein internationaler Künstlertreffpunkt. Die Hausherrin, polyglotte Tochter einer römischen Mutter und eines französischen Besatzungssoldaten und Kennerin neapolitanischer Kanzonen, verstand es, eine Geselligkeit zu entfalten, die in zahl-

Schriftsteller, Musiker und Gelehrte in Neapel 1815–1859

	Deutschsprachige	**Andere**
1815		Samuel Rogers
1816		
1817	Caroline von Humboldt	Stendhal
1818	Wilhelm Müller	Richard Keppel Craven
	Friedrich Rückert	Percy Bysshe Shelley
		Mary Wollstonecraft
1819	Franz Grillparzer	Mariana Starke
	Friedrich Heinrich v. d. Hagen	
1820		John Keats
		Lady Sidney Morgan
1821	Heinrich Freiherr vom Stein	
1822	Alexander von Humboldt	
1823	Paul Heyse	
	Viktor von Scheffel	Lady Marguerite Blessington
1824		
1825		Edouard Gauttier
1826	August Kopisch	
1827	August von Platen	
	Friedrich Carl von Savigny	
1828	Wilhelm Waiblinger	Henry W. Longfellow
1829	Jacob Burckhardt	James Fenimore Cooper
	Leopold von Ranke	
1830	August von Goethe	
	Wilhelm Zahn	
1831	Felix Mendelssohn-Bartholdy	Walter Scott
		Hector Berlioz
1832		
1833	Arnold Ruge	
1834		Hans Christian Andersen
1835	Carl Alexander v. Reitzenstein	Alexandre Dumas
1836		
1837		
1838	Sulpiz Boisserée	Edward Lear
	Georg Gottfried Gervinus	Nikolai Gogol
1839	Victor Hehn	
	Friedrich von Raumer	
1840		Fanny Mendelssohn
	Friedrich Theodor Vischer	
1841		John Ruskin
1842		
1843	Jacob Grimm	
1844		Robert Browning
1845		Charles Dickens
1846	Adolf Stahr (?)	
	Fanny Lewald	

1847		
1848		Alexander Herzen
1849		
1850		Alexis de Tocqueville
1851		Gustave Flaubert
1852		
1853	Ferdinand Gregorovius	
	Paul Heyse	
	Victor von Scheffel	
1854		
1855		
1856		Edmond de Goncourt
		Jules de Goncourt
1857		Herman Melville
1858		Fredrika Bremer
		Julia Kavanagh
1859	Ernst Haeckel	
	Hermann Allmers	

reichen Reiseberichten gerühmt wird.[53] Die Formen dieser Geselligkeit sind jetzt zwar bescheidener, als sie zu Zeiten von Hackert und Hamilton waren, sind eher bürgerlich und familiär, jedoch nicht weniger international. »Mutter und Kinder sprechen das Deutsche, Italienische und Französische zugleich als ihre Muttersprache. Der Verkehr des Hauses besteht fast ausschließlich aus Fremden, meist deutschen Landsleuten, besonders Künstlern, und man ist sicher, dort Abends immer um den gastlichen runden Marmortisch einen Kreis derselben anzutreffen, der freilich noch schnellerm Wechsel als der Mond unterworfen ist« (Adolf Stahr, 1848).[54]

Freiheit des Südens: Platen, Waiblinger, Kopisch

Die Erfahrung persönlicher Freiheit und unkonventioneller Selbstverwirklichung steht im Zentrum der Neapel-Erfahrung von drei jungen literarischen Talenten der 1820er Jahre: Platen, Waiblinger und Kopisch. August von Platen, dem Münchner Kadettendrill glücklich entronnen, wählt die Stadt nicht nur, »weil hier in Neapel die Liebe zwischen Männern so häufig ist, daß man selbst bei den kühnsten Forderungen keinen Korb zu gewärtigen hat«.[55] Er flieht auch aus Rom, weil er dem Gelehrigen, dem Deutschen zu entkommen sucht: »Hier ist man beinahe wie auf einer deutschen Universität, und es ist mir in vieler Hinsicht recht, von den Deutschen wegzukommen«, schreibt er aus Rom.[56] Von Anfang Mai bis Ende November 1827 lebt er in Neapel, Sorrent und Capri, findet hier, ewig unglücklich verliebt, wenigstens zeitweise sein schwieriges Glück.[57] »Hier werde ich meinen bleibenden Aufenthalt aufschlagen«, schreibt er an Gustav Schwab.[58] Der angebetete Kopisch bringt ihm am Posillipo das Schwimmen bei, und wie dieser badet er sogar vom Boot aus im offenen Meer[59] – was damals für einen erwachsenen Menschen etwas ausgesprochen Ungewöhnliches, Verrücktes war (nur Knaben pflegten aus Vergnügen im Meer zu schwimmen).

In seiner Ekloge »Bilder Neapels« hat Platen Neapel als Stadt der Liebe gefeiert, hat auch selber dort »Liebe geschlürft«:

»Fremdling, komm in das große Neapel, und sieh's, und stirb!
Schlürfe Liebe, geneuß des beweglichen Augenblicks
Reichsten Traum, des Gemütes vereitelten Wunsch vergiß,
Und was Quälendes sonst in das Leben ein Dämon wob:
Ja, hier lerne genießen, und dann, o Beglückter, stirb![60]

Wo empfindsame Gemüter vor »wollüstigen Blicken« und »lispelnden Kupplern« auf den Straßen verschämt oder beunruhigt Augen und Ohren verschließen oder vor dem Lärm der großen Stadt die Flucht ergreifen, da erkennt Platen »angeborenes Maß, dem entfesselten Norden fremd«, genießt das bunte Kaleidoskop der von Augenblick zu Augenblick wechselnden Straßenszenen. Seine »Bilder Neapels« sind, der antikisierenden Form zum Trotz, das erste moderne Großstadtgedicht der deutschen Literatur.

Auch ein anderer Dichter, »in der Öde des Nords erzeugt« (Platen[61]), weniger griesgrämig als der bayerische Leutnant, aber in seiner Abneigung gegenüber dem deutschen Philisterwesen diesem durchaus verwandt, hat am Golf von Neapel Glück und Freiheit gefunden: Wilhelm Waiblinger. Der junge Theologiestudent war vom autoritären Tübinger Stift wegen ungebührlichen Betragens relegiert worden, hatte daraufhin im gleichen Jahr wie Platen die Heimat verlassen und war nach Rom gezogen. »Meine Liebe ist Rom [...] und mein Haß ist Schwaben, oder vielmehr die Schwaben«, schreibt er an den Freund Friedrich Eser.[62] Wie Platen vermeidet er den Umgang mit den deutschen Landsleuten in Rom, verkehrt mit römischen Schauspielern und Künstlern, genießt die Vergnügungen des Karnevals und die Freuden der Liebe. Nach zweijährigem Aufenthalt verläßt er die Ewige Stadt im September 1828 und geht nach Kampanien, entdeckt hier, ähnlich wie Platen, den Zauber des Nicht-, ja des Anti-Römischen:

»Bibliotheken, Museen, Kabinette, Paläste, Fabriken
Hab' ich aus Neugier erst, endlich aus Pflicht nur besucht.
Längst schon hab' ich sie all' und mit ihnen die Zeit auch verloren,
Aber ein Abend am Meer bleibt bis zum Grabe mir noch.[63]

Schon im Mai des darauffolgenden Jahres kommt er wieder, verbringt hier und in Sizilien den Sommer und den Herbst. »Das ist ein wahres Schlaraffenleben in diesem glückseligen Neapel« – schreibt er an die Eltern in Reutlingen – »und Wochen verflossen mir wieder wie im Rausche, unter tausend Genüssen, bald zu Wagen, bald zu Meer, bald bei den Austern, bald bei den Weinen Siziliens und Kalabriens, bald im männlichen, bald im weiblichen Umgang, in der Stadt, auf dem Lande, kurz ich ließ mich gewähren und versagte mir nichts.«[64]

Längere Zeit lebt er in der Locanda Pagano auf Capri und in Torre Annunziata und unternimmt mit Freunden ausgedehnte Wanderungen in Kampanien. Und da der Verleger Cotta die Zahlungen eingestellt hat, der verstörte Vater sich von ihm distanziert und *Don Guglielmo* (wie er sich nennt) sich nicht einmal mehr ein Paar neue Schuhe kaufen kann und in den Trattorien anschreiben lassen muß, bleibt dem jungen Dichter nichts anderes übrig, als zu schreiben. Waiblinger wird einer der ersten, der seine Eindrücke aus dem Süden in großem Stil publizistisch zu vermarkten versteht und das Publikum der Zeitungen und Almanache in Deutschland als eine Art italienischer Korrespondent informiert und unterhält, wobei er sehr geschickt in ganz unterschiedlichen literarischen Gattungen brilliert. In seinen oft ironisch gebrochenen Reiseberichten, in denen sich stilistisch das spätere Reisefeuilleton ankündigt, plaudert er über seine Ausflüge an den Golf von Salerno, nach Benevent und Avellino (das letztere eine damals kaum besuchte Gegend Kampaniens), über die Besteigung des Vesuv oder über den Besuch des populären Teatro San Carlino in Neapel. In der Form des Reisebriefs meldet er sich aus Capri und Pompeji. Im romantischen Märchenton führt er seine Leser in die soeben entdeckte Wundergrotte von Capri (»Das Märchen von der blauen Grotte«). Und als Lyriker glänzt er mit hundert »Neapel«-Gedichten und Sammlungen von Liedern aus Capri, aus Pompeji und aus Sorrent. Auf diese Weise wird er der produktivste zeitgenössische Sänger von Parthenopes Wundern. Drei Monate nach seiner Rückkehr aus Neapel stirbt er, 26jährig, in Rom.

Der dritte deutsche Dichter der Zeit, dem Neapel und Kampanien zum prägenden Erlebnis wurden, war August Kopisch. Auch er war, wie Platen und Waiblinger, bedrückenden deutschen Verhältnissen entflohen, war unter dem Vorwand, eine Verletzung der Hand auszukurieren, nach Rom gegangen. Im Frühjahr 1826 unternimmt er die obligatorische »Tour« an den Golf, kehrt aber nicht mehr nach Rom zurück. Dreieinhalb Jahre (1826–29), bis zu seiner Rückkehr nach Berlin, lebt er im Süden. Er verliebt sich in die *napoletanità*, lernt die Sprache, sammelt Volkslieder[65], knüpft Kontakte mit örtlichen Schauspielertruppen, freundet sich mit Donizetti und Filippo Cammarano (einem populären Pulcinella-Akteur) an, übersetzt und inszeniert dessen Stücke. Für deutsche Besucher Neapels agiert er als kundiger Reiseführer durch Stadt und Umgebung, zeigt prominenten Gästen ebenso wie Malerkollegen gern die Insel Capri.[66] Der Kontakt mit dem preußischen Gesandten am neapolitanischen Hof, Graf Voß, wird dann zum Karriereglück seines Lebens. Der preußische Kronprinz und spätere König Friedrich Wilhelm IV. hatte für den Herbst 1828 seinen Besuch in Neapel angekündigt. Graf Voß beauftragte daraufhin Kopisch mit der Ausrichtung einer »theatralischen Abendunterhaltung« in der Villa Barbaia am Posillipo, und der mit der lokalen Szene vertraute Kopisch hatte die glänzende Idee, dafür die am San Carlino spielende komische Truppe von Filippo Cammarano mit neapolitanischen Pulcinella-Szenen zu engagieren.[67] Der Abend wurde ein Erfolg, und Kopisch, der auch

Franz Ludwig Catel: Italienisches Volksleben bei Pozzuoli, um 1823

Maler war, bekam vom Kronprinzen nicht nur einige künstlerische Aufträge, sondern durfte ihn auch als Fremdenführer nach Pompeji, Herkulaneum, Sorrent und Ischia begleiten. Am 13. November schlug seine Sternstunde. Friedrich Wilhelm hatte es sich in den Kopf gesetzt, den Geburtstag der Kronprinzessin nirgends anders als auf dem Vesuv zu feiern. Dabei glänzte Kopisch mit einer Fähigkeit, die er den berühmten neapolitanischen *Improvvisatori* abgeschaut hatte: der Kunst des Improvisierens. Mit einem Huldigungsgedicht aus dem Stegreif gewann er die Gunst des Kronprinzen und eine Lebenszeitstelle in Potsdam. »Ich gehe indeß mit dem bestimmten Vorsaz dahin, bald eine zweite Reise nach Italien zu unternehmen, sobald ich mir nur erst bestimmtere Verhältniße begründet«, schreibt er an Platen.[68] Daraus sollte allerdings nichts werden; den »bestimmteren Verhältnissen« im preußischen Hofdienst ist er nicht wieder entkommen.

Neben einigen kleineren, heute vergessenen Erzählungen, einer Reihe von Gedichten, einer zweisprachigen Sammlung italienischer Volkslieder und einigen Ölbildern hat *Don Augusto Prussiano,* wie man ihn in Neapel nannte, seiner Wahlheimat im Süden ein Andenken hinterlassen, das seinen Namen bis heute am Golf von Neapel lebendig erhalten hat. Im August 1826 schwamm er auf der Insel Capri in eine unter dem Namen *Grotta Gradola* bekannte Höhle, der er im Stolz der Entdeckerfreude den Namen *Grotta Azzurra* gab. Mit der »Blauen Grotte« hatte die romantische deutsche Sehnsucht ein Traumziel im Wunderland Italien gefunden – »und mir ist es«, wird Ferdinand Gregorovius 1853 schreiben, »als wäre die wunderbare Grotte deutsches Eigentum und deutsches Symbol.«[69] Das ist, aus der Feder von Gregorovius, nicht nationalistisch gemeint; sicherlich aber hat die Capri-Begeisterung der Deutschen hier ihre frühesten Wurzeln. Im übrigen hatte die Entdeckung der Blauen Grotte durch den schlesischen Dichter ungeahnte Folgen für den Neapeltourismus: Nicht ohne Grund prangt der Name des Dichters der »Heinzelmännchen« heute auf einer Tafel an der Piazzetta von Capri.[70]

Anfechtungen der Keuschheit: Hans Christian Andersen

Neben Platen, Waiblinger und Kopisch treffen wir in den zwanziger und dreißiger Jahren noch eine ganze Reihe von Schriftstellern und Gelehrten am Golf (siehe Kasten, Seite 154f.). Wilhelm Müller, der liebevolle und präzise Beobachter römischen Alltagslebens (»Rom, Römer und Römerinnen«) hat uns von seinem Neapelaufenthalt 1818 leider nichts Vergleichbares hinterlassen; einzig seine romantischen »Lieder aus dem Meerbusen von Salerno« und die postum herausgegebene italienische Volksliedersammlung »Egeria« – die früheste ihrer Art überhaupt – erinnern daran.[71] Friedrich Rückert, italienbegeistert auch er, hat in einigen Gedichten seines Zyklus »Wanderungen« auch seines Aufenthalts am Golf von Neapel im April 1818 gedacht. In »Die Fahrt um den Posillip« schildert er jenen Ausflug, den unzählige Reisende der Zeit unternommen haben, die sich dem »Brausen des Toledo« (Rückert) für einige Zeit entziehen wollten: mit der Barke am Vorgebirge des Posillipo entlang. Die Fahrt endet für den auffallenden »Fremdling mit den langen Haaren« in einem gastlichen Haus hinter dem Capo di Posillipo, wo damals in einer kleinen Bucht das malerische Fischernest Marechiaro lag, klassischer Ort neapolitanischer Kanzonen.[72]

Folgenreicher für das Bild Neapels und Kampaniens beim europäischen Lesepublikum war die Italienreise von Hans Christian Andersen. Sein Roman *Improvisatoren* (»Der Improvisator«, 1835) – eine geschickte Mischung aus autobiographischer Reiseerzählung, psychologischem Entwicklungsroman und sentimentaler Liebesgeschichte – wurde zu einem Bestseller. Ein Großteil des Buches spielt am Golf von Neapel und am Golf von Salerno, und der Autor hat, wie der Vergleich mit seinen Tagebüchern zeigt, zahlreiche eigene Erfahrungen dabei eingewoben.

Andersen, damals noch ein unbekannter 29jähriger, kam im Februar 1834 aus Rom in Neapel an. Fanny Lewald, die ihm später begegnet ist, beschreibt ihn als schüchternen, in sich gekehrten Sonderling: »Von Kopf bis Fuß, das heißt buchstäblich von der Reisemütze bis zu den weißen Schuhen in weißes Segeltuch gekleidet, sah der lange, bleiche Mann, wenn er träumerisch durch die Straßen schlenderte, wirklich äußerst sonderbar aus, und es war nicht auffallend, daß die übermütigen Jungen auf Santa Lucia [...] ihn, wie er uns lachend erzählte, mit dem Rufe Ecco! il Polcinello! il Polcinello! bis an die Tür unseres Gasthofes verfolgt hatten.«[73] Die weiße Kleidung hatte durchaus Zeichencharakter. Andersen hat, wie Antonio, der Held seines Romans, schrecklich unter den Anfechtungen der Keuschheit gelitten, denen er in der sinnenfrohen Großstadt ausgesetzt war. Der Typus der schönen, erotisch selbstbewußten Frau stößt ihn ab. Anders als Platen mochte er sich aber auch nicht zu seinen homo- bzw. pädophilen Neigungen bekennen, schon gar nicht ihnen nachgeben; fasziniert und angewidert zugleich reagiert er auf die Kuppler, die ihm rings um den Toledo mit großer Selbstverständlichkeit Kinder zur Prostitution anbieten. »Mein Blut in starker Bewegung. Ungeheure Sinnlichkeit und Kampf gegen mich selbst. Ist es wirklich eine Sünde, diese mächtige Lust zu befriedigen? ...«[74]

Niemand hat in Neapel mehr gelitten als Andersen; die Stadt ist für ihn eine immerwährende Versuchung. Noch im Nationalmuseum besorgt er sich den Schlüssel zu den nicht allgemein zugänglichen Räumen mit den erotischen Darstellungen aus Pompeji. »Komme ich unschuldig nach Hause, bleibe ich es für immer.«[75] Der keusche dänische Jüngling im weißen Habit sollte recht behalten. Nach der neapolitanischen Erfahrung wird die Liebe zur Unschuld, zum unschuldigen Kind, das literarische Programm des künftigen Märchendichters prägen. Und in seinem Märchen »Die Galoschen des Glücks«, der bitteren Satire auf die Ideale eines reise-verliebten Zeitalters, wird er in versteckter Form auch mit der Verführung durch den Süden abrechnen. »Ja, reisen ist schon gut« – läßt er dort seinen reisenden Theologen sagen – »hätte man nur keinen Körper.«[76]

Freilich konnte auch ein beschwerter Geist eine Bürde auf der Reise in den Süden sein.

Im Schatten Goethes: Felix Mendelssohn-Bartholdy

Seit Goethes Italienerfahrung begleitet der Schatten des großen Dichters so gut wie alle, die nach ihm über die Alpen gen Süden gezogen sind: nicht nur als freundlicher Reisegefährte, sondern auch als stummer, strenger Mahner. Nutze die Reise, bilde dich! – So wurde die Botschaft des Goethe'schen Reisebuches verstanden. Und dieses Reisegepäck konnte schwer wiegen.

Auch Felix Mendelssohn-Bartholdy reist mit Goethes »Italienischer Reise« über die Alpen, und seine Reise beginnt mit einem 14-tägigen Aufenthalt bei Goethe in Weimar. Reisen bildet: Von diesem Grundsatz ist die Familie Mendelssohn mit ihren zahlreichen europäischen Verbindungen wie kaum eine andere überzeugt. Und »England« und »Italien« lauten die beiden Pole dieser Bildung im protestantischen Norddeutschland.[77] Der Vater hat eingesehen, daß Felix die Begabung zum Künstler hat (bei der Schwester Fanny wird das anders sein), und der aufstrebende Komponist wird, kaum von seiner Englandreise zurückgekehrt, im Mai 1830 nach Italien geschickt. Der Onkel Jacob Salomon Bartholdy war in Rom preußischer Konsul gewesen, am schon erwähnten Freskenschmuck der Nazarener in der Casa Bartholdy über der Spanischen Treppe war auch Felix' Cousin Philipp Veit beteiligt, der Sohn von Dorothea Schlegel. Felix mußte sich also in Rom nicht fremd fühlen.

Im November 1830 erreicht er die Ewige Stadt, und kaum angekommen, schreibt der 21jährige nach Hause: »Es ist mir, als hätte ich mich verändert, seit ich hier bin.«[78] Wird da nicht ein bißchen zu

Pietro Fabris: Spaghetti-Esser, ca. 1773
Bewundert und kritisiert: Neapolitanische Genießer

dick aufgetragen von dem jungen Mann? Keineswegs! Es ist Goethes Rom-Erlebnis, das ihm so sehr in Fleisch und Blut übergegangen ist, daß es auch aus seiner Feder strömt. Hatte nicht Goethe in einem seiner ersten Briefe aus Rom geschrieben, daß ihm hier »ein neues Leben« aufgegangen sei, er einen »zweiten Geburtstag« feiere? Eilig hatte er Italien durchquert, um in die Hauptstadt seiner Sehnsucht zu kommen. Felix Mendelssohn (der im übrigen seine Reise ausgesprochen gemächlich absolviert hatte) empfindet nicht anders: »Wenn ich früher meine Ungeduld und Eile, vorwärtszukommen und immer schneller die Reise fortzusetzen, unterdrücken wollte oder für eine Gewohnheit hielt, so sehe ich jetzt wohl, daß eigentlich nur der lebhafte Wunsch, diesen Hauptpunkt [=Rom] zu erreichen, daran schuld war. Nun habe ich ihn denn erreicht, und mir ist so ruhig und froh und ernsthaft zu Muthe geworden, wie ich's Euch gar nicht beschreiben kann.«[79] – »Nun bin ich hier und ruhig und, wie es scheint, auf mein ganzes Leben beruhigt.«[80] So wiederum las es sich bei Goethe. Kein Zweifel: Mendelssohns Entrée in Rom ist geprägt von der Idee zu erleben, wie der große Goethe erlebt hatte.

Bildung ist, auch das gehört zu Goethes Idee des Menschen, als strebendes Bemühen ohne Arbeit nicht denkbar, die Bildungsreise daher alles andere als Schlendrian und Müßiggang. »Nach dem Frühstück geht es ans Arbeiten«, schreibt Mendelssohn über seinen Tageslauf[81], und die Eltern in Berlin werden es gern gehört haben. In der Tat gelingt Mendelssohn während seines rund einjährigen Aufenthalts in Italien erstaunlich viel: Er komponiert die »Hebriden«-Ouvertüre, die »Italienische Symphonie«, sein erstes Klavierkonzert (g-Moll, op. 25), die »Walpurgisnacht«, drei Kirchenmusiken für Chor- und Solostimmen, die Kantate »O Haupt voll Blut und Wunden« und einiges andere. Selbst in den Poststationen unterwegs will er nicht müßig sein: »Ich bitte Dich, schaff mir was zu arbeiten für die Reise, in den Wirthshäusern«, schreibt er an die Schwester Rebecca mit der Bitte um Textvorlagen für Liedkompositionen.[82] Zur »Arbeit«, der »Bildungs-Arbeit« gehörte außerdem das Programm der Besichtigungen in der Ewigen Stadt, über das er sorgfältig Rechenschaft gibt. Niemand sollte denken, er gehe müßig in Rom – und viele deutsche protestantische Bildungsreisende der Zeit haben sich ähnlich zu rechtfertigen gesucht angesichts des unaussprechlichen Glücks, das sie in Rom genießen durften.

Und dann Neapel.

Es kann nicht wundernehmen, daß diesem Reisenden die Stadt zum Verhängnis werden muß, in einem ganz anderen Sinn als für Hans Christian Andersen, jedoch auf der Basis ähnlicher Erfahrungen. Es ist der Charakter der Neapolitaner, ihr Umgang mit der Zeit und mit sich selber, ihre Muße – oder ihr Müßiggang –, die ihn zutiefst irritieren. »Leute [...], die eine fortgesetzte Beschäftigung haben, irgend eine Sache mit Fleiß und Beharrlichkeit verfolgen und ausbilden, die Arbeit um der Arbeit willen lieben, giebt es nur wenige, glaube ich«, schreibt er über die Neapolitaner. Und an diesem einzigen Punkt distanziert er sich von seinem großen Vorbild Goethe, der in Neapel dem Müßiggang das Wort geredet habe. Er müsse dabei wohl einen Spaß gemacht haben, meint Mendelssohn – »wenigstens hat er nicht danach gehandelt, sondern eben recht wie ein Nordländer.«[83] Denn einem Mann aus der »Mittelklasse«, dem arbeitsamen Bürgertum also, könne unter dem warmen Himmelsstrich Neapels nicht wohl werden. Und so entscheidet auch er sich in der alten Kontroverse »Rom oder Neapel?« für die Stadt im Norden. Und was er am Golf von Neapel genießt, ist vor allem das Meer, das er über alles liebt, sind die langen, einsamen Spaziergänge am Posillipo oder durch die Weingärten an den Hängen der Stadt, sind die Orangenhaine von Sorrent, die festlichen Dörfer auf Ischia und der romantische Zauber der Blauen Grotte auf Capri. Die Tarantella, die er im vierten Satz der »Italienischen Symphonie« verarbeitet hat, verdankt sich vermutlich eher diesen ländlichen Erfahrungen als jenen auf den neapolitanischen Märkten.

Bildung oder Zerstreuung?

Rom oder Neapel? Bildung oder Zerstreuung? Arbeit oder Leidenschaft? Das ist die Alternative, die alle, die als Bildungsreisende über die Alpen kommen, weiter beschäftigen wird. Das Ideal der Italienreise war durch Goethes großes Vorbild auf hohen Ernst gestimmt, auf die Suche nach dem »Nützlichen« und dem »Bleibenden«, gar auf die Maxime des berühmten »Du mußt dein Leben ändern«, wie sie Rilke als Besucher der Vatikanischen Museen 1907 vor dem Torso des Apoll empfand.[84] Noch im 20. Jahrhundert durchzieht dieser heilige Ernst die literarischen Italienerfahrungen von Reisenden wie Hermann Hesse, Rudolf Borchardt, Hans Carossa, Werner Bergengruen, Gustav René Hocke, Eckart Peterich und vielen anderen.

»Richte weise dich ein, wie du die Länder durchwanderst
Zuviel Seltenes ist dir zu betrachten bestimmt.
Alles umfassest du nicht, und es lohnt sich auch selbst oft der Müh' nicht,
Siehe nur an, was dir nützt, was dir als Eigentum bleibt«.

So hatte Wilhelm Waiblinger in den »Bildern aus Neapel« gemahnt[85], und nicht wenige sind dieser Mahnung auf ihrer Reise in den Süden gefolgt. Die Praxis stand allerdings oft auf einem anderen Blatt – ab der Mitte des 19. Jahrhunderts zeichnet sich ein tiefgreifender Wandel des allgemeinen Reiseverhaltens ab, der auch am Golf von Neapel neue Realitäten schaffen wird.

DAS ZEITALTER DER BESCHLEUNIGUNG

Vergnügungsreise und organisierter Reisebetrieb

Thomas Cook & Co.

Wenn es die Deutschen waren, deren Köpfen die schönsten Ideen zur Bildung durch Reisen entsprungen sind, so waren es die Engländer, die die Kunst des Reisens am geschicktesten praktisch ins Werk zu setzen wußten. Bereits die wichtigsten technischen Hilfsmittel des Reisebetriebs im 18. Jahrhundert waren englische Erfindungen oder Verbesserungen: die moderne Reisekutsche, die legere Reisekleidung (die berühmten *breeches*), der Reisekoffer, das tragbare *dinner set*, die *writing box*, der *pedometer* (ein Schrittzähler zum Messen der zurückgelegten Strecke), das *claude glass* (ein Spiegel zur perspektivischen Fixierung des Panoramas) und zahlreiche andere *travelling knick-knacks*. Die Engländer waren es auch, deren praktischer Sinn zu einer Veränderung in der Organisationsform des Reisens führte, die wesentlich zur Entstehung des modernen Tourismus beitragen sollte: die organisierte Gruppenreise.

Zu Beginn der 1840er Jahre gründet der Baptistenprediger Thomas Cook das erste *travel office* und veranstaltet organisierte Gruppenreisen, zunächst mit der Eisenbahn durch England, seit den fünfziger Jahren auch ins Ausland. Und natürlich wird schon bald auch der Golf von Neapel – »the fairest country in the world« (Charles Dickens, 1845)[1] – zum Reiseziel der »Cookties«[2]. Mußte sich der Individualreisende noch persönlich um die Formalitäten beim Transfer durch die einzelnen italienischen Staaten mit ihren unterschiedlichen Verkehrsverbindungen, Zollbestimmungen und Währungen kümmern, so übernimmt dies jetzt das Reisebüro.

Es ist kein Wunder, daß die neue Organisationsform des Reisens von den alten Italien-Habitués mit Mißtrauen und Spott verfolgt wurde. Die Gruppenreise, »dieses neue, wuchernde Übel, welches darin besteht, vierzig oder fünfzig Personen ohne Unterscheidung von Alter und Geschlecht für einen festgelegten Preis von London nach Neapel und wieder zurück zu führen«[3], mußte als »Banalisierung der Welt« (Jean-Didier Urbain) empfunden werden, nicht zuletzt von den Deutschen, die sich in einschlägigen Reiseberichten immer wieder über die »reisenden Briten« mokierten. Dabei war es gerade der Tourismus – nicht zuletzt der britische –, der am Golf von Neapel zu einer ganzen Reihe von Verbesserungen der Infrastruktur des Reisens führte.

Auf Eisenstraßen und Dampfbooten

Verbesserungen meint, im technischen Sinne, im wesentlichen die Beschleunigung des Reisens. Die erste Eisenbahnstrecke, die auf der Apennin-Halbinsel eröffnet wurde, verband seit Oktober 1839 (nur neun Jahre nach der Eröffnung der ersten Trasse von Liverpool nach Manchester!) Neapel mit den Städten und den Ausgrabungen am Vesuv: die noch heute existierende *Circumvesuviana.* Sie wurde noch in bourbonischer Zeit bis Nocera und später über Salerno und Eboli bis Battipaglia verlängert und bringt den Neapelbesuchern damit die Tempel von Paestum näher.[4] Seit Dezember 1843 stand auch eine Strecke von Neapel über Caserta nach Capua zur Verfügung.[5] Damit waren die Hauptattraktionen des Fremdenverkehrs in Kampanien durch die neue Technik erschlossen. Mochten in Großbritannien und Deutschland andere Motive für die Einrichtung der »Eisenstraßen« eine Rolle gespielt haben – hier war es eindeutig der Tourismus, der ihre Anlage motivierte. In den fünfziger Jahren konnte außerdem, wer den Vesuv besteigen wollte, ab Resina (dem heutigen Ercolano) die »in Schlangenwindungen aufsteigende schöne neue Straße« (Ernst Haeckel, 1859)[6] benutzen, ebenso eine Investition der Firma Thomas Cook & Sohn, wie die 1880 eröffnete Standseilbahn, die in der berühmten Canzone besungene *Funicolare,* deren obere Station nur noch wenige Meter unterhalb des Gipfels lag. Jetzt erreichte man von Neapel aus in weniger als vier Stunden den »Brennenden Berg«.

Wer von Rom nach Neapel wollte und die Strapazen des Landweges auf der *Via Appia* scheute, konnte sich nunmehr des neu

Salvatore Fergola: Einweihung der Eisenbahn Neapel–Portici

eingerichteten Liniendienstes der »Dampfboote« bedienen, die regelmäßig und zu einem festen Tarif von Civitavecchia aus verkehrten (»Die Fahrzeiten sind in allen Gasthäusern angeschlagen«[7]). Auf diesem Wege reisten beispielsweise Stendhal (1836) oder Gerhart Hauptmann (1883) nach Neapel. Noch bequemer und schneller fuhr, wer bereits in Livorno oder in Genua das Linienschiff bestieg, und so, wie August von Goethe 1830 oder Jacob Grimm 1843, »am römischen Gebiet sehnsüchtig vorübersegeln und Neapel erreichen«[8] konnte – wobei der Begriff »segeln« hier recht nostalgisch ist: Jacob Grimms Schiff fuhr selbstverständlich unter Dampf.

Vor allem wer die Bequemlichkeit liebte und über entsprechende finanzielle Mittel verfügte, zog jetzt die Reise zu Schiff an der italienischen Küste entlang dem mühsameren Landweg vor. »Ich bin schon früh an Bord gegangen«, schreibt Paul Hertz 1874 im Hafen von Livorno. »Im Hotel war es langweilig. Hier an Bord ist es weit behaglicher. Der ›Flavio Gioja‹ ist ein großes, gut eingerichtetes Dampfschiff. In dem eleganten Salon fand ich den Kapitain mit Schreiben beschäftigt. Ich bat ihn, das Dintenfaß auf dem Tische zu lassen; so kann ich Dir ganz warm berichten, was sich etwa auf der Reise zuträgt.«[9]

Die Reise dauerte anderthalb Tage und gab dem Passagier ausgiebig Gelegenheit, die reizvolle Küste vom Meer aus zu bewundern und ohne alle Reisebeschwerden am Morgen des zweiten Tages in Neapel anzukommen: »Als ich heute Morgen mit Tagesanbruch erwachte, lag unser Schiff ruhig vor Anker. Eilig zog ich mich an und mit klopfendem Herzen stieg ich auf Deck. Da lagen wir in der wundervollen Bucht [...] Das ganze gewaltige Panorama, das in der Welt nicht seines Gleichen haben soll, that sich meinem Blicke auf einmal auf, überwältigend, berauschend. Nun meine ich, daß es eigentlich keine bessere Art giebt, Neapel zu erreichen.«[10]

Mit dieser Meinung stand Paul Hertz nicht alleine da. Zahlreiche Reisende haben die Seeroute gewählt und auf diesem Wege Neapel vor Rom kennengelernt.

Der Süden, von Afrika aus

Auch auf andere Weise konnte der Süden jetzt vor dem Norden entdeckt werden. Nach der Besetzung Nordafrikas durch die Franzosen und der darauf folgenden Entdeckung des Landes durch europäische Künstler und Intellektuelle wurde eine Mittelmeerpassage beliebt, die den Besucher von Marseille oder Genua über Algier oder Tunis zunächst nach Afrika und von dort auf dem Rückweg in die Heimat durch Italien führte. Gustave Flaubert (1851) und André Gide (1896) sind beispielsweise so gereist, und ihre Reiseberichte machen einen Wahrnehmungswandel deutlich, der das Bild Süditaliens in der zweiten Hälfte des 19. Jahrhunderts prägen sollte: Die Region wird als Teil der arabisch-orientalischen Welt erlebt, deren bis dahin wenig beachtete Architektur der Reisende außer in Palermo auch am Golf von Salerno (zum Beispiel in Ravello) antreffen konnte. Mußte sich für den aus dem Norden kommenden klassischen Bildungsreisenden Neapel immer in der einen oder anderen Weise gegenüber Rom »rechtfertigen«, so entdecken jetzt die mit afrikanischen Eindrücken gesättigten Augen im italienischen Süden die Spuren jener *splendeur orientale* (Baudelaire), an der sich die Epoche begeistert. Nicht mehr »Großgriechenland« ist das Ziel, sondern die Märchenwelt aus Tausendundeiner Nacht, der »exotische«, der

»sinnliche«, der »heidnische« Süden, wie ihn der zeitgenössische Orientalismus feiert. Es ist erstaunlich, wie rasch dort, wo die Besucher noch vor kurzem im Straßenbild überall »griechische« Profile wahrgenommen hatten, nun plötzlich »orientalische« Schönheiten registriert werden, diese wie jene natürlich Musterbilder der im Norden verlorenen Anmut und Natürlichkeit.

Mit der Veränderung der Reisepassagen, wie sie durch die neuen Verkehrsmittel ermöglicht wurde, geht also eine Veränderung der Einstellungen und der Erlebnisweisen einher. Das ernste, feierliche Rom ist nicht länger die notwendige Vorbereitung auf die Begegnung mit Neapel; die Stadt am Golf kann statt dessen als die »charakteristischere« italienische Stadt erlebt werden. Das gilt beispielsweise für den jungen Thomas Mann, der 1896 seinem Bruder Heinrich nach Italien folgte: »Jetzt erst, finde ich, bin ich wirklich im Süden, das macht die vernehmliche Note von Orient, die hier mitklingt«, schreibt er aus Neapel.[11] Als die Brüder dann einen Ort für einen längeren Aufenthalt suchen, schwanken sie zwischen dem »römischen« Palestrina und einem Ort in der Umgebung von Neapel.[12] Die Entscheidung fiel zwar bekanntlich für den »Norden«; daß aber auch die beschauliche latinische Kleinstadt von Thomas Mann als Teil eines paganen Südens erlebt wurde, macht sein »Doktor Faustus« hinreichend deutlich.

Man kann in dieser neuen Art der Wahrnehmung eine Emanzipation des Südens gegenüber dem Norden sehen. Süditalien mit seiner Hauptstadt Neapel stand nicht mehr länger im Schatten des großen Rom – im Gegenteil: Es konnte als das »wahre«, das »eigentliche« Italien erscheinen. »Viel zu wenige reisen nach Italien von Süden ein, sich von Palermo, besser noch von Tunis und seinen Soukhs das Land aufrollend«, schreibt Ernst Bloch; »da fiele der billige und ganz subjektive Kontrast zur nordischen Urform weg.«[13] In die »nicht-antike, orientgesättigte Mittelmeerkultur« (Bloch) des Südens sind auch Reisende wie Friedrich Nietzsche oder Richard Wagner am Golf von Neapel eingetaucht. Für Rom empfanden sie zwar den schuldigen Respekt, aber »ihr« Italien lag außerhalb der Ewigen Stadt, hatte teil am Mythos der *Mediterranée.*

Beschleunigung, Organisation, Festpreis

Einen Linienschiffsdienst gab es seit der Mitte des 19. Jahrhunderts auch im Golf selber: Sogenannte »Marktschiffe« verkehrten zu festen Preisen zwischen Neapel und den berühmten Ausflugszielen Castellammare, Sorrent, Capri und Ischia. Auch wer sein Gepäck von einem *facchino* aufs Schiff tragen lassen oder eine Barke samt Ruderern für eine Ausflugsfahrt mieten wollte, konnte jetzt mit polizeilich festgesetzten Tarifen rechnen – offiziell jedenfalls.[14] Vorbei sein sollten die Zeiten, wo man an der *Marina* mit den Bootsführern handeln und feilschen mußte und dann auf einem kleinen Ruderboot auf die bewegte See fuhr, dort oft die Ruderer noch mit zusätzlichen Zuwendungen bei Laune halten mußte.

Der gegen Ende des Jahrhunderts stetig anwachsende Verkehr nach Capri und die besondere Beliebtheit der Insel bei den Deutschen führten dann dazu, daß seit 1898 der »Norddeutsche Lloyd« aus Bremen die Linie Neapel–Capri während der Wintersaison mit den Rhein-Raddampfern »Najade« und »Nixe« befuhr[15]: eine der zahlreichen ausländischen Investitionen am Golf, von denen noch die Rede sein wird.

Auch die innerstädtischen Verkehrsmittel befanden sich im Prozeß der Modernisierung. An den großen Plätzen standen Zweispänner oder leichte Cabriolets, die – wiederum offiziell zum Festpreis – stundenweise oder *alla corsa* (also nach dem System heutiger Taxis) zu mieten waren. Durch den *Toledo* und längs der *Villa reale* verkehrten Pferdebahnen, touristisch »Omnibusse« genannt, die später von den »Elektrischen«, den Straßenbahnen, abgelöst wurden. Vor dem Ersten Weltkrieg gab es nicht weniger als 25 dieser Linien, die im Norden bis Giugliano und Aversa, im Osten bis Portici und Torre del Greco führten. Ihren Bau verdanken sie belgischen und französischen Kapitalinvestitionen unter anderem in der *Societé franco-italienne du chemin de fer metropolitaine de Naples*.[16]

Der Bau der Eisenbahntrasse Rom–Neapel durch die französische Kapitalgesellschaft *Compagnie des chemins de fer du Midi de l'Italie* bedeutete dann einen endgültigen Modernisierungsschub im Reiseverkehr. Die über Jahrhunderte gefürchteten Pontinischen Sümpfe verloren ihren Schrecken. Über die berüchtigten Räuber in der Gegend von Terracina und Itri konnte man im bequemen Coupé des Salonwagens Schauergeschichten lesen, während man den Landstrich im Fluge durcheilte.[17] Zum ersten Mal seit fast 2.000 Jahren folgte die Landverbindung zwischen Rom und Neapel jetzt nicht mehr der antiken *Via Appia*, sondern einer eigenen, neuen Trasse. Wer in Rom den »Personenzug« bestieg, brauchte vor dem Ersten Weltkrieg zwischen 8 und 11 Stunden für die 250 km lange Strecke; mit dem täglich zweimal verkehrenden »Schnellzug« erreichte er Neapel sogar in 5 bis 6 Stunden. Im übrigen konnten Reisende aus Deutschland und Frankreich die Stadt sogar mit Direktverbindungen in sogenannten »Luxuszügen« erreichen: mit dem »Berlin-Neapel-Expreß« und mit dem »Paris-Rom-Expreß«.[18]

»Wie leicht ist es geworden, Italien zu besuchen!« Mit diesem Satz eröffnet Victor Hehn seine »Ratschläge, die nicht im Baedeker stehen«[19]. Hehn war 1839 zum ersten Mal in Italien unterwegs gewesen, zu Fuß und mit dem *Vetturino* auf den alten Poststraßen, hatte dann viele Jahre in russischer Verbannung zugebracht und fand nach seiner Rückkehr ein verändertes Land vor. Diese Erfahrung teilt er mit der Generation der zu Beginn des 19. Jahrhunderts Geborenen; sie wurden Zeugen eines Beschleunigungs- und Modernisierungsschubs, den ähnlich erst die Generation der um 1900 Geborenen wieder erleben sollte. Es wundert nicht, daß der »Fortschritt« vom Alten zum Neuen von denjenigen, die beide Wirklichkeiten kannten, voller Skepsis registriert wurde. Paul Heyse, der sich zum ersten Mal 1823 und dann wieder 1853 für längere Zeit am Golf von Neapel aufgehalten hatte, hat in seinen »Jugenderinnerungen« von 1900 der »alten« Tour von Rom nach Neapel voller Nostalgie gedacht:

»Vier volle Tage brauchte man damals zu der Fahrt, die heute in einem einzigen zurückgelegt wird. Man gewann dabei aber eine Kenntnis jenes merkwürdigen Gebietes zwischen Rom und Neapel, wie man sie im Vorübersausen auf der Eisenbahn nicht erlangen kann.«[20]

Das »Vorübersausen auf der Eisenbahn«, das »heutige athemlose Hindurchjagen durch die merkwürdigsten südlichen Gegenden« (Heyse), vollzog sich übrigens mit einer Geschwindigkeit von 25 bis 50 Stundenkilometern.

Tourismus in Zahlen

Für die statistische Registrierung der Reisenden war nach 1860 das Amt der Quästur zuständig. Es hält die Zahl der Ankünfte auf der Basis der Meldungen aus Hotels *(locande)* und Privatunterkünften *(case mobigliate)* fest, berücksichtigt damit also nur die »touristischen« Reisenden im engeren Sinn. Außerdem werden jetzt die (alleine reisenden?) Frauen eigens registriert. Die Entwicklung unmittelbar nach dem Ende des Königreichs Neapel zeigt die folgende Übersicht[21]:

Ankünfte in Hotels und Privatunterkünften

	Insgesamt	Davon Frauen
1862	21.240	684
1864	23.584	486

Die Zahlen zeigen – verglichen mit denen aus bourbonischer Zeit – die rasante Entwicklung Neapels zu einer »Touristenstadt«. In der Tat sind die Jahre von der Einigung Italiens bis zum Ersten Weltkrieg die »goldenen Jahre« des Neapeltourismus. Leider läßt sich die Statistik wegen fehlender Akten nach 1864 nicht weiterverfolgen; das Anwachsen der Besucherzahlen kann jedoch aus indirekten Quellen erschlossen werden. Ingenieur Aristide Caneva, der Ende des 19. Jahrhunderts auf Capri eine Standseilbahn zwischen der Marina Grande und der Ortschaft einrichten wollte, verwies in seinem Projektvorschlag an die zuständigen Stellen darauf, daß durchschnittlich rund 40.000 Passagiere im Jahr an der Marina ausgebootet würden.[22] Da wir davon ausgehen dürfen, daß damals praktisch jeder Neapelbesucher während seines Aufenthalts einmal auch die berühmte Insel im Golf besuchte, können wir mit 30.000 bis 40.000 Neapelbesuchern pro Jahr rechnen: eine Zahl, die auch von anderen Quellen bestätigt wird.[23] Das Archäologische Nationalmuseum – auch dessen Besuch war Teil des touristischen »Pflichtprogramms« – zählte zwischen 1883 und 1899 durchschnittlich 58.000 Besucher im Jahr.[24]

Eine Reise mit dem Zug von Berlin nach Neapel

Das perfekte Zusammenspiel der drei Faktoren Beschleunigung, Organisation und Festpreis, die den neuen Italientourismus prägten, wird deutlich, wenn wir uns einmal zum imaginären Begleiter eines jener zahlreichen Reisenden neuen Typus machen, die sich für eine »moderne« Reise mit dem Zug von Berlin nach Neapel entschieden.[25] Stellen wir uns also vor, daß Fontanes »Adultera« mit ihrem Liebhaber Ezel Rubehn nicht 1880, sondern zwei Jahrzehnte später mit der Eisenbahn aus Berlin flieht und sich auf ihre illegitime Liebesreise in den Süden begibt (die die schöne Melanie van der Straaten im Roman freilich nur bis Rom führt, und dies, ihrer »angegriffenen Gesundheit« wegen, nur in mehrtägig unterbrochenen Etappen).[26]

Ezel Rubehn, dem seine Herkunft aus einer gutsituierten bürgerlichen Familie finanzielle Großzügigkeit gestattet und zugleich Wirtschaftlichkeit abverlangt, hat sich im *Weltreisebureau Union*, Unter den Linden 5–6, für den Kauf eines sogenannten »Rundreise-Billets« entschieden. Es kostet von Berlin nach Neapel und zurück in der 1. Klasse 232 Mark und 30 Pfennige, ist 90 Tage gültig und erlaubt dem Reisenden, sich für die Hinfahrt auf der Strecke Brenner – Verona – Venedig – Bologna – Florenz – Rom und zurück über Pisa – Genua – Turin – Mailand und den Gotthardpaß beliebige Reiseabschnitte und Aufenthalte zusammenzustellen. Die Reisenden entscheiden sich für den Luxuszug »Berlin-Neapel-Expreß«, fahren mit der Droschke zum Anhalter Bahnhof, der Droschkenkutscher kümmert sich um das Gepäck und gibt es direkt bis Neapel auf. Die Fahrzeit des Zuges beträgt rund 38 Stunden, er führt einen Salonwagen, einen Speisewagen und einen Schlafwagen. Südlich der Alpen legt er mittags und abends eine kleine Pause ein, damit die Reisenden die Möglichkeit haben, Lunch und Dinner im Bahnhofsrestaurant einzunehmen. Für Reisende, die aus welchen Gründen auch immer (und Melanie und Ezel haben solche Gründe) den Zug nicht verlassen wollen, liefern die Bahnhofsrestaurants sogenannte *panierine*, Körbe mit kaltem Aufschnitt und Wein, zum Preis von 3 bis 4 Lire direkt ins Abteil.

In *Napoli Centrale* nimmt dann ein *facchino* das Gepäck entgegen und befördert es zu einer der vor dem Bahnhof wartenden Pferde-

Bildpostkarte der Firma Thomas Cook, um 1900

droschken, von denen einige bereits mit Taxametern ausgerüstet sind. Ezel entscheidet sich aus bekannten Gründen für einen geschlossenen Einspänner, akkordiert mit dem *cocchiere,* weist ihn darauf hin, daß der festgesetzte Tarif für eine kurze Fahrt am Tag in der Innenstadt 1 Lire und 10 Centesimi betrage und daß er sich beim Verein *Pro Napoli* in der *Galleria Umberto* beschweren werde, falls er mehr verlange. Vermutlich macht *'o pazze forestiere* mit seiner *bella Signura* damit beim Kutscher zwar wenig Eindruck, am Ende aber einigt man sich doch, und Ezel Rubehn und Melanie van der Straaten fahren in eines der großen Hotels an der *Via Partenope.*

Capri Honeymoon. Hochzeitsreisen an den Golf

Abgesehen einmal von ihren auf verschiedene Namen ausgestellten Pässen hätten Melanie und Ezel in Neapel sehr gut als Vertreter einer ganz besonderen Spezies von Reisenden erscheinen können: als junges Paar auf Hochzeitsreise. Die im Bürgertum damals in Mode kommende Einrichtung kannte zwei italienische Lieblingsziele: Venedig und Capri.

Während Fontanes junges Romanpaar noch den Landweg per Eisenbahn wählt, wirbt der Norddeutsche Lloyd bereits für die Lu-

Werbebroschüre des Norddeutschen Lloyd Bremen, 1909
Im Hintergrund die Silhouette von Capri.

xus-Hochzeitsreise mit dem Schiff. Eine 1909 von der Bremer Reederei herausgebrachte Broschüre »Hochzeitsreisen« zeigt auf dem Titelbild ein junges Paar vor der Kulisse der Insel Capri. Und der Werbetext gibt einer fiktiven Großmutter das Wort, die im Gespräch mit der jungen Braut sich eher bitter an ihre eigene Hochzeitsreise in der Postkutsche erinnert:

»Wenn ich ehrlich und wahr sprechen soll, war sie eine Qual und Plage, obendrein eine sehr große für uns beide, trotz unserer Maienseligkeit. Keins von uns sagte das natürlich damals! Ein Rad war gebrochen, die Diligence in dem vom Regen aufgeweichten Boden steckengeblieben und beinahe umgefallen. Nacht umfing uns, wir mußten im Freien kampieren, den Unbilden der Witterung ausgesetzt [...]. Wie gut könnt ihr es jetzt dagegen haben! Ein Schiff, heutzutage ein schwimmender Palast, trägt euch von Land zu Land, von Stadt zu Stadt, ein Expreßzug vermittelt die Verbindung, überall Komfort und Bequemlichkeiten.«[27]

Anders als bei den literarischen Nostalgikern gibt es hier, in der Sprache des Werbetextes, keine Erinnerungsseligkeit an die »gute alte« Zeit der Postkutsche.

Vergnügungsfahrten zur See

In der Zeit vor dem Ersten Weltkrieg kommt dann auch jene Art des organisierten Reisens zur Blüte, die heute in der Kreuzfahrt weiterlebt: die »Vergnügungsfahrt zur See«[28].

Der unter der Flagge des kaiserlichen Deutschland fahrende »Norddeutsche Lloyd« bediente damals mit einem sogenannten »Reichspostdampfer« die Strecke von Bremen über Genua, Neapel und den Suezkanal bis Ostasien. Außerdem unterhielt der »Lloyd« zusammen mit der »Deutschen Levante-Linie« in Hamburg die »Deutsche Mittelmeer-Levante-Linie« mit einer wöchentlichen Verbindung von Marseille nach Odessa. Die Strecke war 1906 in Dienst genommen worden, mit einem Dampfer, der den bezeichnenden Namen »Therapia« trug, und Victor Blüthgen, damals einer der bekannteren Schriftsteller, hatte das Eröffnungsgedicht geschrieben: »Fuhren wir ins Tyrrhener Meer,/In die schillernde Seide,/Muntre Gesellschaft um uns her,/Ich und mein Schatz, wir beide …«[29]

Natürlich diente der Schiffslinienverkehr in erster Linie der Aufrechterhaltung von Handels- und Geschäftsbeziehungen, also kommerziellen Zwecken. Dennoch setzte die Werbung der Reedereien darauf, die Dienste auch dem privaten Publikum schmackhaft zu machen. Der wirtschaftliche Boom der Gründerjahre hatte zur Entstehung einer Schicht neuer Reicher geführt, die zusammen mit den alten Eliten aus Adel, Militär und Großbürgertum die Gästelisten der Schiffe füllten und Reisen, nicht zuletzt das komfortable Reisen zur See, als eine neue, standesgemäße Form der Geselligkeit und der Unterhaltung genossen. Daß dabei die Einhaltung einer elitären Etikette und damit die soziale Abgrenzung von anderen »Reisegesellschaften« eine große Rolle spielte, zeigen nicht nur die in den Werbebroschüren gegebenen Hinweise auf die Kleiderordnung, sondern auch ein Passus wie der folgende:

»Sollte ein Teilnehmer durch unpassendes Benehmen oder aus sonst einem Grunde der Gesellschaft Veranlassung geben, seine Ausschließung zu fordern, so kann diese erfolgen, wenn in der vorzunehmenden Abstimmung drei Viertel der Gesellschaft sich hierfür erklären.«[30]

Selbstverständlich zehrte auch die neue Reisegesellschaft vom Nimbus der traditionellen Ziele. Es wundert daher nicht, daß ein Landgang in Neapel auf so gut wie keiner der »Lloyd-Reisen« im Mittelmeer fehlte. Natürlich war die Aufenthaltszeit begrenzt, aber die Lloyd-Mittelmeerfahrt von 1913 sah immerhin anderthalb Tage in Neapel (mit einem Eisenbahnausflug nach Pompeji) und zwei Tage in Capri vor; der Preis von 350 bis 900 Mark pro Kabine (im Salon mit Bad für 2500 Mark) für die insgesamt 18tägige Reise ab Venedig entsprach schon damals einem sehr gehobenen Budget.[31]

Mediterranean Winter Resort. Heilanzeige Neapel

Auch für eine ganz andere Form des Tourismus wird der Golf von Neapel um 1900 in besonderer Weise attraktiv: für den winterlichen Kurtourismus. Englische Ärzte hatten im 18. Jahrhundert die heilenden Kräfte der See entdeckt, und Seebäder wurden schon in den 1820er Jahren gegen alle möglichen Übel des Leibes und der Seele verschrieben. Reisen verbindet sich jetzt mehr und mehr mit Gesundheit, und dies nicht nur unter den reisenden Damen des viktorianischen England, die oft, kaum daß sie den Kanal überquert hatten und in der Postkutsche saßen, sich wie neu geboren fühlten.[32] Wer nach Italien reist, folgt jetzt zusehends nicht mehr nur den klassischen Spuren der Kunst, berauscht sich nicht mehr nur an landschaftlichen Eindrücken, sondern berücksichtigt verstärkt auch seine gesundheitlichen Befindlichkeiten. Nicht die »Reiselust« allein sei es, die Tausende von Deutschen über die Alpen ziehe, bemerkt der Göttinger Medizinprofessor Rudolph Wagner 1848, sondern »das Bedürfniss der Erholung, [...] eine überstandene heftige Krankheit oder ein längeres Uebelbefinden«; außerdem nehme eine nicht geringe Zahl schwerer Kranker alljährlich denselben Weg, »um der Unbill eines nordischen Winters zu entgehen«.[33]

Neben dem Klima im allgemeinen beschreiben nun Reiseführer und Reisebeschreibungen vor allem auch den Zustand der »Luft« an den einzelnen Reisezielen (woran noch der Begriff des »Luftkurorts« erinnert). Es ist heute nur noch schwer vorstellbar, mit welcher

Aufstieg und Abstieg vom Vesuv. Tourismus-Karikatur, 19. Jahrhundert

Leidenschaft man im 19. Jahrhundert über »gute« und »schlechte« Luft debattierte, ihr unmittelbaren Einfluß auf Gesundheit und Krankheit zuschrieb.[34] Denn nach der Physiologie der Aufklärer gab es einen direkten Austausch zwischen der Luft und den Körperorganen (nicht nur der Lunge!), so daß, wie es Georg Christoph Lichtenberg in seiner Abhandlung über »Das Luftbad« beschrieb, »das, was in der Luft, die die menschliche Haut berührt, teils durch Übergang aus dem Körper in dieselbe, teils durch Eintritt aus ihr in den Körper vorgeht, große Ähnlichkeit mit dem bekannten Ein- und Ausatmungs-Prozeß durch die Lungen habe«.[35]

»Veränderungen« und damit möglicherweise drohende »Gefahren« der Luft nötigten auch den Reisenden extreme Aufmerksamkeit ab. Damit dergleichen Nachforschungen auch »objektiv« vonstatten gehen konnten, hatten die Engländer ein eigenes tragbares Meßgerät – das Aerometer oder Eudiometer – entwickelt, mit dem man unterwegs die Qualität der Luft feststellen konnte. Karl Friedrich Benkowitz, der ein solches Luftmeßgerät auf seiner Reise in den Süden mit sich führte, durfte es mit dessen Hilfe als bewiesen ansehen, daß die Luft in Sorrent besonders »rein« sei.[36]

In der Tat wurde unter den Reisezielen im Mittelmeer, die ihrer guten Luft wegen der Gesundheit in besonderer Weise zuträglich seien, neben den Badeorten an der Côte d'Azur auch der Golf von Neapel gerühmt. »Noch schöner, als die Lage der Stadt ist ihr Klima«, heißt es in einer Neapelbeschreibung von 1792; »der Himmel ist dort fast immer heiter und rein, die Luft gesund und frei.«[37] Für Leidende empfahl sich ein Aufenthalt im Winter – bis weit ins 20. Jahrhundert hinein die »Hauptsaison« in Italien. Die heiße Jahreszeit hingegen galt »als der Gesundheit besonders nachteilig«.[38] Besonderen klimatischen Vorzug genossen dabei die Inseln im Golf: Ischia, das wegen der Thermalquellen besucht wurde, und Capri, von dem Mariana Starkes *Informations and Directions for Traveller* von 1828 berichtet: »Das Klima ist hier so heilsam, daß selten irgendwelche Krankheiten den Weg zu diesem Ort finden.«[39] Ihr Landsmann, der britische Konsularagent Harold Trower, rechnete in seinem *Guide of Capri* von 1899 sogar vor, daß Capri die niedrigste Sterblichkeitsrate in ganz Europa habe.[40]

Es wundert also nicht, daß sich um 1900 in Neapel und Umgebung eine ganze Reihe von deutschen und englischen Ärzten, Zahnärzten und Apothekern niedergelassen hatten, die, ähnlich wie ihre Kollegen an heute beliebten Ferienorten, ihre Klientel vor allem unter den Ausländern fanden. Auf Capri hatte der schottische Arzt George Sidney Clark um 1860 sogar ein eigenes Sanatorium gegründet, dem er den sprechenden Namen *Quisisana,* »Hier wird man gesund« gab: heute ein Luxushotel auf der Insel.

Die Sprache der ärztlichen Empfehlungen, der Reiseführer und der autobiographischen Erinnerungen an den »heilenden Süden« wird freilich konterkariert durch die Statistik der Sterberegister. Zwischen 1874 und 1910 erreichte die Sterberate der auf dem Capreser Fremdenfriedhof beigesetzten Personen ihren statistischen Gipfel in der Altersgruppe von 21 bis 30 Jahren. *Morto in Capri mentre viaggiava in cerca di salute,* »gestorben auf Capri, während er reiste, um gesund zu werden«, steht dort auf dem Grabstein des 21jährigen Lorenz Mackens aus Leith in Schottland.[41] Das also konnte einem auch beim *change of air* am Golf von Neapel widerfahren.

Erste und zweite Adressen. Logis in Neapel

Da Neapel bereits seit dem 17. Jahrhundert zu den bevorzugten Reisezielen der *Grand Tour* gehörte, hatte sich dort schon frühzeitig eine Hotellerie entwickelt, die es mit derjenigen in Venedig oder Rom durchaus aufnehmen konnte.[42] Die Gründung von Hotels und Gasthöfen war dabei oft das Werk von ausgewanderten Fremden, und natürlich empfahlen sich deren Herbergen den jeweiligen reisenden Landsleuten:

»So ihr in die Hauptstadt deß Königreichs [= Neapel] kompt, so fragt nach den Schwartzen Adler, das Wirtshauß, darinn ein Teutscher Wirth, genannt Dietrich Breitbach von Cobolentz [= Koblenz], alda ihr herrlich getractieret werdet; auch wenn ihr einen haben wöllet, der dir Gebräuch und Gelegenheit [= Lage] der Stadt weiß und euch zeigt, wird er euch wohl einen verordnen.«[43]

So wirbt ein barocker Reiseführer schon 1657 für eine entsprechende »deutsche« Unterkunft. Nationale Assoziationen sollten auch bereits mit gewissen Namen geweckt werden. So gab es in Neapel im 19. Jahrhundert ein *Hotel Grande Bretagne*, ein *Hotel de Russie* oder ein Hotel *Città di Venezia* (auch die Venezianer waren hier Ausländer). Unter »Hotel« muß man sich im übrigen keineswegs einen ganzen Gebäudekomplex vorstellen; es konnte sich dabei auch, wie heute noch bei Berliner oder Pariser »Etagenhotels«, um einzelne Räume in den oberen Stockwerken eines Gebäudes handeln.

Ähnlich wie in Rom rund um die *Piazza di Spagna* gab es auch in Neapel ein unter Fremden bevorzugtes Viertel. Es war die südlich zum Meer hin gelegene Gegend vom *Posillipo* bis *Santa Lucia* mit dem Zentrum der *Riviera di Chiaia*. Was diese Gegend so attraktiv machte, war das Panorama: der grandiose Blick aufs Meer mit dem rauchenden Vesuv im Hintergrund, eine Ansicht, die in unzähligen Lithographien und Gouachen durch ganz Europa verbreitet war. »Der Schauplatz ist ja einzig in der Welt«, schreibt Ludwig Richter, der dort 1825 mit seinen Malerfreunden Schilbach und Maydell Quartier bezogen hatte.[44] Während der beliebten Reisemonate konnten dort sogar die Unterkünfte knapp werden. Als Ernst Haeckel im März 1859 zu meeresbiologischen Forschungen nach

Reichs-Kursbuch 1907

Neapel kommt, findet er das Viertel von, wie er schreibt, »Engländermassen« überfüllt: »Auf der ganzen Santa Lucia haben sie jetzt sämtliche Quartiere mit Beschlag belegt.«[45] Sulpiz Boisserée, Ankäufer mittelalterlicher Kunstwerke, bekommt 1838 im feinen *Hotel de Russie* kein Zimmer mehr und muß auf ein Privatquartier ausweichen.[46] Und Paul Hertz, der 1878 im *Russie* absteigt, wird dort nur noch in einem Zimmer ohne Meerblick untergebracht. »Wenn ich kein besseres bekomme, muß ich ausziehen«, bemerkt er enttäuscht, »ich komme nicht nach Neapel, um in einen engen Hof zu kucken, wenn auch lauter Apfelsinenbäume darin stehen.«[47]

Neben den Hotels gab es die Möglichkeit des Logis in den nach 1860 wie Pilze aus dem Boden schießenden *affittacamere*[48], Privatunterkünften also, und nicht nur Reisende, die sich längere Zeit in der Gegend aufhielten, haben sie genutzt. Denn Privatquartiere boten vielfach ein größeres Maß an Bequemlichkeit und Reinlichkeit; »entsetzliche Entdeckungen« von der Art, wie sie Emilie Fontane 1874 im *Hotel Washington* machen mußte (sie hatte im Bett ein Insektennest gefunden)[49], blieben einem hier eher erspart. Freilich verlangten auch die Vermieter von Privatwohnungen Saisonpreise; im Winter und im Frühjahr lagen sie ums Doppelte so hoch wie im Sommer[50].

Natürlich wußten die Neapolitaner, daß viele Fremde aus gesundheitlichen Gründen in ihre Stadt kamen, vor allem um hier Heilung für die gefürchteten Lungenleiden zu suchen. Viele zögerten daher nicht, sich im Mietkontrakt bescheinigen zu lassen, daß der Mieter die Wohnung zu räumen habe, falls er von der »Lungenschwindsucht« befallen werde. »Bei einem solchen Todesfall wird das Zimmer von Grund aus gereinigt, selbst die Wände werden abgekratzt und der Fußboden wird aufgerissen.«[51]

Grand & Grand. Der neue Hotelluxus

Seinen eigentlichen »Boom« erlebte der Hotelbau, in Neapel ähnlich wie in anderen europäischen Kapitalen, in der Zeit nach 1870. Für die Geschichte des Tourismus bedeuteten diese Jahrzehnte auch hier das Aufblühen einer neuen Form des Reisens: der Vergnügungsreise. Traditionelle Ideale der »Bildung« und der »Anschauung« werden zwar immer noch hochgehalten, zumal bei Reisen in ein Land wie Italien, dennoch zeigt allein ein Blick auf die (sinkende) Aufenthaltsdauer und die (wachsende) Mobilität der Reisenden die neue Orientierung an. Auch wächst die Zahl derer, die sich auf Reisen begeben. Reisen wird, zunächst in wohlhabenden adeligen und bürgerlichen Kreisen, zu einer Form des geselligen Zeitvertreibs. »Wo waren Sie in diesem Sommer? heißt es von Oktober bis Weihnachten. Wohin werden Sie sich im Sommer wenden? heißt es von Weihnachten bis Ostern« (Fontane).[52] Beim Studium historischer Gästebücher in italienischen Hotels fällt auf, wie viele Menschen jetzt als Paare oder als Familien mit Kindern reisen. Auch alleine oder in Gruppen reisende Damen sind keine Seltenheit mehr. Der Spott, den deutsche Bildungsreisende in früheren Zeiten gern über die »geistlos« und in »Massen« reisenden Engländer ausgegossen hatten, trifft jetzt die Deutschen selber. Der »Reise-Idiot« (Jean-Didier Urbain) wird Thema der Polemik:

»Das Reisen ist höchst belehrend und labend,
So dachten wackerer Deutscher vier;
In dieser Erwartung an jeglichem Abend
Spielten sie Skat und tranken sie Bier.

Sie kamen nach langem, vergeblichen Hoffen
Zum sonnigen Mittelmeergestad,
Und als ich die Wackern in Capri getroffen,
Da tranken sie Bier und spielten sie Skat«.[53]

Den Bedürfnissen nach Bequemlichkeit, Luxus, standesgemäßer Geselligkeit und einem internationalen Ambiente, wie sie jetzt eine wachsende Zahl von Touristen entwickelten, entsprach der neue Typus des Hotels, der – ähnlich wie in Rom, Paris, London oder Kairo – nun auch in Neapel Fuß faßte und zu einer tiefgreifenden Änderung auch des Weichbildes der Stadt führte.[54] Am *Lungomare* entstehen nun unter anderem die Paläste des *Grand Hotel*, des *Vesuve* und des *Excelsior* (letztere noch heute die Luxushotels der Stadt). Um geeignetes Bauland zum Meer hin zu gewinnen, wurden umfangreiche Aufschüttungen an der Küste vorgenommen und von belgischen Investoren finanziert. Aus dem bis dahin vornehmlich von Fischern, Wäscherinnen und herumstreunenden Kindern bevölkerten Strandabschnitt unterhalb des *Pizzofalcone* entsteht die prachtvolle *Via Partenope*, bis heute die luxuriöse Hotelmeile der Stadt. Im *Parco Grifeo* auf dem *Vomero* wird das *Bertolini* gebaut, auch dies ein »Haus allerersten Ranges«, und von seinem Bauherrn Lamont Young durch einen eigenen, 75 Meter langen Aufzug mit dem darunter gelegenen *Corso Vittorio Emanuele* verbunden. Zusammen mit anderen Häusern verfügte Neapel damit vor dem Ersten Weltkrieg über insgesamt 22 Hotels der ersten Kategorie.[55]

Die neuen »Palast«-Hotels[56] boten ihren Gästen einen Komfort bisher unvorstellbaren Ausmaßes. Auffallend ist, wie sehr die neapolitanische Hotelwerbung jetzt nicht mehr nur auf die alte Zauberformel von »unübertrefflicher Lage mit prachtvoller Aussicht« setzt, sondern die technischen Einrichtungen der Häuser in den Mittelpunkt rückt: Personenaufzug, elektrisches Licht, Zentralheizung. Vorbei waren die Zeiten, wo am Abend ein Knabe mit einem *Felicis-*

Leporello-Album, um 1900

sima notte die Lampe ins Zimmer brachte – und wo man sich im Winter an einem vom Wirt in die Stube gestellten Kohlenbecken wärmen und im übrigen eben warm anziehen mußte.

Nicht zuletzt die Einführung der Zentralheizung markierte eine wichtige Etappe in der Modernisierung der Süditalienreise. Nicht nur Goethe hatte unter der winterlichen Kälte des Südens zu leiden. »Das richtige Frieren lernt man überhaupt nur im Süden«, notierte Viktor Klemperer 1915 in seinem neapolitanischen Tagebuch.[57] Mit der Zentralheizung, einem Technologie-Import aus dem Norden, verfügen die Hotels jetzt über einen Luxus, den es weder in anderen öffentlichen Räumen noch selbst in den Wohnungen der Reichen gab (noch heute gelten gleichmäßig beheizte Räume unter Neapolitanern als gesundheitsschädlich).

Darüber hinaus setzte die Werbung der Luxus-Hotellerie auch um die Jahrhundertwende nach wie vor gern nationale Akzente. »Deutsches Haus ersten Ranges mit allem Komfort« firmiert beispielsweise das unter Schweizer Leitung stehende *Grand Hotel.*[58] »Viele deutsche und österreichische Gäste, deutsche Zeitungen« setzt das *Hotel de Russie* als Werbemittel ein.[59] Bestimmte Häuser hatten eine

Art von nationalem Nimbus, wie er auch in Etikettierungen des Typs »von Deutschen bevorzugt« oder »largely affected by English visitors« zum Ausdruck kommt. Auf Capri galt das *Pagano* traditionell als »deutsches« Haus; Briten und Amerikaner stiegen hingegen im *Quisisana* ab (wer sich umgekehrt entschied, hatte in der Regel seine Gründe – so beispielsweise Friedrich Alfred Krupp, der den deutschen Touristen aus dem Weg gehen wollte und daher dem *Quisisana* den Vorzug gab).

Im übrigen verdankten einige der renommiertesten Hotels der Stadt ihre Existenz ausländischen Investitionen oder ausländischem »Management«. Neben Belgiern *(Vesuve)* und Briten *(Bertolini, Britannique, Parker's)* spielten dabei Deutsche und vor allem Schweizer eine große Rolle. Zu erwähnen sind in diesem Zusammenhang das *Grand Hotel* der Schweizer Unternehmer Hauser und Döpfner[60], das *Continental* von Reinhold Waehler[61], das *Excelsior*[62] und das *Hassler*[63], alles Häuser der Luxusklasse.

Anglo-American Life and Manners

Nicht nur im Bereich der Hotellerie waren nationale Stereotypen an der Tagesordnung. Aus der verbreiteten Abneigung der Nordeuropäer gegenüber der mediterranen Küche resultierte die Gewohnheit, an »heimischen« Orten zu speisen. In Neapel unterhielt in der ersten Hälfte des 19. Jahrhunderts der Schweizer Josef Morf eine solche »deutsche Trattoria«: »Man kocht hier ganz auf deutsche Weise, und ich ließ mir Bohnen und Bratwurst schmecken«, schreibt August von Goethe in sein Tagebuch.[64] Auch deutsche Bierhäuser konnte man am Golf von Neapel frequentieren. Und was den Deutschen die Bierhäuser, das waren den Engländern die »Tea Rooms«.

Der Begriff »Tea Room« gehört – ähnlich wie »Bar« (in der Bedeutung »Café«), »Menu« (»Speisekarte«) und »Hotel« – zu den italienischen Vokabeln, die im 19. Jahrhundert aus dem Englischen entlehnt wurden. Noch heute kann man auch in entlegenen Ortschaften Kampaniens auf einen *Tea Room* stoßen, ohne daß sich dahinter mehr verbergen würde als das, was man in einer normalen süditalienischen Bar antrifft. Aber der Begriff hat einen guten Klang, er ist gleichsam geadelt durch die Erinnerung an die *Milordi* (wie im 19. Jahrhundert die ausländischen Reisenden am Golf oft generell genannt wurden[65]). Wie das »Doney's« in Florenz oder das »Babbington's« in Rom waren in Neapel das »Caflish«, der »Tea Room« neben Cook's Reisebüro in der *Galleria Vittoria* oder der »Tea Room« in der *Via Domenico Morelli* Zentren des englischen Lebens.[66]

Auch in den Hotels gab es *Tea Rooms*, wurde der Tee, der ja in Südeuropa keine alte Tradition hatte, durch den englischen Tourismus populär. Daß er im Spektrum der sonstigen lukullischen Angebote etwas Besonderes war, zeigen die Preise: Im Hotel *Caruso* in Ravello kostete 1924 ein Tee das Vierfache eines Kaffees und fast die Hälfte einer Flasche Wein.[67]

Analog zu deutschen Spezialgeschäften existierten in Neapel die »English Grocery Stores«[68]; auf weitere englische Niederlassungen im Bereich des Einzelhandels sowie Einrichtungen auf dem Feld des Gesundheitswesens, des Friedhofswesens und des kirchlichen Lebens werde ich an späterer Stelle eingehen.

Leider fehlt es an kulturhistorischen Untersuchungen darüber, in welcher Weise ausländische Familien, die über längere Zeit, manchmal über Generationen hinweg, in Neapel lebten, sich in Lebensstil und Verhalten den einheimischen Gewohnheiten angepaßt – oder sich ihnen verweigert – haben. Ein eher zufälliger archäologischer Fund kann auf dieses Problem wenigstens ein Schlaglicht werfen.

Im Frühjahr 1997 wurde von Archäologen der Universität Salerno ein bis dahin unbekannter Teil der mittelalterlichen *Villa Rufolo* in Ravello ausgegraben. Dabei stieß man auf eine Zisterne aus dem 13. Jahrhundert, die im 19. Jahrhundert als Abfallgrube benutzt worden war. Die Villa gehörte damals der Familie von Francis Nevile Reid aus London, die außer der genannten Villa auch eine Wohnung auf dem Posillipo besaß und vielfältige Beziehungen zur dortigen britischen Kolonie unterhielt. Die Auswertung der in der Zisterne gemachten Funde läßt erkennen, wie sehr die Bewohner trotz gewisser Anpassungen an die lokale Kultur (etwa im Bereich der Wand- und der Gebrauchskeramik) einem kosmopolitischen Lebensstil huldigten, wie er für großbürgerliche Familien in Europa damals durchaus typisch war. Das betrifft auch den Sektor der Genußmittel, der Kosmetik und der Gebrauchsgüter: Das Bier bezog man aus München, den Senf aus Lyon, Flüssigmalz aus London und »Gentlemens Relish« natürlich aus Yorkshire; die »Cold Cream« kam von »Atkinson's« in London, die Zahnpasta von »Beddard«, Seife und Eukalyptus-Elixier aus Paris, die Tinte aus Dijon.[69] Wir können davon ausgehen, daß diese und andere Waren nicht Direktimporte aus den betreffenden Ländern waren, sondern über entsprechende Filialen und Einzelhandelsgeschäfte in Neapel bezogen wurden. In jedem Fall war also nicht Anpassung an die fremde Umgebung das Ziel, sondern die Betonung der eigenen Lebensart.

Tourismus 1874: Ein ganz gewöhnlicher Aufenthalt

Leser und Liebhaber von Theodor Fontane mögen es mir nachsehen, wenn ich als Beispiel für einen »gewöhnlichen« touristischen Aufenthalt in Neapel in der zweiten Hälfte des 19. Jahrhunderts den Besuch des Schriftstellers vom 2. bis 12. November 1874 anführe (siehe Kasten, Seite 190). Er ist durch unprätentiöse, detailreiche Tagebuchaufzeichnungen von Theodor und Emilie Fontane gut dokumentiert[70] und betrifft im übrigen einen im europäischen Reisebetrieb durchaus erfahrenen Mann.

Sieht man sich das neapolitanische Programm der Fontanes an, so fällt auf, daß es durchaus Züge eines modernen »Schnelltourismus« trägt. Capri wird in einem halben Tag, Paestum in zwei Stunden »abgehakt«. In der Umgebung von Neapel folgen die Besucher dem klassischen Besichtigungsprogramm, das im Westen an den Golf von Pozzuoli, im Osten zu den Ausgrabungen von Pompeji und an den Golf von Salerno mit den Tempeln von Paestum führt; was fehlt, ist die obligatorische Besteigung des Vesuv. In der Stadt selber gilt die Hauptaufmerksamkeit dem Archäologischen Nationalmuseum; den Kirchen und anderen historischen Sehenswürdigkeiten widmen die Reisenden hingegen nur geringe Aufmerksamkeit. Ihr »Programm« ist hier zeitgenössisch: »Neapel nimmt den Fremden mit Kunstsehenswürdigkeiten nicht allzu sehr in Anspruch«, schreibt Peter Sirius in seinem Reisebuch von 1897.[71] Die Reiseführer empfehlen sechs Tage zur »genaueren Kenntnisnahme

Theodor und Emilie Fontane in Neapel 1874

Montag, 2.11.	Fahrt in der Eisenbahn von Rom nach Neapel (7 Stunden), Ankunft im Hotel »Washington«, via Chiatamone (1. Kategorie).
Dienstag, 3.11.	Aufenthalt im Hotel, schreiben, lesen, Blick auf den Golf. Abends Spaziergang durch die Stadt.
Mittwoch, 4.11.	Ausflug mit der Eisenbahn nach Pompeji.
Donnerstag, 5.11.	Vormittags Stadtbummel (Toledo und angrenzende Straßen), Theodor wird die Geldbörse gestohlen; Besuch der Buchhandlung Hoepli. Nachmittags Fortsetzung des Stadtbummels (Schwefelquelle von Santa Lucia, Villa Reale), 2 Stunden im »Aquarium«.
Freitag, 6.11.	Ausflug nach Capri mit dem Dampfboot, dort Besichtigung der »Blauen Grotte«, Mittagessen im Hotel »Pagano«. Weiterfahrt nach Sorrent, Übernachtung im Hotel »Tramontana« (1. Kategorie).
Samstag, 7.11.	Einkäufe in Sorrent, anschließend mit der Kutsche über Meta und Castellammare nach Salerno. Übernachtung im Hotel »Victoria« (1. Kategorie).
Sonntag, 8.11.	Mit der Eisenbahn von Salerno nach Battipaglia, von dort weiter mit der Kutsche nach Paestum. Picknick auf den Stufen des Neptun-Tempels. Nachmittags Rückkehr nach Neapel.
Montag, 9.11.	Vormittags Besichtigung des Archäologischen Nationalmuseums, nachmittags Besuch des Klosters San Martino und Einkäufe in der Stadt.
Dienstag, 10.11.	Ausflug nach Pozzuoli, Besuch der Solfatara, des Amphitheaters und des Serapis-Tempels; Weiterfahrt nach Baiae; Rückkehr über die »Grotta di Posillipo« und das »Grab des Vergil«.
Mittwoch, 11.11.	Emilie kauft Photographien bei Giorgio Sommer; Theodor besucht das Archäologische Nationalmuseum.
Donnerstag, 12.11.	Besuch des Archäologischen Nationalmuseums, anschließend Besichtigung der Capella Sansevero, des Doms und der angrenzenden Capella Santa Restituta.

der Merkwürdigkeiten« der Stadt (Neigebaur), bei beschränkter Zeit möge man drei Tage kalkulieren (Baedeker).[72] Im Vergleich zum 18. Jahrhundert hat sich die Verweildauer erheblich verkürzt – obwohl durchaus neue Sehenswürdigkeiten dazugekommen sind. Im übrigen ist Neapel auch für die Fontanes wie für viele andere Besucher weniger ein Kunst- als ein Landschaftserlebnis: »Bewundere alle 5 Minuten die allerdings ideale Aussicht aus unserem Fenster: vor uns das sonnenbeglänzte Meer mit Capri, zur Linken den Vesuv! Beim schönsten Wetter, lauer, wohltuender Luft ...«[73]

»Die Sonne ist eben stärker«. Fortwirkende Irritationen

Vertieft man sich in die Berichte, Briefe und Tagebücher von Neapelreisenden aus der Zeit um 1900, so fällt auf, wie wenig sich – trotz der gewaltigen technologischen Veränderungen im Reiseverkehr – das Bild der Stadt in den Augen ihrer ausländischen Besucher verändert hat. Noch immer herrscht jene für die Neapelwahrnehmung so charakteristische Ambivalenz vor, wie sie uns bereits früher begegnet war. Auf der einen Seite sind es die »lachenden hesperischen Gefilde«, die »paradiesischen« Landschaften am Golf und das »heitere Leben« der Menschen im Süden, die die Reisenden bezaubern. Alles scheint in Schönheit, Freiheit, Leichtigkeit und Übermut getaucht – von den Darstellungen der »Lausbuben« *(scugnizzi)* und den Tarantella-Tänzerinnen, wie sie sich auf den Photographien eines Giorgio Sommer finden, bis hin zu den Beschreibungen des San-Gennaro- oder des Piedigrotta-Festes in deutschen und englischen Reisefeuilletons. Unzählige Reiseerinnerungen, Postkarten, Prospekte und Alben halten diese Bilder eines heiteren Südens fest.

Auf der anderen Seite blieb sensibleren Geistern die dunkle, bedrohliche Seite dieses Südens nicht verborgen. Konnte sich nicht die fröhliche Ausgelassenheit der Menschen von einem Augenblick zum anderen in Wut, Aggression und Gewalt verwandeln? War Neapel nicht noch immer das »von Teufeln bewohnte Paradies«, auch wenn in diesem Paradies inzwischen elektrische Straßenbahnen fuhren und die Droschkenkutscher ihre Dienste zum Festpreis anboten? Als der junge Gerhart Hauptmann 1883 nach Neapel kommt, möchte er bewußt darauf verzichten, in einem der großen Fremdenhotels zu wohnen, und macht sich, einer Empfehlung folgend, auf den Weg zu einem »einheimischen« Gasthof. Dort angekommen, ist er allerdings überzeugt: Es muß eine »Lasterhöhle« sein, in die er geraten ist; in der Nacht werde man ihn sicher ausrauben und töten. Flugs lädt er seinen Koffer wieder auf und quartiert sich nun doch in einem »richtigen« Hotel ein.[74]

Die Irritation durch Neapel bleibt als Grundmuster der Wahrnehmung erhalten, und es sind nach wie vor die Bewohner der Stadt, die Neapolitaner, von denen diese Irritation ausgeht. Selbst Mark Twain, der die Dinge doch immer reserviert und mit liebenswerter Ironie zu schildern wußte, verliert in Neapel den Humor. Nach einem Besuch im *Teatro San Carlo* ist er überzeugt, daß der Neapolitaner an sich »alle gemeinen, niedrigen Züge hat, die es überhaupt gibt«, und er meint damit nicht etwa die legendären *Lazzaroni*, sondern »die höheren Klassen von Neapel«.[75] Sein Fazit: Man betrachte sich Neapel vom Vesuv aus, aber man gehe nicht in seine Mauern.[76] Noch unverblümter wird Sigmund Freud bei seinem Besuch im Sommer 1902 urteilen: »Daß es in Neapel schön ist, ist ja bekannt [...]. Die Menschen aber sind häßlich, oft ekelhaft, schauen aus wie Galeerensträflinge. Spektakel und Schweinerei sind wie im Mittelalter.«[77] Auch dem großen Freud muß dabei jene Erfahrung am eigenen Leib bewußt geworden sein, die zahllose Reisende aus dem Norden vor ihm und nach ihm gemacht haben: »Ich begreife alles, was man von der Wirkung des Südens auf Charakter und Tatkraft sonst gehört hat. Die Sonne ist eben stärker.«[78]

Die Sonne: Sie steht im Süden nicht für jene mild erwärmende Schönheit, wie sie der kalte Norden kennt. Es ist die erbarmungslose Kraft, die alle menschliche Tätigkeit erschlaffen läßt, die »Tatkraft« (wie Freud schreibt) ruiniert. Unter dieser Sonne kann nur das Nichtstun gedeihen, der Rausch und die Sinnlichkeit. Es ist die alte Erfahrung Goethes, das Gespür dafür, daß hier die im Norden erlernten sozialen Regeln brüchig werden, daß die ins Unbewußte verdrängten Anteile der Persönlichkeit sich über die Kontrolle durch das Über-Ich hinwegsetzen.

Die Neapelbegegnung von Thomas Mann macht das eindrucksvoll deutlich. Im Oktober 1896 reist der 21jährige Student nach Ita-

Bildpostkarte mit Hotelwerbung, um 1900

lien. Nicht um »Bildung« im klassischen Sinn geht es dabei, nicht um das Absolvieren des Besichtigungsprogramms der *Grand Tour.* Die Zeiten haben sich geändert. »Mir graut davor, in Italien etwas sehen oder hören zu müssen«, hatte schon Nietzsche geschrieben[79]; sein »Süden« war ein mythischer Ort, war Erneuerung der eigenen Existenz im Erleben des Anderen. Das gilt ähnlich auch für Thomas Mann. Über Venedig und Ancona reist er zunächst nach Rom. »Aber es hielt mich auch dort nicht«, schreibt er; »in mir war ein großer Instinkt und Trieb stark: mich so weit nämlich wie immer möglich aus deutschem Wesen, deutschen Begriffen, deutscher ›Kultur‹ in den fernsten, fremdesten Süden aufzumachen.«[80] Wo anders hätte er dieses Fremdeste, am wenigsten Deutsche finden können, wenn nicht in Neapel? Drei Wochen lebt er in der *Via Santa Lucia.*[81] Erst wenige Jahre vor seiner Ankunft war das Viertel der Stadtsanierung zum Opfer gefallen, nur noch der legendäre Name erinnerte an das alte populäre Quartier. Aber der alte Zauber von »Santa Lucia« wirkt weiter: »Das ist nicht mehr Europa – endlich nicht mehr Europa«, schreibt Thomas Mann[82] – und er schreibt es aus einem Neubauviertel mit modernen Hochhäusern!

Auch für Thomas Mann wird das »Andere«, das »Fremde«, das ihn anzieht, in der Begegnung mit der eigenen verdrängten Sexualität manifest. »Neapel hat nicht das kühne und hoheitsvolle Cäsarenprofil Roms, es hat eine Physiognomie mit etwas aufgestülpter Nase und etwas aufgeworfenen Lippen, aber sehr schönen, dunklen Augen; ihre sinnliche, süße, südliche Schönheit ergreift mich mehr und mehr.«[83] Die Stadt erscheint als Allegorie eines schönen Knaben; die sinnliche Faszination der Augen wird im »Tod in Venedig« in der Figur des Tadzio aufleuchten. Und natürlich begegnet Thomas Mann den Versuchungen auch in eigener Person: »Auf dem Toledo unter tausend anderen Verkäufern schlau zischelnde Händler, die einen auffordern, sie zu angeblich ›sehr schönen‹ Mädchen zu begleiten, und nicht nur zu Mädchen ...«[84] Im »Tod in Venedig« wird es der neapolitanische Gitarrist sein, »halb Zuhälter, halb Komödiant, brutal und verwegen, gefährlich und unterhaltend«, der Gustav Aschenbach an jenem schwülen Abend auf der Hotelterrasse mit der Realität der todbringenden Cholera konfrontiert.

INTERNATIONALE METROPOLE

Die ausländische Diaspora und ihre Einrichtungen

Im Schatten des Mezzogiorno

Aus politischer Perspektive und im internationalen Vergleich betrachtet, erlebte Neapel nach dem Ende der Franzosenzeit (1815) eine Periode wirtschaftlicher und sozialer Stagnation. Ausländische Interessen und ausländische Interventionen spielten dabei immer eine wichtige Rolle, nicht nur auf dem partiellen Sektor des Fremdenverkehrs.

Wie in vielen anderen europäischen Staaten hatte die Zeit der französischen Besetzung auch für das Königreich beider Sizilien einen deutlichen Modernisierungsschub mit sich gebracht. Murat hatte die feudalen Privilegien beschnitten, den Code Napoleon eingeführt und die Verwaltung und das Finanzsystem reformiert. Das Stadtbild von Neapel verdankt ihm die Verbindung der Innenstadt mit Schloß Capodimonte durch eine Prachtstraße, die in Verlängerung des Toledo das populäre Sanità-Viertel auf einem imposanten Viadukt überquerte und die Stadt nach Norden hin öffnete.

Die Niederlage Murats gegen die österreichischen Truppen in der Schlacht von Tolentino 1815 bedeutete das vorläufige Ende freiheitlicher Bestrebungen. Neapel stagnierte in seiner Entwicklung. Der *portone chiuso*, das verschlossene Portal am Palazzo Serra Cassano auf dem Pizzofalcone, ist dafür ein eindrucksvolles Symbol: Nachdem die Schergen der Reaktion 1799 den jungen Fürsten Gennaro Serra di Cassano, einen der Köpfe der »Parthenopäischen Republik«, zur Hinrichtung aus dem Palast geholt hatten, ließ sein Vater das Tor, durch das man ihn geführt hatte, für immer verschließen. Fast 200 Jahre lang blieb es geschlossen; seine Wiederöffnung in den 1990er Jahren, ein symbolischer Akt des *Istituto per gli studi filosofici*, galt den Bemühungen um die Erneuerung der Stadt unter Bürgermeister Bassolino.

Die »Achse Wien–Neapel« spielte in der Metternich-Ära noch mehrfach eine unheilvolle Rolle. Mit einem österreichischen Interventionsheer wurde 1820 die Carbonari-Revolte erstickt. Nach dem Interventionsabkommen von Laibach (1821) werden 35.000 österreichische Soldaten zum Schutz der bourbonischen Dynastie im Königreich stationiert. Neapel ist ein schwacher Staat geworden, wieder einmal in seiner langen Geschichte dominieren die Interessen einer ausländischen Macht.

Auch unter den Nachfolgern auf dem Thron des regierungsschwachen Ferdinand IV., des nur den Vergnügungen der Jagd lebenden *Re Lazzarone*, flackern im Königreich immer wieder Aufstände und Unruhen auf. Wie in Paris und Berlin kommt es im Februar 1848 auch in Neapel zu einer Volkserhebung. Der österreichische Gesandte Fürst Schwarzenberg muß Neapel verlassen; König Ferdinand II. verkündet eine Verfassung, ein Parlament wird einberufen. Und ähnlich wie in Berlin wird nach Barrikadenkämpfen und dem Einsatz des Militärs auch hier die Revolution erstickt, die Verfassung wieder aufgehoben.

Als Garibaldi mit seinen »Tausend« im Mai 1860 bei Marsala in Sizilien landet, findet er seitens der bourbonischen Truppen kaum Widerstand. Schon vier Monate später, am 7. September, fährt er als umjubelter Sieger in Neapel ein – im Eisenbahnzug aus Salerno. Am 21. Oktober schließt sich die Stadt per Plebiszit dem vereinigten Königreich Italien an (die *Piazza Plebiscito* vor dem Königspalast erinnert bis heute daran). Am 7. November 1860 kommt der neue König Viktor Emanuel II. nach Neapel; der Empfang, den ihm die Bevölkerung bereitet, ist zurückhaltend.

Was aus der Perspektive des Nordens und der risorgimentalen Ideen als »historischer Fortschritt« erschien, war für den Süden eine Katastrophe. Die Piemontesen gebärdeten sich als Konquistadoren; der Süden war für sie eine fremde Kolonie, jedenfalls »alles andere als Italien«, »das reine Afrika« – so Viktor Emanuels erster Präfekt Farini abschätzig über Neapel.[1] Dem Land wird jetzt das piemontesische Steuersystem auferlegt, mit negativen Folgen für die lokale Kleinindustrie; die lokalen Goldreserven wandern zur piemontesischen Staatsentschuldung in den Norden.[2] Das große Neapel verliert seine Rolle als Hauptstadt, wird Teil jenes Mezzogiorno, das, von Turin, Mailand oder Rom aus gesehen, als »unterentwickelter«, »rückständiger« Landesteil erscheint. Und die Stadt, ökonomisch noch weitgehend von Handwerk, Kleinmanufaktur und Dienstleistung (nicht zuletzt auf dem Feld des Tourismus) geprägt, verpaßt – wie es Raffaele La Capria ausgedrückt hat – den Anschluß an Europa, leidet fortan am *mal mediterranée*.[3] Während in anderen großen Städten Italiens unmittelbar nach der Reichseinigung ein gewaltiger urbanistischer Modernisierungsprozeß einsetzt, in Florenz das neue Zentrum um die Piazza della Repubblica entsteht, in Rom das Projekt der Tiberregulierung mit der Umgestaltung des Lungotevere durchgeführt wird, bleiben in Neapel die vormodernen urbanistischen Strukturen weitgehend bestehen. In den übervölkerten Innenstadtquartieren herrschen antiquierte sanitäre Verhältnisse. Nach dem Zensus von 1881 existieren 40.000 *bassi*, also ebenerdige, lichtlose Kleinwohnungen mit einer Belegung von durchschnittlich drei Personen pro Raum.[4] Erst mit großer Verzögerung und nach verschiedenen Cholera-Epidemien wird es zur Lösung der drängendsten urbanistischen Probleme und zur »Sanierung« der Innenstadtviertel kommen.

In diesem von Widersprüchen und Spannungen zwischen heimischen und fremden Interessen geprägten Ambiente entwickelt sich die Stadt im 19. Jahrhundert nicht nur zu einer Metropole des Reiseverkehrs, sondern auch zu einem Zentrum unterschiedlicher diasporischer Gemeinschaften vor allem deutscher, schweizerischer und britischer Provenienz.

»Gemeine Deutsche« in Neapel. Gastarbeiter im Süden

Unter den in der ersten Hälfte des 19. Jahrhunderts von den Behörden in Neapel registrierten ansässigen Ausländern nehmen Angehörige von Handwerks- und Dienstleistungsberufen einen sehr großen Raum ein. Das ist kein Wunder: Die »Walz« gehörte auch nach dem Ende der Zunftordnung zu den unter Handwerkern geübten Bräuchen. Und natürlich war der Golf von Neapel auch für wandernde Handwerker attraktiv, die sich hier für eine gewisse Zeit niederließen. Die Ausländerlisten registrieren unter anderem Bäcker, Bierbrauer, Dreher, Klavierbauer, Kürschner, Kristallschleifer, Schneider, Seidenwirker, Seiler, Stukkateure, Tischler, Uhrmacher und Zinngießer.[5] Als der Schriftsteller Karl Friedrich Benkowitz

1801 in Neapel Quartier nimmt, wohnt in seiner Nachbarschaft ein deutscher Arbeiter aus der königlichen Porzellanmanufaktur und ein deutscher Instrumentenbauer, der sogar eine königliche Pension genießt. »Überhaupt hat der König [Ferdinand IV.] geschickte Deutsche in mechanischen Arbeiten ins Land zu ziehen gesucht.«[6]

Leider wissen wir so gut wie nichts über den »Austausch« dieser Arbeitsemigranten mit ihrer fremden Umwelt. Was wir wissen, ist, daß sie auch im Süden das aus der Heimat vertraute Vereinsleben fortzusetzen suchten. In den 1850er Jahren gab es in Neapel einen Männergesangverein, bestehend aus 30–40 Deutschen und Schweizern, meist jungen Handwerkern und Kaufleuten: »Zweimal wöchentlich kommt er abends in der Schweizer Kneipe beim ›Appenzeller‹ zusammen.«[7] Der heimwehkranke Ernst Haeckel (der spätere berühmte Biologe und Darwinianer), dem wir diese Nachricht verdanken, schließt sich dem Verein während der Dauer seines Forschungsaufenthaltes an.

Neben den berufsstolzen und zum Teil recht etablierten Handwerkern und ausgebildeten Arbeitern gibt es im 19. Jahrhundert eine andere Gruppe von deutschen Arbeitsemigranten, deren berufliche Position eher unsicher ist. In der behördlichen Registratur verbindet sie sich mit den Berufsbezeichnungen *cameriera* (Hausmädchen), *cameriere* (Bedienter, Kellner), *domestico* (Diener), *facchino* (Lastträger), *musicante* (Musiker): also den Angehörigen der Dienstleistungsberufe in Privathäusern oder Hotels.[8]

Dienstpersonal aus Deutschland und der Schweiz war im Süden geschätzt. Als Elisa von der Recke, eine Freundin Wilhelm von Humboldts, beim Erzbischof von Tarent in dessen Villa in Portici diniert, wundert sie sich, daß sie fast ausschließlich von deutschem Personal bedient wird. »Unser liebenswürdiger Wirth versicherte, in keiner Nation mehr Rechtlichkeit, Treue und gründlichen Verstand [...] gefunden zu haben, als unter den Deutschen; sein Hauswesen werde schon seit dreißig Jahren von einem Deutschen geführt. Graf Saa [ein anderer Teilnehmer des Banketts] stimmte dem bei und sagte, daß ebenfalls ein Deutscher seit geraumer Zeit seine ganze häusliche Einrichtung verwalte.«[9]

Gerade die Tatsache, daß die Stadt am Golf sich im Laufe des 19. Jahrhunderts zu einem florierenden Zentrum des Fremdenverkehrs mit zahlreichen Hotels, Gasthöfen, Droschken und anderen touristischen Dienstleistungseinrichtungen entwickelte, schuf wachsenden Bedarf für die entsprechenden Berufe und lockte zahlreiche deutsche und Schweizer Arbeitsimmigranten über die Alpen, ungelernte, ledige junge Männer und Frauen, die im Süden ihr Glück zu machen hofften. Die Berichte der deutschen evangelischen Pfarrer in Neapel handeln immer wieder von der Seelsorge unter Kellnern und Hotelangestellten als einer sittlich besonders gefährdeten Gruppe. »Gerade weil dieser Beruf so viele Versuchungen mit sich bringt, empfand ich es hier im fremden Lande doppelt als meine Pflicht, besonders den Jüngeren nachzugehen, um sie vor Leichtsinn und Verführung zu bewahren.«[10] Die Pfarrer veranstalten sogar eigene Gottesdienste für Kellner und verteilen die Zeitschrift »Der Kellnerfreund«. Auch der »Deutsche Hilfsverein«, eine Sozialeinrichtung für in Not geratene Landsleute, kümmerte sich um die Kellner.

Eine besondere Kategorie stellte das weibliche Dienstpersonal dar. »Als Bonnen [=Hausmädchen] und Kinderwärterinnen nimmt man gern Ausländerinnen in Dienst«, beobachtet August Kellner, und warnt eindringlich vor den sittlichen Gefahren, die den unerfahrenen und leichtgläubigen Mädchen in der Fremde drohten. Vor Antritt einer Dienststellung und auch am Ort selbst möge man sich daher mit dem »Verein der Freundinnen des jungen Mädchens« – auch dieses ein sozialer Hilfsfonds – in Verbindung setzen.[11] Auch die Pfarrberichte behandeln das Problem: »Neuerdings wird Neapel von Scharen deutscher weiblicher Dienstboten überschwemmt, die namentlich aus Württemberg und Baden kommen und meist zu ihrem eigenen Verderben in italienischen Familien Anstellung suchen und finden, wo die Nachfrage nach solchen Mägden eine große ist.«[12] In den 1890er Jahren unterhielt die Deutsche Evangelische Kirche in Neapel ein eigenes »Mägdeasyl«, das von einer Riehener Diakonisse geleitet wurde[13] – die Frühform eines modernen »Frauenhauses«. Auch »alleinreisende Damen, Gouvernanten und Dienstmädchen« konnten dort ein Unterkommen finden.[14]

Das Problem der weiblichen Dienstboten ist nicht nur eines der sittlichen Aufsicht. Das 19. Jahrhundert machte es Frauen aus den ländlichen Unterschichten zum ersten Mal möglich, in größerer Zahl ihre angestammte Heimat zu verlassen, um sich, sei es in der

Stadt oder auch im Ausland, zu »verdingen«, »in Stellung« zu gehen, wie man damals sagte. Dabei mußten die jungen Mädchen mit einer sozialen Situation – und im Ausland zudem mit der fremden Sprache und den fremden Gewohnheiten des Landes – zurechtkommen, die ihre bisherige traditionelle Orientierung durcheinanderbrachte.

In der Tat ist hier von einem Phänomen die Rede, das in Deutschland in den fünfziger Jahren des 20. Jahrhunderts »Gastarbeiter« hieß – nur daß diese Arbeitsemigranten im 19. Jahrhundert nicht auf dem Weg aus dem Süden in den Norden waren, sondern die umgekehrte Route einschlugen: aus den armen deutschen Landstrichen in das relativ wohlhabende Neapel. Versprach nicht gerade die Großstadt Arbeit und Brot in den Dienstleistungsberufen gerade für ungelernte Arbeitskräfte, die in der Heimat keine Anstellung fanden? Der Preußische Gesandtschaftsprediger Christian Friedrich Bellermann zeichnet ein erschreckendes Bild von der Not dieser Auswanderer, »unter denen nicht wenige sind, die bei ihren weiten Wanderungen von der oft trügerischen Hoffnung, hier Verdienst und Vortheil zu finden, geleitet werden«.[15] Auch Abenteuerlust, Reisefieber oder »weil sie gehört haben, daß der Wein hier wohlfeil ist« (Benkowitz), mag sie an den Golf von Neapel gelockt haben. Karl Friedrich Benkowitz widmet ihnen ein eigenes Kapitel in seinem Reisebuch, geht hart mit diesen »Deutschen vom gemeinen Schlage« ins Gericht, die, charakterlos und ohne jedes »Talent« (als unqualifizierte Arbeitskräfte also) aus eigenen Stücken nach Neapel kämen und, wie er meint, den Deutschen im Auslande keine Ehre machten. »Demungeachtet zieht man selbst die Deutschen von diesem Schlage den gemeinen Italienern vor und wählt sie noch lieber zum Beispiel zu Bedienten.«[16]

Um eine soziale Rolle zu finden, gaben sich die »Tippelbrüder« nicht selten als Handwerksburschen auf Wanderschaft aus, suchten mit falschen Papieren bei der Deutschen Gemeinde, beim Pfarrer oder beim Deutschen Hilfsverein um Unterstützung nach.[17] Und im Winter bevölkerten sie mit mehr oder minder ernsten Krankheiten das Deutsche Evangelische Krankenhaus.[18]

Hier ist von der Italiensehnsucht einer Menschenklasse die Rede, von der wir deshalb so gut wie nichts wissen, weil sie – anders als Schriftsteller, Künstler und andere Angehörige der schreibenden Stände – keine gedruckten Lebenserinnerungen oder Reiseberichte hinterlassen haben. Aber vermutlich waren – ebenso wie die zeitgenössischen Bildungs- und Vergnügungsreisenden – auch die meisten von ihnen reisende Enthusiasten, getrieben von Neugier, Abenteuerlust und auf der Suche nach neuen Erfahrungen in der Fremde. »Es ist mir, da ich dies sehe, als ob Glocken zusammenschlügen in meiner Seele«, bekennt der schwäbische Arbeiter August Springer beim Panoramablick von San Martino auf Neapel: Es ist einer der wenigen jener Abenteurer aus den sozialen Unterschichten, der von seinen Erlebnissen berichtet hat[19] – und die Sprache seines Reiseberichts steht derjenigen manches »klassischen« Bildungsreisenden in nichts nach. In jedem Fall zeigen die Quellen, daß die Geschichte der Italiensehnsucht im 19. Jahrhundert keineswegs, wie dies verbreitete Meinung ist, auf die Gruppen der Künstler und der Schriftsteller, der Bildungsbürger und der Angehörigen der begüterten Stände beschränkt ist. Der größere Teil der deutschen Italienreisenden setzte sich aus Angehörigen der sozialen Unterschichten zusammen, aus Handwerkern, Arbeitern, Kellnern, Dienstboten, Fahrenden und anderen »gemeinen Deutschen«. An späterer Stelle wird noch einmal von ihnen die Rede sein.

Über den kulturellen Austausch dieser Gruppen mit ihrer italienischen Umwelt wissen wir wenig. Wir können aber vermuten, daß sie allein um des Überlebens willen gezwungen waren, sich sehr viel mehr auf die lokalen Milieus einzulassen als die Angehörigen der Mittel- und Oberschichten. Benkowitz gibt dafür ein schönes Beispiel, wenn er (wenngleich voller Distanz) die »Sprache der gemeinen Deutschen in Neapel« zu einem Kapitel seines Buches macht (siehe Kasten, Seite 202).

Im Dienste des Königs: Die Schweizer Söldner

Zu den Ausländern am unteren Ende der sozialen Skala gehörten auch die Schweizer Söldner. Ähnlich wie im Kirchenstaat taten seit 1731 auch in Neapel Soldaten aus verschiedenen Schweizer Kantonen Dienst. Nachdem sie mit der Eroberung durch die Franzosen

CARL FRIEDRICH BENKOWITZ
DIE SPRACHE DER GEMEINEN DEUTSCHEN IN NEAPEL

Mit dem Charakter verändern diese Menschen auch die Sprache, denn sie haben beides nie fest besessen. Nach wenigen Jahren reden sie ein abscheuliches, mit italienischen Worten und Wendungen ganz durchspicktes Deutsch, das zum Theil höchst widrig, zum Theil auch possierlich ist. Hier sind einige Proben davon.

Wenn sie jemanden fragen, ob er nicht frische Luft schöpfen oder etwa aufs Land gehen will, so heißt das in ihrer Mundart: ob er nicht »Aria fassen« will. Wenn die Thür offen steht, so sagen sie: »die Porten ist offen«, und vom Wetter: »es macht kalt«. Das Wort »zufrieden« hört man nicht aus ihrem Munde, sondern immer: »content«. »Wenn Sie damit content sind«, ist eine Art von Höflichkeitsrede. Wenn viele Lebensmittel auf dem Markte sind, so sagen sie: »Es ist Robe in Abbondanz da«. »Robe« [ital. roba, »Sache«, D.R.] ist überhaupt ein Wort, das sie häufig gebrauchen und das auch auf vieles paßt. Zeug, alte Sachen, Eßbares und nicht Eßbares, Todtes und Lebendiges wird darunter verstanden. Den Largo di Castello nennen sie den »Kohlplatz«, weil hier Kohl verkauft wird.

Aus: Karl Friedrich Benkowitz: Reise von Glogau nach Sorrent, Bd. III, Berlin 1804, 276–77.

Süditalien hatten verlassen müssen, erneuerte König Ferdinand die alte Praktik. Von 1824 bis 1859 waren vier Schweizerregimenter mit einer Stärke von insgesamt rund 6.000 Soldaten im Königreich stationiert.[20] Über ihre Lebensumstände sind wir durch autobiographische Zeugnisse informiert, die einige von ihnen nach ihrer Rückkehr in die Schweiz im Alter niedergeschrieben haben.[21]

Unter politischem Gesichtspunkt hatte der Dienst von Angehörigen eines freiheitlich-republikanischen Staates wie der Schweiz in einer Monarchie der Heiligen Allianz durchaus etwas Brisantes. Giuseppe Mazzini, Gründer des *Giovine Italia* und einer der Führer des Risorgimento, wandte sich daher 1848 in diesem Sinne mit einem dramatischen Appell an das »freie Schweizer Volk«: Da es mit Stolz den Namen von Wilhelm Tell als einen der ihren nenne, möge es seine Landeskinder nicht länger in den Dienst fremder Despoten stellen.[22] Auch die Soldaten selber haben das zum Teil so empfunden. Als der Thurgauer Johann Jakob Keller auf dem Weg über die Alpen den Rütli passiert, kommen ihm mit der Erinnerung an den

»Rütlischwur« Zweifel an der Richtigkeit seines Weges.[23] Es war freilich die große materielle Not, die in den meisten Fällen die jungen Männer aus bäuerlichen oder Arbeiterfamilien veranlaßte, die eigene Haut zu Markte zu tragen.[24] Manchmal kam auch Abenteuerlust dazu. »Hinaus aus dem ungesunden Mauerloch und hinein ins schöne frische Leben, nach dem paradiesischen Neapel!«: So folgt der Appenzeller Weber Kaspar Niederer 1853 den Verlockungen eines Soldatenwerbers.[25]

Die Aufgaben der Schweizer in Neapel bestanden vor allem im Wachdienst vor den öffentlichen Gebäuden, in Paraden, Aufmärschen, der Begleitung von Prozessionen und der Assistenz bei den Kirchenfesten. Der Dienst war in »normalen« Zeiten nicht allzu hart, aber viele Schweizer litten an Heimweh, und auf Desertion standen auch in Friedenszeiten schwere Strafen. Die Selbstmordrate unter den Soldaten war hoch.[26]

Eine Kommunikation mit der einheimischen Bevölkerung war im Falle der Schweizersoldaten bereits durch Dienstreglement ausgeschlossen. Die Söldner durften in ihrer dienstfreien Zeit zwar die Kasernen verlassen und sich frei in Stadt und Umgebung bewegen; es war ihnen jedoch untersagt, Privathäuser zu betreten. Die einzige Möglichkeit des »offiziellen« Kontakts mit Einheimischen war daher der Besuch der Messe. Die Söldner hatten eigene Ärzte[27], Tierärzte und Pfarrer und für ihre Freizeitaktivitäten eigene Schweizer Kegelbahnen in der Stadt[28]. So lebten auch sie in Neapel in einer Art von exterritorialem Raum.

Bei den Neapolitanern waren »gli svizzeri«, wie sie in der Stadt allgemein genannt wurden, verhaßt. Immer wieder wurden sie das Ziel von Beschimpfungen und Spottreden, auch Mordfälle kamen vor.[29] Außerdem taten sich die Schweizer aus den protestantischen Kantonen oft schwer mit den Gebräuchen der katholischen Religion, bei deren Zeremonien sie assistieren mußten.

1859 beschloß der Bundesrat in Bern, den Regimentern in Neapel den »schweizerischen« Charakter ihrer Mission zu entziehen. Aus den Regimentsfahnen wurden heimlich die Schweizer Embleme entfernt, worauf unter den Soldaten eine Rebellion ausbrach, die zahlreiche Tote forderte. Der König löste daraufhin die Schweizer Regimenter auf. Allerdings kehrten nicht alle Männer in ihre Heimat zurück; fast 2000 von ihnen blieben in Neapel und traten in die reguläre Armee ein.[30]

Große und kleine Unternehmer

In einem ganz anderen sozialen Milieu spielten Schweizer ebenfalls eine wichtige Rolle: als Bankiers, Investoren und Industrielle.

Bereits 1762 ließ sich die Familie Mörikofer aus Frauenfeld in Neapel nieder und gründete dort unter der französisierten Namensform Meuricoffre die erste ausländische Bank. Sie existierte bis 1905. Nicht nur Reisende wie Goethe konnten dort ihre Wechsel einlösen[31]; die Bank hatte auch eine wichtige Funktion als Kreditgeber für ausländische Investitionen im Königreich beider Sizilien. Die Familie Meuricoffre lebte in der Villa Fiorita auf Capodimonte, ein Zentrum des »gehobenen« ausländischen Lebens in der Stadt.[32]

Ein anderes Schweizer Bankhaus wurde nach der Franzosenzeit von David Vonwiller (St. Gallen 1794–Neapel 1856) gegründet. Vonwiller war am Kapital verschiedener Textilwerke in der Provinz Salerno beteiligt und Besitzer des Luxushotels »Excelsior«. Auf seinem Grabmal im klassizistischen Stil auf dem alten Ausländerfriedhof bei Santa Maria della Fede steht der stolze Satz: »A ce pays qui l'accueillit étranger il rendit l'hospitalité reçue en concourant aux bienfaits du commerce et de l'industrie. Ses oeuvres lui survivent, son nom sera béni« (»Dem Land, das ihn als Fremden aufgenommen hat, hat er die empfangene Gastlichkeit durch Einsatz für das Wohl des Handels und der Industrie vergolten. Seine Werke werden ihn überdauern, sein Name wird gesegnet sein«).

Vor allem gegen Ende des 19. Jahrhunderts, in der Zeit der Sanierung der Innenstadtquartiere und der urbanistischen Modernisierung der Stadt, spielten ausländische Unternehmen als Investoren eine wichtige Rolle. »In Neapel und Umgebung sind so gut wie alle größeren Unternehmen in ausländischer Hand«, schreibt ein Wirtschaftsbericht von 1915.[33] Die neue Wasserleitung wurde von den Engländern finanziert, das Straßenbahnnetz und die Standseilbahn auf den Vomero von den Belgiern, die Gasversorgung von den Franzosen und das Elektrizitätsnetz unter Schweizer Beteiligung.[34] Von

Das Grab des Schweizer Industriellen David Vonwiller auf dem Ausländerfriedhof in Neapel, 1992

der Bedeutung ausländischer Unternehmen für den Bau der neuen Hotelanlagen und den Schiffsverkehr im Golf war oben bereits die Rede. Neapel war, im Hinblick auf die für die städtebauliche Modernisierung dringend benötigten großen Kapitalien, »Entwicklungsland«, ein fruchtbares Feld für Investitionen ausländischer Aktiengesellschaften. Erst nach dem Ende des Zweiten Weltkriegs werden sich auch Rom und Norditalien auf ihre Verantwortung für den Süden besinnen und mit der Gründung der *Cassa per il Mezzogiorno* im großen Stil selbst investieren – mit zweifelhaftem Erfolg allerdings, wie sich herausstellen sollte.

Der internationale Charakter der Stadt und die zahlreiche Präsenz der Fremden motivierte in der zweiten Hälfte des 19. Jahrhunderts auch zahlreiche Kleinunternehmer zur Niederlassung. Bekannter davon wurden das deutsche Verlagshaus Richter & Co., die Schweizer Kunsthandlung Bowinkel & Sohn[35], die englische Tuchhandlung und Herrenschneiderei Gutteridge[36], die Niederlassung des Zürcher Verlegers Hoepli und die deutsche Buchhandlung von Albert Detken[37].

Eigens hervorzuheben ist in diesem Zusammenhang ein Unternehmen, das in der Geschichte der Photographie eine wichtige Rolle spielen sollte: die Niederlassung des Frankfurters Georg Sommer (1834–1914), der sich im Süden Giorgio Sommer nannte und dessen Arbeiten neben denen der Fratelli Alinari in Florenz zu den gro-

Eine der beliebten »Kostümszenen« von Giorgio Sommer: Taschentuchdieb in Aktion

ßen Dokumenten der frühen Photographie zählen.[38] Sommer wanderte 1856 als 22jähriger nach dem Bankrott des väterlichen Vermögens in Frankfurt nach Italien aus, hielt sich zunächst für kürzere Zeit in Rom auf, um sich dann endgültig in Neapel niederzulassen, wo er auch gestorben ist.[39] Während die Brüder Alinari und andere frühe Photographen vor allem die Kunstdenkmäler Italiens ablichteten, hat Giorgio Sommer daneben eine Reihe von Landschaftsaufnahmen aus der Umgebung Neapels und zahlreiche der berühmten neapolitanischen »Volksszenen« (Makkaroni-Esser, Straßenjungen, *Lazzaroni*) hinterlassen. Denn wie auch andere in Neapel ansässige deutsche Photographen (die 1871 dort sogar eine »Photographische Gesellschaft« gründeten[40]) arbeitete er im wesentlichen für die Bedürfnisse der Touristen. Ihr Repertoire läßt daher recht gute Rückschlüsse auf die touristischen Lieblingsorte und -motive zu. Daneben unterhielt Sommer eine Werkstatt und einen Versandhandel für Bronze- und Terrakotta-Arbeiten mit Reproduktionen der bekanntesten Statuen aus dem Archäologischen Nationalmuseum.[41] Als er starb, hinterließ er mit der Firma *Giorgio Sommer e figlio* infolge der immensen zeitgenössischen Nachfrage nach touristischen Souvenirartikeln und dank einer geschickten Geschäftspolitik eines der größten mittelständischen Unternehmen in Neapel.

Baumwolle in Kampanien. Die Schweizer Textilindustrie

Von besonderer Bedeutung für die ausländische Diaspora im Raum Neapel ebenso wie für die Industrialisierung des Südens wurde die Entwicklung eines Industriezweigs, der dem damaligen Baumwollanbau in Kampanien seine Existenz verdankte: der Schweizer Textilindustrie[42].

Die älteste dieser Industrieansiedlungen reicht noch in die Franzosenzeit zurück. Durch Privilegien von Gioacchino Murat gefördert (dem an der Industrialisierung des Landes gelegen war), gründete Johann Jakob Egg aus dem Kanton Zürich (Ellikon 1765–Neapel 1843) in einem aufgehobenen Kloster in Piedimonte d'Alife bei Caserta 1812 eine mechanische Baumwollspinnerei samt angeschlossener Handweberei und Färberei: die älteste Textilfabrik im Königreich und eines der ersten Industrieunternehmen in Süditalien überhaupt. Die ersten Arbeiter und Arbeiterinnen wurden in der Schweiz rekrutiert und zogen zum Teil mit ihren ganzen Familien in den Süden. Um die Mitte des 19. Jahrhunderts beschäftigte die *Manifattura Giovan Giacomo Egg* rund 1.200 Arbeitskräfte; verarbeitet wurden neben Baumwolle auch Flachs, Hanf und Seide für die Herstellung von Tischtüchern, Damast, Kleider-, Möbel- und Teppichstoffen.

Nach dem Ende der Regierung Murats führte König Ferdinand IV. die protektionistische Politik gegenüber Schweizer Industrieansiedlungen weiter. 1825 entstand in Scafati, einem kleinen Ort am Sarno in der Nähe von Pompeji gelegen, eine Rotfärberei, die unter anderem die Tuche für die Schweizer Soldatenröcke herstellte. Ihr Gründer war Jakob Meyer (Regensdorf 1792–Scafati 1872), der als armer Arbeiter aus Zürich ausgewandert war und sich in Eggs Firma zum Färbermeister emporgearbeitet hatte. Schon nach wenigen Jahren konnte er den Betrieb um eine Textildruckerei, eine Spinnerei und eine Weberei vergrößern. Die Manifattura Giovan Giacomo Meyer stellte unter anderem Mousselinstoffe, Tücher und Foulards her. Unter Meyers Nachfolgern Rudolf Freitag und Robert Wenner (ebenfalls beides Schweizer) entwickelte sich der Betrieb zu einem florierenden Unternehmen der Textilbranche.[43]

Neben Piedimonte d'Alife und Scafati war die Gegend von Salerno ein Zentrum der Schweizer Textilindustrie. 1829 gründete der oben erwähnte David Vonwiller aus St. Gallen in Neapel die Firma »Züblin, Vonwiller u. Co. KG« und errichtete in Fratte bei Salerno eine Baumwollspinnerei mit angeschlossener Färberei, Bleicherei, Appretur und Druckerei. Die Lage im Tal des Irno gewährleistete die Versorgung mit dem für die Färbereibetriebe notwendigen Wasser, das in einem eigenen Wasserwerk gewonnen wurde. Schon für die Anlage des Industrieprojekts wurden, ähnlich wie bei den Betrieben in Piedimonte und Scafati, zahlreiche Schweizer Fachkräfte ins Land geholt. »Mit Ausnahme der Maurer waren fast alle Vorarbeiter, Handwerker und Meister Schweizer.«[44] Auch die qualifizierteren administrativen und technischen Arbeiten in der Spinnerei selber (sie wurde 1831 eröffnet) lagen in den Händen der Schweizer; nur die einfachen Arbeiten wurden von Italienern ausgeführt.[45]

Die Spinnerei arbeitete so erfolgreich, daß die in Neapel ansässigen Schweizer Unternehmer bereits 1835 einen weiteren Betrieb gründeten: die »Escher u. Co. KG«. Teilhaber waren Caspar Escher, Conrad und Caspar Züblin und deren Vetter Albert Wenner, dazu der Mailänder Unternehmer Saverio Fumagalli. Die Spinnerei wurde 1837 mit einer Kapazität von 10.000 Spindeln in Salerno eröffnet und beschäftigte 300 Personen, auch hier in den anspruchsvolleren Positionen ausnahmslos Schweizer.[46] Als Teilhaber trat später der deutsche Fabrikant Julius Aselmeyer (1824–1903) in die Firma ein. 1876 erweiterte sie Alphons Escher durch die Anlage neuer Spinnereianlagen in Nocera (zwischen Neapel und Salerno).

Als drittes der großen Salernitaner Textilunternehmen wurde 1837 – wiederum aus dem Kreis der gleichen Schweizer Industriellen – die Firma »Schlaepfer, Wenner und Co.« gegründet. Sie betrieb in Salerno eine Färberei und eine Textildruckerei[47] und in der benachbarten Kleinstadt Angri eine Weberei, in der das von den beiden Schweizer Spinnereien gesponnene Garn weiterverarbeitet wurde[48]. Auf diese Weise war im Raum Neapel–Salerno ein Industrieverbund entstanden, der den gesamten textilen Produktionsvorgang von der Baumwollernte bis zur fertigen Webware umfaßte.

Die Gründung aller dieser Fabrikanlagen folgte dem gleichen Prinzip: Die Ansiedlungen entstanden nicht in der Hauptstadt selber, sondern in kleineren, an Flüssen gelegenen Orten. Die Investitionen erfolgten durch eine kleine, am Ort ansässige Gruppe von

Neapolitanische Straßenjungen in pittoresker Pose
(Foto Giorgio Sommer, um 1880)

zumeist Schweizer Unternehmern, die praktisch alle miteinander verwandt oder verschwägert waren, wechselseitige Anteile an den Unternehmen hielten und auch selber in Leitungsfunktionen tätig waren. Die qualifizierteren Arbeiter kamen aus der Schweiz, die ungelernten Arbeitskräfte aus Italien.

Rings um diese Industrieansiedlungen entwickelten sich schweizerdeutsche Kolonien, die ausgesprochen »insulären« Charakter trugen. In Salerno war es die im Hochtal des Irno gelegene Ortschaft Fratte (heute ein Stadtteil von Salerno) mit den Villen der Unternehmerfamilien Escher und Wenner und den Wohnungen der Angestellten und der Arbeiter. Die Distanz, mit der die Schweizer den Italienern begegneten, ihre Reserve auch gegenüber einer ihnen fremden Einstellung zur Arbeit, kommt in den Erinnerungen von Alfons Escher-Züblin (1845–1924) deutlich zum Ausdruck:

»Wir betrachteten unsere Fabriken als eine Sache, welche nur die Schweizer anging. Sowohl die technische als auch die kaufmännische Leitung in den oberen und mittleren Chargen lag ausschließlich in unseren Händen. Kein Einheimischer war in leitender Stellung, auch nicht in solcher zweiten Grades. Geeignete Leute, besonders für den technischen Teil, wären unter diesen Südländern schwer zu finden gewesen, und schwer nur hätten sich dieselben in die strenge Disziplin und Einordnung in die Bedürfnisse der Betriebe einstellen lassen [...]. Auch im häuslichen Leben verhielten wir uns sehr zurückhaltend gegenüber den Neapolitanern. Ihre Lebenshaltung und ihre Anschauungen mochten uns nicht in allem zusagen, und wir mußten besonders ihren Einfluß auf die Kinderwelt fernhalten, um der jungen Generation die Schweizerart zu erhalten.«[49]

Zu diesem Zweck gründeten die Schweizer 1861 in Salerno eine deutschsprachige, aus eigenen Mitteln finanzierte Schule; sie existierte bis 1921 und stand auch italienischen Kindern offen.[50] Evangelische Gottesdienste wurden zunächst in der Villa des Fabrikbesitzers Escher abgehalten, später wurde ein eigener Betsaal eingerichtet. Die geistliche Betreuung der Salernitaner Gemeinde oblag dem Pfarrer der deutschen evangelischen Gemeinde in Neapel. Er hielt dort seit 1864 einmal im Monat Gottesdienste mit anschließender Kinderlehre ab und führte die geistlichen Amtshandlungen durch. Die Gemeinde umfaßte im Jahr 1895 rund 300 Seelen[51], war damit nach Neapel die zweitgrößte evangelische Diasporagemeinde in Kampanien. Seit 1881 gab es dort auch einen von Pfarrer Trede gegründeten »Leseverein«.[52] Auch ein eigener Friedhof – auf einem Hügel oberhalb der Spinnerei auf dem Werksgelände gelegen – wurde in Fratte angelegt.[53]

Ähnlich war die Situation an den anderen genannten Orten. Auch in Piedimonte d'Alife, dem Sitz der Firma Giovan Giacomo Egg, gab es Schule, Kirche und Friedhof für die Angehörigen der deutschen evangelischen Diaspora.[54] In Angri und in Scafati wurden 1881 deutschsprachige Schulen eröffnet; in beiden Orten fanden, ebenso wie in Nocera, monatlich evangelische Gottesdienste statt, abgehalten durch den Pfarrer in Neapel.[55] 1895 wurde, finanziert von der Familie Wenner, sogar eine eigene deutsche Vikarstelle finanziert, um die Betreuung der außerhalb Neapels gelegenen Gemeinden besser zu gewährleisten.[56]

Nach dem Anschluß des Königreichs beider Sizilien an das Vereinigte Königreich Italien 1860 gerieten die Schweizer Textilunternehmen in wirtschaftliche Schwierigkeiten. Die protektionistische Politik des Königs und das System der Schutzzölle fielen nun weg, und die norditalienische Konkurrenz machte den Schweizern zu schaffen. Dennoch konnten sich die Firmen bis zum Anfang des 20. Jahrhunderts halten. Der Erste Weltkrieg bedeutete dann das endgültige Aus. Die Firma Egg in Piedimonte d'Alife ging 1918 in den italienischen *Manifatture Cotoniere Meridionali* auf. Auch aus den anderen Betrieben zogen sich die Schweizer zurück, verkauften die Anteile an italienische Unternehmen. Damit endete ein Kapitel eines Jointventure, das für die Geschichte der Industrialisierung des Südens, darüber hinaus für die der deutschsprachigen Diaspora in Kampanien, von großer Bedeutung gewesen war.

Architektonische Spuren der Schweizer Textilansiedlungen im Süden sind heute kaum noch zu finden. In einem Punkt allerdings scheinen die Schweizerdeutschen für einen folgenreichen agrarischen Import verantwortlich gewesen zu sein: Die Überlieferung schreibt ihnen die Einführung des Kartoffelanbaus in Kampanien zu.[57] Tatsache ist, daß – anders als in anderen Regionen Süditaliens – die Kartoffel im Raum Neapel bis heute eine wichtige Rolle für die Ernährung spielt.

Die deutsch-französische Kirche

Schon verschiedentlich war im Vorhergehenden von einer Institution die Rede, die für die ausländische Diaspora am Golf von Neapel eine wichtige Rolle spielte: die evangelische Kirchengemeinde. Ihre Gründung geht auf das Jahr 1826 und eine Initiative von deutschen, schweizerischen, französischen und dänischen Protestanten zurück, die in Neapel lebten und sich hier zu gemeinsamen Gottesdiensten versammeln wollten. Da ähnlich wie im Kirchenstaat auch im Königreich beider Sizilien nicht-katholischen Glaubensgemeinschaften die öffentliche Religionsausübung verboten war, fanden – wie in Rom – die Gottesdienste zunächst an einem exterritorialen Ort statt: Johann Friedrich von Flemming (1785–1827), seit 1823 preußischer Gesandter am bourbonischen Hof, stellte dafür in der Gesandtschaft einen als Kapelle eingerichteten Raum zur Verfügung. Flemming übernahm zu ihrem Schutz auch den Vorsitz der neuen Gemeinde.

Kirchengeschichtlich ist dabei bemerkenswert, daß die Situation der Diaspora die Entstehung von organisatorischen Strukturen ermöglichte, die in den Heimatländern undenkbar gewesen wären. Die neapolitanische Gemeinde konstituierte sich als »evangelische deutsch-französische Gemeinde« und umfaßte damit nicht nur die Angehörigen von zwei Sprachgemeinschaften[58], sondern im Bereich des deutschsprachigen Gemeindezweigs auch von mindestens drei unterschiedlichen protestantischen Konfessionen – der lutherischen, der reformierten und der unierten –, die in ihren jeweiligen Landeskirchen in Deutschland auf strikter Abgrenzung gegenüber den anderen Denominationen bestanden. Unter dem Druck der Diaspora konnte also hier eine Form der ökumenischen Zusammenarbeit verwirklicht werden, wie sie sich in Deutschland selber erst im 20. Jahrhundert anbahnen sollte.

Aufgrund ihres Sitzes war die Gemeinde formal zunächst der preußischen Landeskirche angeschlossen, erfreute sich überhaupt besonderer Protektion von seiten des preußischen Königshauses. Noch im Jahr ihrer Gründung 1826 richtete Friedrich Wilhelm III. für den deutschen Gemeindezweig die Stelle eines »Gesandtschaftspredigers« ein und besetzte sie mit Christian Friedrich Bellermann aus Berlin.[59] Dieser, ein hochgebildeter Mann, befreundet unter anderem mit dem Maler Götzloff und dem Dichter Kopisch, nutzte seinen neunjährigen Aufenthalt in der Stadt (1826–35) auch für eigene religionshistorische und volkskundliche Lokalstudien, etwa über die Katakomben in Neapel.[60] Auch in der Folgezeit wurde die Gemeinde immer wieder vom preußischen König unterstützt.[61] Das hatte nicht nur religiöse, sondern auch handfeste politische Gründe: Die Hohenzollern verfolgten eine dezidiert »antirömische« Kirchenpolitik, verstanden sich als Schutzherren des Luthertums und nicht zuletzt seiner Diaspora in andersgläubigen Ländern – eine Haltung, die in den 1870er und 1880er Jahren im Bismarck'schen »Kulturkampf« kulminieren sollte.

Nach dem Untergang des Königreichs beider Sizilien im Oktober 1860 änderte sich die Situation auch für die protestantischen Christen in Süditalien. Das Konsistorium der deutsch-französischen Gemeinde wandte sich mit einer Petition an Garibaldi, in der sie um die Erlaubnis zum Bau einer eigenen Kirche nachsuchten.

Drei Predigten

gehalten

in der

Königl. Preuß. Gesandtschafts-Kapelle

zu

Neapel

von

C. F. Bellermann,
Königlichem Gesandtschafts-Prediger.

Der Ertrag ist zum Besten eines in Neapel zu errichtenden Krankenhauses für arme Fremde.

Berlin,
In Kommission der Nicolaischen Buchhandlung.
1832.

Benefiz-Veröffentlichung des preußischen Gesandtschaftspredigers Christian Friedrich Bellermann zur Gründung eines deutschen Krankenhauses in Neapel

Garibaldi, damals *Dittatore dell'Italia Meridionale,* stimmte sofort zu und nahm damit die vom späteren Königreich Italien im Gesetz verankerte Religionsfreiheit vorweg. Finanziert durch Beiträge der Gemeindemitglieder sowie durch Spenden aus den deutschen Ländern, der Schweiz und Frankreich konnte die evangelische Gemeinde in Neapel im Mai 1865 ein eigenes Gotteshaus einweihen. Die Kirche in der Via Carlo Poerio, im neogotischen Stil erbaut, existiert bis heute als Sitz der deutschen Gemeinde.

Aufgrund der neuen politischen Situation war es der international geprägten Gemeinde jetzt möglich, ihre Verbindung mit der preußischen Landeskirche zu lösen. Sie erklärte sich 1863 als selbständig und unabhängig und realisierte damit ein kirchliches Organisationsmodell, das, ähnlich wie die ökumenische Gemeindestruktur, durchaus zukunftsweisend war. Sie definierte sich nämlich als Freiwilligengemeinde mit dem Anspruch der Eigenfinanzierung aus Mitgliederbeiträgen und Spenden. Und sie bestand auf Autonomie: An ihrer Spitze stand ein von der Gemeinde gewählter Vorstand, der über alle die Gemeinde betreffenden Angelegenheiten entschied, auch über die Anstellung der Pfarrer; diese hatten im Vorstand weder Sitz noch Stimme.[62] Eine derartige »laizistische« Organisationsform war damals durchaus ungewöhnlich, und nicht alle in Neapel tätigen Pfarrer mochten sich mit ihr befreunden.

1866 trennte sich die Gemeinde organisatorisch in einen deutschen und in einen französischen Teil mit jeweils eigenem Pfarrer. Das Kirchengebäude wurde von beiden Gemeinden gemeinsam genutzt[63]. Diese Konstruktion hat sich bis ins 20. Jahrhundert erhalten.

Die zweite Hälfte des 19. Jahrhunderts und vor allem die Jahre vor dem Ersten Weltkrieg waren für die deutsche evangelische Gemeinde die Zeit der größten Blüte – ein Spiegel der allgemeinen Entwicklung der ausländischen Diaspora. Im Jahr 1869 zählte die Gemeinde 103 Mitglieder, im Jahr 1874 bereits 270[64], im Jahr 1901/2 dann – zusammen mit den Außenstationen in Fratte, Scafati und Piedimonte d'Alife – 600 eingetragene, beitragzahlende Gemeindemitglieder. Zu diesem engeren Kern aus niedergelassenen Familien kamen noch rund 300–400 Personen, die sich zum Teil nur vorübergehend am Ort aufhielten, aber durch Beitragszahlungen und sonstige Teilnahme »ihre Zugehörigkeit zur Gemeinde« kundtaten, wie der Jahresbericht formuliert.[65] Unter den 146 Kernfamilien waren 63 deutsche, 62 Schweizer, 4 österreichische, 4 dänische und 2 englische Familien.

Was die soziale Zusammensetzung betrifft, so zählten zur Gemeinde fast ausschließlich Angehörige der bürgerlichen Schichten. »Fast alle Gemeindemitglieder gehören dem Stand der Geschäftstreibenden an«, berichtet Pfarrer Theodor Trede (1878–1900) an den Oberkirchenrat in Berlin, und: »Der Handwerkerstand ist in unserer Gemeinde so gut wie gar nicht vertreten.«[66] Das vereinsmäßige Organisationsmodell der Gemeinde und die Tatsache, daß die Arbeit durch Beiträge ihrer Mitglieder finanziert wurde, mußte zwangsläufig dazu führen, daß sich bestimmte Dominanzen ausbildeten oder, wie es Pfarrer Trede 1881 kritisch formulierte: »Die äußere Verwaltung [der Gemeinde] ruht noch heute in den Händen derjenigen durch Reichthum, Ansehen, Einfluß hervorragenden Männer, welche seinerzeit die Lostrennung von der preußischen Landeskirche veranlaßten«.[67] Gemeint sind damit in erster Linie die oben genannten Schweizer Textilindustriellen und der deutsche Unternehmer Julius Aselmeyer (von 1866 bis 1915 Vorsitzender der Gemeinde), deren Namen in den Berichten immer wieder auftreten und die für die Gemeinde selber, aber auch für die von ihr unterhaltenen Einrichtungen der Schule und des Krankenhauses hohe finanzielle Beiträge aufbrachten.[68] Bei den Stiftern mögen dabei nicht nur fromme Überlegungen eine Rolle gespielt haben, sondern auch das unternehmerische Kalkül, daß die Familien »ihrer« Angestellten durch Kirche und Schule im vertrauten heimatlichen Geist der Arbeitsamkeit und der Tugendhaftigkeit bestärkt werden möchten. Alles in allem kann man verstehen, wenn Pfarrer Tredes Nachfolger Hans Ellger (1900–1906) in seinem ersten Rechenschaftsbericht an den Oberkirchenrat in Berlin seine Pfarrei ein wenig irritiert mit den Worten charakterisierte, »daß man eigentlich nicht von einer Gemeinde, sondern von einem Verein reden muß, der sich zusammengethan hat, um einen Pfarrer anzustellen«.[69] Daß auch dieser »Verein« kaum Austausch mit seiner italienischen Umgebung pflegte, ist nicht verwunderlich: »Wie eine Oase inmitten der romanisch-katholischen Bevölkerung lebte die Gemeinde ziemlich abgeschlossen für sich und hatte gesellschaftlich verhältnismäßig wenig Berührung mit ihrer Umwelt« (Pfarrer Ellger).[70]

Arme Brüder und Schwestern. Soziale Hilfseinrichtungen

Es wurde bereits geschildert, wie prekär die soziale Situation vieler durchreisender Fremder war, die, aus armen Verhältnissen im Norden kommend, als »Gastarbeiter« im Süden ihr Glück zu machen suchten oder vielleicht auch nur von Abenteuerlust getrieben die Straßen von Neapel bevölkerten. Besonders schwierig konnte die Lage werden, wenn arme Menschen auf Reisen krank wurden.

Die evangelische Gemeinde in Neapel gründete, um der Not abzuhelfen, daher 1839, zwei Jahre nach dem großen Cholerajahr, ein Asyl für arme Kranke. Es wurde aus freiwilligen Beiträgen der Gemeindemitglieder und Spenden aus dem Ausland finanziert und nach dem Prinzip der Selbstorganisation von einem eigenen Komitee geleitet. Seit 1851 nannte sich das Armenasyl »Hospital« und entwickelte sich mehr und mehr zu einem allgemeinen Krankenhaus. Nach der Trennung in einen deutschen und in einen französischen Gemeindeteil existierte es als Institut der deutschen evangelischen Gemeinde bis zum Ersten Weltkrieg unter dem Namen »Deutsches Krankenhaus« (Ospedale Tedesco).

Das Mäzenatentum der vermögenden Industriellen in der Gemeinde stellte dabei die »Haupthülfe« (Theodor Trede) beim Unterhalt dieses Gemeindeinstituts dar.[71] Spenden kamen von deutschen und schweizerischen Regierungsstellen, von vermögenden Ausländern und vom Norddeutschen Lloyd in Bremen. Außerdem standen Sammelbüchsen in den großen Hotels und ausländischen Einrichtungen in Neapel. Es ist erstaunlich, über wie lange Zeit sich das Krankenhaus auf dieser ausschließlich mäzenatischen Basis finanzieren konnte. 1889 konnte es in einem Gebäude mit traumhaftem Panoramablick im exklusiven Vomeroviertel Quartier beziehen: Der in Neapel ansässige Unternehmer Julius Aselmeyer hatte der Gemeinde den Betrag von 50.000 Lire zum Ankauf der Villa Casalta in der Via Pontano geschenkt, wo das Krankenhaus bis 1931 in Betrieb war. Heute ist die Villa das Gemeindezentrum der evangelischen Gemeinde.

Neben dem leitenden Arzt und einem Praktikanten waren in dem Krankenhaus vor dem Ersten Weltkrieg vier Diakonissen tätig. Behandelt wurde in drei Klassen, wobei mehr als die Hälfte der Patienten die 3. Klasse in Anspruch nahm und 15–20% der Kranken kostenlos behandelt wurden. Über die Hälfte der Patienten waren Deutsche, wobei zu den Bedürftigen außer den erwähnten Wanderburschen auch die Seeleute der in Neapel vor Anker gehenden Schiffe gehörten. Die hauptsächlich behandelten Übel waren Typhus, Geschlechtskrankheiten sowie Lungenschwindsucht und andere Erkrankungen der Atemwege; aber auch Befunde wie »wunde Füße« finden sich in den Krankenstatistiken.[72]

1877 bekam das Deutsche Hospital Konkurrenz durch die Gründung eines »Internationalen Krankenhauses« (Ospedale Internazionale) in der Via Stretta ai miracoli, das vor allem von Vertretern der englischen und der französischen Kolonien ins Leben gerufen wurde. 1884 bezog es ein Haus in der Via Tasso. Die Beteiligung einiger Deutscher und Schweizer an diesem Konkurrenzunternehmen sorgte in der deutschen Kolonie zunächst für Unstimmigkeiten[73]; beide

Einrichtungen existierten dann nebeneinander, das »Internationale Krankenhaus« noch über das Ende des »Deutschen« hinaus.

Neben verschiedenen anderen Hilfsfonds (Armenkasse, Waisenkasse, Armenbegräbniskasse, Mädchenasyl, Witwenheim) ist hier noch eine Institution privater Sozialfürsorge, an der die Gemeinde mittelbar ebenfalls beteiligt war, besonders zu nennen: der »Deutsche Hilfsverein«. Er wurde 1869 mit dem Ziel gegründet, in Not geratenen durchreisenden oder auf Dauer ansässigen Landsleuten zu helfen, und dies entweder durch einmalige oder durch dauernde Unterstützung.[76] Parallel dazu existierte ein »Schweizer Hilfsverein«.

Der eine und einfachere Teil der Aufgaben des Vorstandes betraf die Unterstützung der am Ort ansässigen armen oder in Not geratenen Landsleute. Die Bittsteller waren persönlich bekannt, vermutlich nicht selten »verschämte Arme«, wie man damals sagte.

Schwieriger war die Situation für die zahlreichen durchreisenden Wanderburschen, Handwerker und sonstigen fahrenden Gesellen, die beim Hilfsverein um Unterstützung nachsuchten. In der Satzung war als Zweck des Vereins ausdrücklich formuliert worden: »Massgebend soll hierbei der Grundsatz sein, dass Armuth und Noth gelindert, gewerbsmässige Bettelei und Landstreicherthum aber mit Entschiedenheit unterdrückt zu werden verdienen.«[77] Den mit der Auszahlung der Unterstützung beauftragten Vorstandsmitgliedern oblag daher die Aufgabe, die »wahren« von den »falschen« Hilfesuchenden zu unterscheiden, was sicherlich zu ähnlichen Prozeduren der Befragung führte, wie sie Arnold und Doris Esch nach der Auswertung der Register des evangelischen Hilfscomités in Rom anschaulich beschrieben haben.[78] Pastor Trede, dem 1902 im Vorstand die Unterstützung der durchreisenden Handwerksburschen obliegt, erhält dabei jedenfalls »Einblick in ein erschreckendes sittliches Elend«.

Die Hilfen, die der Verein in solchen Fällen zur Verfügung stellte, bestanden nicht nur in Unterstützung mit Bargeld. Der Vorstand unterhielt ein Kleiderdepot, aus dem er Anziehsachen und Wäsche für Bedürftige verteilte. Er half mit »Schlafkarten« und mit »Eßkarten« (allein im Jahr 1895 vermittelte er 1311 Speiserationen), er besorgte Arzneien und finanzierte Nach-Hause-Beförderungen mit der Eisenbahn. Und er vermittelte die Adressen von Ärzten, die unentgeltlich konsultiert werden konnten.[77]

CHRISTIAN FRIEDRICH BELLERMANN: ARME KRANKE IN NEAPEL

Bei der großen Anzahl ankommender Reisender, die hier theils Handwerksarbeit, theils anderweitigen Dienst und Vortheil suchen, geschieht es nämlich nicht selten, daß solchen nicht nur bis hierher jede Hoffnung scheiterte, ein bleibendes Unterkommen zu finden; sondern die Beschwerden der Reise, die zu Fuße durchwanderten ungesunden Gegenden, eine zu geringe Beachtung der Gesundheitsvorschriften in diesem Lande und manche andere eigene Verschuldung brachten die Reisenden nun noch in weit größere Noth, wenn sie in der Fremde von schleichenden Fiebern, Brustübeln oder anderen Krankheiten angefallen wurden. Denn nirgends ist der arme Fremdling, wenn er erkrankt, unglücklicher als hier. In keinem Wirthshause will man ihn hier aufnehmen, denn man fürchtet sogleich ein langes Krankenlager oder den Tod, wodurch der hiesige Wirth, bei der allgemeinen Furcht vor ansteckendem Krankheitsstoff und den üblichen kostspieligen Maaßregeln, um solchen aus einem Zimmer wieder zu entfernen, allerdings in große Verwicklungen mit dem Hausbesitzer kommen kann. Und so wird der Kranke und der ihm etwa ein Obdach suchen möchte von Haus zu Haus gewiesen, und er muß sich freuen, endlich nur in der schlechtesten, unreinlichsten und entlegensten Herberge gegen große Anerbietungen einen Platz zu finden – aus welchem der Kranke vielleicht dennoch, wenn die Krankheit an solchem ungesunden Orte zunimmt, auf das unbarmherzigste wieder herausgewiesen wird. Oft gelingt aber auch jenes nicht, und man ist gezwungen, den Kranken in ein Kloster-Hospital zu bringen, wo der Unglückliche, wenn er nicht das Glaubensbekenntnis seiner Pfleger hat, auch auf dem Krankenlager noch keine Ruhe findet, sondern Qualen und Gefahren neuer Art zu bestehen hat. Dies ist die wahrhafte, auf erlebten Thatsachen beruhende Schilderung der Leiden armer, kranker Fremder in dieser Stadt.

Aus: Christian Friedrich Bellermann: Drei Predigten, gehalten in der Königlich Preußischen Gesandtschaftskapelle zu Neapel, Berlin, S. IV-V.

Hilfesuchende auf Reisen hatten darüber hinaus die Möglichkeit, sich an die Quästur zu wenden und nach Artikel 65 des Gesetzes über die Öffentliche Sicherheit (Pubblica Sicurezza) um kostenlose Rückbeförderung in die Heimat, den sogenannten *rimpatrio,* zu bitten. Die Quästur kontaktierte in solchen Fällen zunächst das zuständige Konsulat, das den obligatorischen Bescheid gab, daß finanzielle Mittel nicht zur Verfügung stünden; daraufhin erwirkte die Quästur bei der Bahnpolizei eine Freibeförderung per Eisenbahn bis Chiasso.

Das Schulwesen

Im Königreich beider Sizilien bestand keine allgemeine Schulpflicht, die auch den Kindern der Armen den Zugang zur literalen Bildung ermöglicht hätte. Die Einrichtung von Schulen oder schulähnlichen Einrichtungen gehörte daher zum philanthropischen Programm vieler nordeuropäischer Ansiedler. In Neapel entstand während der Regierungszeit von Gioacchino Murat eine von Schweizern ins Leben gerufene Schule (1811); sie mußte allerdings mit dem Ende der Franzosenzeit 1815 ihre Arbeit einstellen.[78] 1839 gründete dann die deutsch-französische Gemeinde eine Schule für die Waisen und die armen Kinder der Gemeinde, die zum Teil als Internat geführt wurde. Auch in diesem Fall orientierte sich das Organisationsmodell am Vereinswesen: Die Schule wurde von einem »Schulkomitee« geleitet und durch freiwillige Beiträge der Mitglieder und durch Spenden aus dem Ausland finanziert. Später kamen dann die von den Eltern zu entrichtenden Schulgelder als Einnahmequelle hinzu.

Nach bescheidenen Anfängen im Milieu der ausländischen Kolonien[79] wurde die »Deutsche Schule« in der Via Egiziaca 60 nach dem Ende der Bourbonenherrschaft zu einer allgemeinen öffentlichen Schule, in die auch zahlreiche italienische Eltern ihre Kinder schickten. In den Jahren vor dem Ersten Weltkrieg hatte sie sich zur größten deutschen Schule in Italien entwickelt; 13 Lehrer unterrichteten dort 170 bis 200 Schüler, fast die Hälfte von ihnen Italiener.[80] Sprachunterricht wurde in Deutsch, Italienisch, Französisch und Englisch erteilt: eine für die Zeit erstaunliche Breite. Mit Rücksicht auf die italienischen Kinder wurde seit 1908 auch katholischer Religionsunterricht angeboten.

Auch in der schweizerdeutschen Kolonie in Salerno existierte, wie bereits erwähnt, eine eigene, kleine Schule. Gegründet in erster Linie für die Kinder der Angestellten aus den Textilwerken, stand auch sie italienischen Kindern offen. 1893 waren dort drei Lehrer tätig. Um die italienischen Eltern nicht zu verunsichern, hatte man hier sogar auf die Abhaltung eines evangelischen Religionsunterrichts verzichtet – was der glaubenseifrige Pastor Theodor Trede in einem seiner Berichte an den Oberkirchenrat in Berlin monierte.[81] Auch diese Schule war natürlich auf Schulgelder angewiesen.

Direktor der Deutschen Schule in Neapel war von 1868 bis 1872 Woldemar Kaden, ein vom Süden begeisterter Mann, der außer seiner pädagogischen Tätigkeit auch schriftstellerisch wirkte. Er hinterließ eine Reihe von volkskundlichen Studien – unter anderem über die neapolitanischen Geschichtenerzähler, die Camorra, Heiligenfeste, Volksmedizin und Volksfrömmigkeit – sowie einige Reisefeuilletons in der »Gartenlaube«.[82]

Vereine, Vereine

Schon wiederholt war von Vereinen die Rede gewesen: Die deutschsprachige Kolonie organisierte ihr »insuläres« Leben in der Fremde nach den Gepflogenheiten der Heimat. Dabei blieben die Ausländer nicht nur in ihrem eigenen Sprachmilieu, sondern zusätzlich auch in ihren jeweiligen sozialen oder sonstigen Milieus »unter sich«. Die Schweizer Soldaten hatten ihren Kegelverein, die Handwerker ihren Gesangverein, die sozial Engagierten den »Hilfsverein«, die Literaturfreunde den »Leseverein«, die Wassersportler den »Ruderclub Germania«[83], die begeisterten Laienspieler das »Neapeler Deutsche Theater«[84] – um nur einige der deutschen Vereine gegen Ende des 19. Jahrhunderts zu nennen.

Eher als geselligen Club zur Pflege der Unterhaltung verstand sich eine andere Vereinigung: das »Deutsche Casino«. Es wurde 1863 gegründet, unterhielt ein eigenes Clublokal und bot vor allem alleinstehenden jungen Männern Vergnügungen, von denen Pfarrer Trede pikiert anmerkt, daß dabei »von edlerer Geistesbeschäftigung keine Rede« sein könne.[85] Unter dem Präsidenten des »Casinos«, Julius Aselmeyer, wurden zahlreiche Aufnahmeanträge von deutschen Landsleuten abschlägig beschieden, so auch der Aufnahmeantrag des vor allem aus Handwerkern bestehenden Gesangvereins. Offensichtlich legte das »Casino« Wert auf eine gewisse soziale Exklusivität. 1893 löste sich der Club auf und schloß sich der Gesellschaft »Museum« an, die ihre Vereinsräume in der Via Egiziaca 41 hatte.[86] Im gleichen Jahr wurde der Club »Deutsche Colonie« gegründet, der sich ebenfalls in den Räumen des »Museums« versammelte. Er bezeichnete sich stolz als »Vertretung der Gesammtheit der Deutschen

Galleria Umberto

in Neapel«; allerdings bestanden seine Aktivitäten, wenn die erhaltenen Jahresberichte nicht täuschen, fast ausschließlich darin, Kaisers Geburtstag und andere nationale Feste zu begehen und Empfänge für die Offiziere der in Neapel anlandenden deutschen Schiffe zu veranstalten.[87] Viktor Klemperer, damals Lektor für deutsche Sprache an der Universität Neapel, hat 1915 dort einen solchen »vaterländischen Abend« erlebt, »ein alter Herr las rührende und pathetische Berichte aus Feldpostbriefen, [...] den Beschluß machte als allgemeiner Gesang ›Heil dir im Siegerkranz.‹«[88]

Internationale Meeresforschung. Die Stazione Zoologica

Während die meisten dieser Vereinigungen den Ersten Weltkrieg nicht überlebten, stellt eine andere Einrichtung bis heute ein »Ruhmesblatt« deutscher Präsenz am Golf von Neapel dar: die *Stazione Zoologica*.

Die *Stazione* verdankt ihre Gründung der Initiative des aus Stettin gebürtigen Biologen Anton Dohrn (1840–1909). Dohrn hatte sich 1868 bei Ernst Haeckel in Jena habilitiert, verzichtete aber auf eine klassische akademische Laufbahn: Die Universität, so Dohrn, begünstige Einseitigkeit, Spezialistentum und wissenschaftliche Borniertheit und sei daher den Ideen »eines weit um sich blickenden, nach großen Aufgaben verlangenden Geistes« nicht förderlich.[89] Mit der Gründung der *Stazione Zoologica*, des ersten Meeresforschungsinstituts der Welt am Golf von Neapel, realisierte Dohrn ein alternatives Forschungsmodell, das nicht nach dem Muster eines universitären Instituts mit seinen hierarchischen Abhängigkeiten organisiert war, sondern (in heutigen Begriffen ausgedrückt) auf den Ideen der interdisziplinären Kooperation und des Praxisbezugs gründete und das seine spätere Fortsetzung in den Organisationsstrukturen der Kaiser-Wilhelm-Gesellschaft und der daraus hervorgegangenen Max-Planck-Gesellschaft finden sollte. Es ist kein Zufall, daß die Realisierung einer solchen zukunftsweisenden Organisationsform nicht im Dunstkreis der deutschen Universitäten, sondern in der mediterranen Diaspora stattfand.

Die Station wurde 1874 eröffnet; Dohrn, der aus einer begüterten Familie stammte, hatte sein gesamtes privates Vermögen investiert. Ziel der Arbeit war die Erforschung der marinen Fauna im Golf von Neapel; die Untersuchungsobjekte lieferten die örtlichen Fischer. Ungewöhnlich war die Form der Organisation und der Finanzierung der Einrichtung, bei der sich Dohrn als kreativer Wissenschaftsunternehmer erwies. Im Mitteltrakt des Gebäudes war ein großes Schau-Aquarium untergebracht (bis heute heißt die *Stazione Zoologica* in Neapel nur *l'Acquario*, »das Aquarium«). Es war das älteste Schau-Aquarium der Welt und lockte nicht nur zahlreiche zahlende Besucher in die Station, sondern stellte auch die Welt der Forschungsgegenstände publikumswirksam zur Schau. Innovativ war auch das sogenannte »Arbeitsplatzsystem«: Die Station (rechtlich im Privatbesitz von Anton Dohrn) vermietete »Arbeitstische« gegen Geld an einzelne Länder oder wissenschaftliche Einrichtungen, deren Vertreter dann für eine bestimmte Zeit in der Station arbeiten konnten. Die Wissenschaftler der einzelnen Disziplinen (Botanik, Zoologie, Physiologie, Chemie) lebten und arbeiteten gemeinsam in der Station, in einer Art von (modern gesprochen) internationalem »Wissenschaftskolleg«.

Die Zoologische Station in Neapel, Bildpostkarte, ca. 1910

Anton Dohrn war nicht nur ein profunder Wissenschaftler und ein kreativer Organisator, sondern auch ein hochgebildeter, den Schönen Künsten zugetaner Mann. Und so gewann er für den architektonischen Entwurf der *Stazione Zoologica* den Bildhauer Adolf von Hildebrand und für die Ausmalung der Bibliothek den Maler Hans von Marées. Dessen Fresken mit den großen mediterranen Szenen sind nächst den »Nazarener«-Fresken in der Casa Bartholdy in Rom ein malerisches Hauptwerk deutsch-italienischer Begegnung.[90]

Auf diese Weise entstand in der Zoologischen Station eine Einrichtung, die in der Verbindung der drei Elemente von wissenschaftlichem Forschungsinstitut, populärem Schau-Aquarium und Kunstgalerie in der Welt einzigartig ist. Kein Wunder, daß die Station am Meer zu einer der großen Sehenswürdigkeiten für die Besucher der Stadt wurde. »Da der Vesuv immer noch nicht raucht, haben wir fürs erste nur das [Archäologische] Museum und das Aquarium besucht«, schreibt Otto Julius Bierbaum 1902 aus Neapel. »Das sind wenigstens solide Institute, die halten, was sie versprechen. Oder nein: Sie geben viel mehr, sie übertreffen jede Erwartung.«[91] In der Tat bot Neapel mit der Zoologischen Station praktisch die einzige »moderne« Touristenattraktion. Eine Sammlung von vielen Tausenden von Visitenkarten im Archiv gibt Zeugnis für deren Beliebtheit bei durchreisenden Besuchern. Es kamen Gelehrte wie Sigmund

Friedrich Alfred Krupp auf einem seiner Forschungsschiffe im Golf von Neapel, um 1901

Freud, Schriftsteller wie die bereits genannten Fontane und Bierbaum und nicht zuletzt zahlreiche gekrönte Häupter und Repräsentanten aus Adel und Diplomatie. Aber auch Schauplatz eines bekannten Kinderbuches ist das »Aquarium« geworden.[92]

Unter seinem Gründer Anton Dohrn entwickelte sich die Zoologische Station rasch zu einer renommierten meeresbiologischen Forschungseinrichtung, die dann auch vom Deutschen Reich finanziell unterstützt und von der Berliner Akademie mit einem eigenen Forschungsschiff ausgestattet wurde. Zu den berühmtesten Gästen der Station gehörte Friedrich Alfred Krupp, der, unterstützt von Dohrns Mitarbeiter Salvatore Lo Bianco, am Golf von Neapel seiner wissenschaftlichen Leidenschaft, der Tiefseeforschung, nachging und das Institut mit erheblichen Mitteln förderte.

Dohrn verstand es darüber hinaus, die Stazione Zoologica ins Zentrum öffentlicher Aufmerksamkeit in ganz Europa zu rücken. Er war befreundet mit Gelehrten wie Charles Darwin, Alfred Brehm, Rudolf Virchow und Werner von Siemens, mit Malern (Böcklin, Marées), Schriftstellern (Adolf Stahr, Fanny Lewald) und Musikern (Johannes Brahms). Unter seiner Ägide führte die Station Hunderte von zumeist jüngeren Wissenschaftlern aus vielen Ländern Europas und Amerikas zu Forschungsarbeiten und geselligem Leben in der

Stadt am Golf zusammen: eine vor dem Ersten Weltkrieg einzigartige Form internationalen wissenschaftlichen Verkehrs. Daß Dohrn seine Arbeit in Neapel nicht nur als die eines Wissenschaftlers betrachtete, sondern sie durchaus in den historischen Zusammenhang der nordeuropäisch-neapolitanischen Kulturbeziehungen stellte, zeigt der selbstbewußte Satz in einem Brief an die Schwester: »Ich glaube, seit Hamiltons Zeiten und Philipp Hackert hat niemand Neapel so ausgeschöpft wie wir.«[93] Neapel selbst verdankt ihm die Rettung der Villa Floridiana, der großen Parkanlage auf dem Posillipo.

Nach Anton Dohrns Tod 1909 ging die Leitung der Station an seinen Sohn Reinhard Dohrn (bis 1956) über. Mit dem Ende des Ersten Weltkriegs wurde sie als deutscher Besitz enteignet und als autonomes Forschungsinstitut des italienischen Staates weitergeführt. Als solches arbeitet es bis heute, widmet sich neben den klassischen Themen der marinen Biologie auch aktuellen Forschungsgegenständen wie der Biochemie, der Molekular- und der Neurobiologie. Die »Stazione Zoologica ›Anton Dohrn‹« (wie sie seit 1982 heißt) enthält außerdem neben einer umfangreichen Bibliothek auch ein reiches Archiv zur Wissenschaftsgeschichte und zur Geschichte des deutschen Lebens in Neapel und seiner interkulturellen Verflechtungen.

Colonia Britannica. Die Engländer

Ich habe bereits an früherer Stelle auf die starke Präsenz englischer Reisender und »Residenten« in Neapel hingewiesen. Die Gründe dafür sind nicht nur kultureller, sondern auch politischer Natur. Die britische Seemacht beherrschte das Mittelmeer; während der Napoleonischen Kriege fungierte sie als Schutzmacht der Bourbonen in Neapel. Dabei verfolgten die Engländer am Golf auch lokale Interessen: 1806 besetzten sie die Insel Capri unter General Hudson Lowe und hielten sie bis zu ihrer abenteuerlichen Eroberung durch die Truppen Murats 1808 als eine Art britisch-bourbonischer Exklave im Golf von Neapel besetzt. Politisch waren die Briten bereits vorher durch Sir John Acton (1736–1811), den Premierminister Ferdinands IV. in Neapel einflußreich gewesen, kulturell darüber hinaus in der Person ihres langjährigen Botschafters Sir William Hamilton. Im 19. Jahrhundert entwickelte sich dann Neapel neben Messina zum wichtigsten britischen Handelshafen in Unteritalien – bis heute erinnert daran eine ganze Reihe von Seemannsgräbern auf dem *English Cemetery*.

Es ist also kein Wunder, daß die Stadt am Golf nicht nur für durchreisende Besucher, sondern aus wirtschaftlichen Gründen auch für Ansiedler aus dem Vereinigten Königreich interessant war. Nach der politisch erzwungenen Abstinenz während der Franzosenzeit erklärte ein unmittelbar nach der Rückkehr der Bourbonen 1815 geschlossener anglo-neapolitanischer Handelsvertrag die Briten zu den »privilegierten Nationen« und gewährte Zollerleichterungen für englische Importwaren. 1827 zählen die Steuerlisten bereits insgesamt 25 englische Handelshäuser in der Stadt auf.[94] Zu den britischen Repräsentanten in der Golfstadt gehörten in der Folgezeit Bankhäuser, Versicherungen, Schiffsagenturen, Textilunternehmen, Einzelhandelsgeschäfte, Apotheken und Arztpraxen.

Beliebt war Neapel während des ganzen 19. Jahrhunderts auch als *winter resort* oder dauernder Aufenthaltsort begüterter englischer Familien, pensionierter Offiziere, Diplomaten und sonstiger *expatriates*. Auch im benachbarten Capri hatten eine Reihe von solchen *expatriates* prachtvolle Villen, so zum Beispiel der langjährige Korrespondent der »Times«, Henry Wreford (Bristol 1806–Capri 1892), oder der aus dem Militärdienst in Indien retirierte General George Julius Melliss (St. Helena 1831–Capri 1903).

Ähnlich wie bei den Angehörigen der deutschsprachigen Länder spielte für den Aufbau einer »kulturellen Identität« auch bei den Briten in der Diaspora die freie Religionsausübung eine wichtige Rolle. Nachdem eine Petition der britischen Residenten zur Anmietung eines Gottesdienstraums 1827 von der bourbonischen Regierung abschlägig beschieden worden war, versammelten sie sich ab 1829 in der Gesandtschaft des Britischen Konsuls in der Villa Bisignano, um hier, ähnlich wie die Deutschen und übrigens auch die Russen[95], im Schutz der konsularischen Exterritorialität anglikanische Gottesdienste abzuhalten[96]. 1831 entsandte die Britische Krone Rev. Henry Bennet als ersten Gesandtschaftsprediger nach Neapel.

Nach dem Umzug der konsularischen Residenz in den Palazzo Calabritto 1840 wurde dort eine eigene Kapelle eingerichtet.

Anders als die in Neapel ansässigen Deutschen sympathisierten nicht wenige der britischen Residenten mit den liberalen Ideen des Risorgimento und setzten sich auf diese Weise in Gegensatz zur offiziellen staatlichen Politik. Während von den Deutschen im Süden vor allem die religiöse Intoleranz beklagt wurde, begegneten die Briten – aufgrund ihrer nationalen demokratischen Tradition – häufiger dem reaktionären staatlichen Herrschaftsapparat mit Mißtrauen und Kritik. Einzelne englische Residenten unterstützten sogar aktiv die Liberalen, so der erwähnte Korrespondent der »Times«, Henry Wreford, der nicht nur in der englischen Presse nachdrücklich die Sache des Risorgimento vertrat, sondern für die nach Capri verbannten Regimegegner sogar subversive Dienste als Überbringer geheimer Botschaften übernahm.[97] Nicht nur er geriet dabei als »Sympathisant« ins Visier der bourbonischen Geheimpolizei; die britische Legation selber wurde ab 1852 von ihr überwacht.[98] Auch die beiden englischen Schulen waren mehrfach von polizeilicher Schließung bedroht, wobei es allerdings wohl mehr um den »Skandal« gemischtgeschlechtlicher Klassen und die Angst vor der Beeinflussung katholischer Kinder ging.[99]

Old England war auf diese Weise seit 1815 von der (neben Österreich) wichtigsten ausländischen Kollateralmacht des bourbonischen Regimes zu dessen schärfstem Kritiker geworden. Die fand ihren Höhepunkt 1860 nach der Landung der »Tausend« in Sizilien. Eine Woge der Begeisterung für Garibaldi und seine Sache erfaßte die Engländer, die bereits die Landung der »Tausend« bei Marsala mit zwei Kriegsschiffen unterstützt hatten.[100] Eine Reihe von in Neapel ansässigen Engländern setzte sich sogar nach Sizilien in Marsch, um sich dort den kämpfenden Garibaldinern anzuschließen. Unter ihnen war auch eine Frau (Garibaldi wurde immer eine besondere Faszination auf Frauen nachgesagt): die couragierte Schriftstellerin Jesse Mario White, die, unterstützt von einigen anderen Damen der englischen Kolonie, eine Krankenstation zur Pflege der verwundeten Kämpfer einrichtete.[101]

Auch in London selber sammelten sich um ein *Garibaldi Committee* Freischärler zur Unterstützung der italienischen Freiheitsbewegung. Im September 1860 – König Francesco II. hatte die Hauptstadt bereits verlassen – landeten 600 Briten in Neapel, unter ihnen Lord Ashley, der Earl von Shaftesbury (1801–85), und marschierten in roten Jacken und mit aufgepflanzten Bajonetten durch die Stadt.[102] Auch in der Schlacht am Volturno, in der Garibaldi den endgültigen Sieg über die bourbonischen Truppen errang, kämpften englische Freiwillige an seiner Seite.

Für die englische Kommunität in Neapel schien nach dem Erfolg Garibaldis nun auch die Zeit gekommen, um endlich das – von der bourbonischen Regierung zuvor mehrfach abgelehnte – Projekt eines eigenen anglikanischen Gotteshauses in die Tat umsetzen zu können. Im Oktober 1860 wandten sich, wie schon erwähnt, die Vorsitzenden des Anglikanischen Komitees mit einer Petition an den *Dittatore*, der nicht nur den Bau eines eigenen Gotteshauses gestattete, sondern als Zeichen seiner besonderen Sympathie für die britische Nation auch das dafür benötigte Grundstück herschenkte.[103]

Nach Auslobung eines Wettbewerbs entschied man sich für den »gotisch-englischen« Entwurf der Architekten Smith und Sohn: »decidely English in character«, wie der Kirchenvorstand formulierte.[104] Denn auch bei diesem Kirchenbau kam es, wie bei den anderen evangelischen Kirchen in der italienischen Diaspora, darauf an, den Charakter des »dezidiert Eigenen« gegenüber der fremden Umgebung ausdrücklich zu betonen. Im März 1865 wurde die anglikanische »Christ Church« in der Via San Pasquale eingeweiht, zwei Monate vor der deutsch-französischen Kirche in der nicht weit entfernten Via Carlo Poerio. 1874 folgte die Methodistenkirche in der Via Sant'Anna a Palazzo (die vor allem von den »einfachen Leuten« frequentiert wurde, den Kleingewerbetreibenden und Handwerkern der englischen Kolonie) und das Gotteshaus der Church of Scotland in der Via Cappella Vecchia.[105] 1911 wurde schließlich auf der Insel Capri die anglikanische »All Saints Church« errichtet; sie verdankt ihre Gründung der in London tätigen »Society of the Propagation of the Gospel in Foreign Parts«.

Insgesamt zeigte die englische Diaspora in Neapel jene merkwürdige Ambivalenz von Philanthropie und Zurückgezogenheit, die auch den Charakter der anderen Fremdenkolonien ausmachte. Während man sich auf der einen Seite in zahlreichen sozialen Unternehmungen engagierte, die zum Teil auch der einheimischen Bevölkerung zugute kamen, war man auf der anderen Seite »vom Stolz geprägt, im Ausland das nationale Prestige zu repräsentieren, und vom tiefsitzenden Mißtrauen gegenüber den Neapolitanern und ihren Institutionen«.[106] Auch die Versuche zur Gewinnung einer »religiösen Autonomie« gehören in diesen Zusammenhang.

Ihr größtes Verdienst hatten die Engländer bei der Gründung und Unterhaltung einer exterritorialen Institution, die bis heute existiert und bei der es nicht um das Leben, sondern um den Tod in der Fremde ging: die Ausländerfriedhöfe.

Irrespective of Race or Religion. Ausländerfriedhöfe am Golf

In einer Kurzgeschichte von Somerset Maugham begegnet dem Erzähler ein britischer Kolonialbeamter in Burma. Typische Figur der zeitgenössischen Kolonialliteratur, hat er es sich in seiner fremden Umgebung bequem gemacht, er bezeichnet sich als glücklich, er genießt die Privilegien seines Standes und seiner Nation im Ausland, und er genießt sie, indem er *Old England* auf seine Weise nach Hinterindien verpflanzt hat. Für seinen Lebensabend kennt er allerdings nur ein Ziel, und er verfolgt es hartnäckig. Er will zurück nach England: »Ich will nicht hier draußen begraben werden. Ich will auf einem englischen Friedhof begraben werden.«[107]

Der Wunsch, die letzte Ruhe in heimatlicher Erde zu finden, ist weit verbreitet, und er zeigt an, daß Menschen sich offenbar leichter mit einem Leben als mit einem Tod in der Fremde anfreunden können. (Im 19. Jahrhundert nahmen italienische Amerika-Auswanderer ein Päckchen Heimaterde mit, das einmal über ihr Grab gestreut werden sollte.) Denn Beisetzungsrituale sind tief in den kollektiven Mentalitäten verwurzelt, ändern sich nur sehr langsam und gehören zu den wichtigsten Elementen der Abgrenzung des »Eigenen« gegenüber dem »Fremden«.

Im Falle der nordeuropäischen Fremdenkolonien wurde dies besonders deutlich. Wer früher während eines Aufenthalts im Süden starb und nicht römisch-katholischen Bekenntnisses war, erhielt kein Begräbnis in »geweihter Erde« *(terra consacrata).* Die Friedhöfe unterstanden kirchlicher Hoheit und galten nach dem Codex Iuris Canonici als *loca sacra,* die der *sepultura fidelium* vorbehalten waren.[108] Protestanten und Angehörige anderer Konfessionen galten jedoch als *infideles,* waren daher in der Regel von diesen Orten ausgeschlossen.

Daß dieser Zustand bei Besuchern aus dem Norden Beunruhigung und Angst auslösen konnte – Reisen war in früheren Zeiten ein risikoreiches Unternehmen –, zeigt beispielhaft das Reisetagebuch der kurländischen Gräfin Elisa von der Recke. 1806 in Neapel angekommen, mußte sie dort erleben, wie ihr Reisebegleiter Christoph August Tiedge schwer erkrankte: »Der teure Kranke hatte in seinen halbhellen, bald mit Fantasie vermischten Äußerungen die ihn quälende Besorgnis ausgedrückt, daß, wenn er sterben sollte, sein Körper als der eines Nichtkatholiken auf eine höchst schimpfliche Art weggeworfen werden würde.«[109]

Die »schimpfliche Art« bestand in einer Beisetzung auf freiem Feld und ohne kirchliches Zeremoniell, da, wie gesagt, die öffentliche Religionsausübung »häretischer« Konfessionen untersagt war. Außerdem durften aus dem gleichen Grund die Gräber von »Ungläubigen« nicht mit christlichen Symbolen (dem Kreuzeszeichen etwa) versehen werden.

In verschiedenen Orten Italiens, in denen Handel und Fremdenverkehr florierten, entstanden daher auf Initiative der dort lebenden Ausländer sogenannte »nichtkatholische Friedhöfe«, so in Livorno, in Pisa, in Venedig und in Florenz. Der berühmteste unter ihnen ist sicherlich der *Cimitero acattolico al Testaccio* bei der Cestius-Pyramide in Rom. Seine Gründung geht auf die Initiative von Wilhelm von Humboldt zurück, der während seiner Zeit als peußischer Gesandter in Rom selber zwei kleine Kinder verloren hatte. Vorher hatte man die »Ungläubigen« auf den *Prati del popolo romano* begraben, einem offenen Gelände, das als Viehweide diente.

Etwas anders war die Situation in Neapel. Ein geschäftstüchtiger Bürger, ein gewisser Carlo Califano, hatte das katholische Dogma zu seinen Gunsten auszunutzen verstanden: Er verkaufte für die Summe von 50 Dukaten Begräbnisplätze in seinem privaten Garten in der Nähe der Kirche San Carlo all'Arena. Auch hier mußten allerdings, ähnlich wie in Rom, die nichtkatholischen Begräbnisse bei Nacht und ohne Begleitung eines Geistlichen stattfinden.[110]

Um diesen als entwürdigend empfundenen Zustand zu ändern, wandte sich 1817 der britische Konsul Sir Henry Lushington im Namen der britischen Residenten mit einer Eingabe an das zuständige Außenministerium und erhielt nach längeren Auseinandersetzungen und gegen den Widerstand der Kirche schließlich die Erlaubnis zur Anlage eines eigenen Gottesackers – mit der Auflage, daß dort keine dem Kult dienende Kapelle errichtet werden dürfe.[111] Im Jahr 1826 wurde daraufhin hinter der Kirche Santa Maria della Fede der erste nichtkatholische Friedhof der Stadt eingeweiht: zugleich der erste öffentliche Ort, an dem im Königreich beider Sizilien die kulturellen Privilegien einer fremden Nation anerkannt wurden. Der Friedhof, mit einer Mauer umgeben, wurde von einem britischen Komitee verwaltet und stand auch Nichtkatholiken anderer Nationen offen.

Der Friedhof war in einem ungesunden und übel beleumundeten Viertel angelegt worden – in unmittelbarer Nähe befanden sich der »Straßenstrich« und das Syphilitiker-Asyl. »In diese Gegend hat man im christkatholischen Neapel die Ruhestätte der Protestanten verlegt!«, empört sich 1835 der durchreisende preußische Assessor Gustav Nicolai.[112] Auch August von Platen fand es »poetischer«, auf freiem Feld in Sizilien als in Neapel »unweit der Bordelle« begraben zu werden.[113] Dennoch entwickelte sich der »Garten der Protestanten« (Nicolai) dank der berühmten englischen Gartenkunst schon bald zu einer hübschen kleinen Parkanlage inmitten der Großstadt. Denn anders als in italienischen Friedhöfen wurden die Toten hier nach »nordischer« Weise beigesetzt, also nicht in gemauerten Kolombarien und Kapellen, sondern in Erdgräbern: eine Besonderheit, die noch heute die Ausländerfriedhöfe in Italien von ihrer Umgebung abhebt. »Der Gottesacker« – schreibt Pfarrer Remy 1853 – »ist übrigens mit großer Sorgfalt gehalten und gewährt durch die schönen Cypressen, Oleander-Bäume und liebliche Blumenzier, durch die meist geschmackvollen marmornen Denkmäler und durch die Aussicht auf den Vesuv einen sehr freundlichen, wohlthuenden Anblick.«[114]

Die »geschmackvollen marmornen Denkmäler«, meist in klassizistischem Stil, schmückten, wie man sich denken kann, die Gräber jener vermögenden Geschäftsleute, von denen die Rede war.[115] Sie erinnern unter anderem an den Schweizer Industriellen David Vonwiller (St. Gallen 1794–1856), an den Schweizer Bankier Oskar Meuricoffre (1824–1880), den englischen Archäologen Sir William Gell (gest. 1836) oder an das traurige Schicksal der Familie von Rudolf und Elisabeth Freitag, die den Tod von drei kleinen Kindern zu beklagen hatten. Auch der niederländische Maler Anton Sminck Pitloo (gest. 1837), der Begründer der *Scuola di Posillipo*, wurde hier begraben, Elizabeth Lady Craven (gest. 1828), die Favoritin des letzten Markgrafen von Ansbach-Bayreuth, die seit 1814 in einer Villa auf dem Posillipo lebte, sowie deren Sohn Richard Keppel Craven (1779–1851), der sich in ein aufgelassenes Kloster in Penta bei Salerno zurückgezogen hatte und durch seinen kritischen Bericht »A Tour through the Southern Provinces of the Kingdom of Naples« (1821) bekannt geblieben ist. Und natürlich gab es da auch die Gräber englischer Matrosen, Schweizer Hotelangestellter oder von Touristen, die hier von einem plötzlichen Tod ereilt wurden wie jener amerikanische Seemann Charles Carroli, der 1830 bei einem Ausflug auf den Vesuv von einem herabfallenden Steinbrocken getroffen wurde.[116] Und selbstverständlich wurde hier auch zahlreichen Armen, wenn nicht ein Grabstein, so doch ein »anständiges Begräbnis« zuteil, wie Pfarrer Paul Wilhelm Remy 1851 schreibt, der allein in diesem Jahr zehn solcher kostenlosen Armenbegräbnisse durchführte[117], bevor er 1864 hier selber sein Grab fand. Dabei war die schlichte Art, mit der evangelische Begräbnisse im bourbonischen Neapel notgedrungen durchgeführt werden mußten, für Pfarrer Remy durchaus eine Form des Glaubenszeugnisses, mit der sich die Überlegenheit des eigenen Kultus gegenüber dem römisch-katholischen zu bewahrheiten schien (siehe Kasten, Seite 233).

Der Friedhof, ein außerordentliches Zeugnis des Kosmopolitismus und der Ökumene in einem vom Streit der Nationalitäten und Konfessionen zerrissenen Jahrhundert, war bis 1893 in Funktion. Dann wurde er aufgegeben und an seiner Stelle der *New English Cemetery* auf Capodicchino eingerichtet. Der alte Friedhof verfiel allmählich, viele der schönen Monumente wurden entwendet oder zerstört. 1980 wurde das Gelände von der Englischen Krone an die Stadt verkauft – sie bemüht sich seither um die Säuberung des Platzes und die Anlage eines Parks.

Paul Wilhelm Remy
Evangelische Begräbnisse in Neapel

Die Form unserer Begräbnisse ist durchaus würdig und anständig. Die Todten werden in einem mit schwarzem Tuch behangenen, oben mit einem großen weißen Kreuz gezierten Leichenwagen nach dem Gottesacker gefahren, die Leidtragenden folgen in Kutschen, und während im Anfange des Bestehens unserer Gemeinde unsere Leichenzüge oft noch mit Steinwürfen, Pfeifen und Schimpfen verfolgt wurden, fällt jetzt nichts der Art mehr vor, nur daß etwa ab und zu noch Jemand verwundert stille steht; mitunter sogar nimmt wohl auch Jemand den Hut ab, aber wohl nur, weil er nicht weiß, daß es ein protestantisches Leichenbegängnis ist. Auf dem Gottesacker ist ein zwar ganz einfaches, aber durchaus angemessenes Gemach, in welches der Sarg niedergesetzt und wo die Leichenrede gehalten wird; am Grabe findet die Begräbnis-Liturgie statt, bei welcher oft Neapolitaner zugegen sind, welche, besonders wenn die Function in französischer Sprache verrichtet wird, was sie doch oft verstehen, fast durchgängig durch den Ernst, die Feierlichkeit und zugleich Einfachheit dieser heiligen Handlung tief ergriffen werden und ihre höchste Verwunderung darüber aussprechen, daß wir die Leute sind, von denen ihre Priester ihnen sagen, daß sie keine Christen, sondern Juden oder Türken seien. Dieselbe Erfahrung machen wir auch ziemlich häufig bei Taufen und Trauungen, und haben mir oft Neapolitaner, welche denselben beigewohnt hatten, bezeugt, wie unsre gottesdienstlichen Formen und der darin wohnende Geist christlichen Ernstes sie ungleich mehr anspreche als die überladenen, unaufhörlich symbolisierenden, für die Meisten ganz unverständlichen Ceremonien ihres eigenen Gottesdienstes.

Aus dem Bericht von Pfarrer Remy an den Oberkirchenrat in Berlin 1853.

Auch der »neue« Englische Friedhof (der bis heute existiert) versammelt hinter seiner Mauer an der lauten *Via Nuova del Campo* die Gräber der »Nichtkatholiken« unterschiedlichster Konfessionen aus zahlreichen Ländern: Residenten und Touristen, bekannte und unbekannte Namen, repräsentative und schlichte Grabsteine. Gegenüber, auf der anderen Seite der Straße, liegt der Friedhof *Santa Maria del Pianto,* wo einst, in unterirdischen Höhlen, die Toten der großen Pest von 1656 beigesetzt wurden und der heute Teil des städtischen *Cimitero di Poggioreale* ist. Nicht weit davon entfernt liegt der verfallene *Camposanto delle 366 fosse,* 1762/63 von dem Architekten Ferdinando Fuga mit 366 »Tages«-Gemeinschaftsgräbern für die Toten des Armenspitals *Albergo dei poveri* erbaut. Selten kann man an einem Ort deutlicher erkennen, daß auch die Gemeinschaft der Toten ihre eigenen topographischen Gesetze hat.

Die beiden Fremdenfriedhöfe in Neapel sind nicht die einzigen in Kampanien. Auch in Fratte bei Salerno entstand, auf dem Fabrikgelände der Schweizer Baumwollspinnerei, ein eigener Begräbnisplatz für die Angestellten der Firma und ihre Familienangehörigen. Der *Cimitero Svizzero*, wie er in Salerno heißt, ist heute allerdings total verkommen.

Der landschaftlich reizvollste und von seiner Geschichte her ungewöhnlichste *Cimitero acattolico* ist sicherlich derjenige auf der Insel Capri.[118] Er verdankt seine Entstehung nicht der Intervention einer ausländischen Regierung (wie in Neapel und Rom), sondern einer »Bürgerinitiative« von Angehörigen der englischen und der deutschen Fremdenkolonie auf der Insel, die das Terrain 1879 aus eigenen Mitteln erwarben und dann in Selbstorganisation mit einem *chairman* und einem *comittee of management* verwalteten. Erst 1991 ging er in kommunalen Besitz über. Wie kaum ein anderer Ort ist er ein Spiegel der neueren Geschichte Capris und seiner Faszination für Künstler und Lebenskünstler, Schriftsteller, Intellektuelle und Außenseiter aus ganz Europa. Neben den Gräbern berühmter Leute finden sich diejenigen von verunglückten Touristen, von Selbstmördern, italienischen Freidenkern oder jüdischen Emigranten aus Nazi-Deutschland. Unter den mehr als 200 Personen, die hier beigesetzt wurden, sind Angehörige von insgesamt 21 Nationen und rund 10 verschiedenen Konfessionen – vereint in ihrer erzwungenen Existenz als Außenseiter, und dies keineswegs nur im konfessionellen Sinn. *Irrespective of Race or Religion* (so eine alte Tafel am Eingang) möchte der Friedhof seinen Gästen eine Heimat bieten. Es ist kein Zufall, daß die Idee der Versöhnung ihre frühesten und schönsten Blüten in der Diaspora getragen hat.

DIE ERDE BEBT
Neapel in der Moderne

Die Vormoderne als Inspiration

Neapel in der Moderne? Der Titel reizt zu einem Fragezeichen. Während andere europäische Metropolen längst den Übergang von der Moderne zur sogenannten Postmoderne zelebrieren, stellt sich für Neapel die Frage, ob diese Stadt überhaupt schon in der Moderne angekommen ist. Und ob nicht ihr besonderer Reiz gerade in diesem Vorläufigen, Vor-Modernen besteht. Das hat nicht nur Pasolini in seinem Gennariello-Brief so gesehen: einer Liebeserklärung an die unangepaßte Rückständigkeit der Gennaro-Stadt, der »letzten plebejischen Metropole« in Europa, in der selbst Unordnung, Schmutz und Verbrechen noch den Charakter menschlicher Würde trügen.[1] Auch Walter Benjamins und Ernst Blochs berühmte Kategorie der »Porosität«[2] ist ja nichts anderes als der Entwurf eines urbanistischen und geistigen Gegenprojekts zu den Entfremdungserscheinungen der Moderne: Durchlässigkeit gegen Abgeschlossenheit, Transparenz zwischen Öffentlichem und Privatem statt rigider Separation, Vermischung von Heiligem und Weltlichem statt kategorialer Trennungen.[3] Das bezeichnet in romantischer Perspektive den alten Gegensatz von »Norden« und »Süden«, im kritischen Bewußtsein der Autoren der Frankfurter Schule den Entwurf einer antikapitalistischen Utopie städtischen Lebens, der implizit auf Strukturen der Vormoderne zurückgreift.

In ganz ähnliche Richtung weist die Tatsache, daß bedeutende Architekten der europäischen Moderne (Josef Hoffmann, Le Corbusier) sich von der »Simplizität« und »Schmucklosigkeit« der mediterranen Architektur am Golf von Neapel inspirieren ließen, daß Futurismus, Kubismus und Kunstgewerbe dort die »einfachen Formen« der neuen Ästhetik fanden[4], daß Lebensreformer verschiedener Couleur im Süden der »natürlichen«, »unentfremdeten« Lebensweise der Menschen auf der Spur waren (erinnert sei an die

Giorgio Sommer: Santa Lucia, um 1890

Künstlerkolonien von Capri und Positano). Neapel wird auf diese Weise im ausgehenden 19. und in der ersten Hälfte des 20. Jahrhunderts zu einem Inspirationsort der entstehenden Moderne – und dies, im Gegensatz zu Metropolen wie Paris oder Berlin, gerade dadurch, daß von hier aus traditionelle, vormoderne Strukturen in den Prozeß der Entstehung der Moderne hineinwirkten, aufgegriffen und weitergegeben von Theoretikern und Künstlern antibürgerlicher Provenienz unterschiedlichsten Zuschnitts.

Wie sehr dabei (aus heutiger Sicht) kritischer Gegenentwurf und Nostalgie Hand in Hand gingen, zeigen die neapolitanischen Essays von Alfred Sohn-Rethel »Eine Verkehrsstockung in der Via Chiaia« und »Das Ideal des Kaputten. Über neapolitanische Technik« (1926)[5]. Dort erscheint, natürlich in kritischer Wendung gegen den technischen Perfektionismus des Nordens, das Unvollkommene als Ideal, die Improvisation als Meisterleistung, ja selbst der Zusammenbruch des Verkehrs in den überfüllten Straßen der Stadt als Anlaß für die Betätigung wahrer Lebenskunst.

Der »Bauch von Neapel«. Die Sanierung der Innenstadt

Auch hier war es wieder einmal wie so oft der Blick von außen, der die Dinge auf den schönen Begriff brachte. Daß das Kaputte in Neapel besser als das Heile in einer nördlichen Metropole sein sollte: einem Bewohner der Stadt selber mochte das nur schwer einleuchten. Zwar spielte die berühmte *arte dell'arrangiarsi,* die »Kunst des Sich-Arrangierens«, in der Selbstwahrnehmung der Neapolitaner immer eine große Rolle – aber doch weniger als »Ideal« denn als eine eben aus der Not geborene Tugend. Die Not selber aber forderte Abhilfe. Nach dem Schock des Jahres 1860, der »Piemontisierung« und zugleich wirtschaftlichen Vernachlässigung des Südens, machte nicht nur die Cholera-Epidemie des Jahres 1884 die Modernisierung der Stadt unabweisbar. Es ist der Prozeß des *sventramento di Napoli,* der »Ausweidung« der Stadt, für den sich die neapolitanische Journalistin und Schriftstellerin Matilde Serao (»Der Bauch von Neapel«, 1884) eingesetzt hat, die überfällige Sanierung der Altstadtviertel.

»Kennen Sie den Bauch von Neapel, Hochwürden Depretis?«, so wendet sie sich in einem flammenden Aufruf an den damaligen Ministerpräsidenten in Rom. »Vermutlich nicht! [...] Waren Sie jemals im Marktviertel? Genau – jenem historischen Viertel, in dem Masaniello seine Revolte gemacht und wo man Konradin von Hohenstaufen enthauptet hat! O ja, Schriftsteller und Dichter haben davon erzählt [...]. Aber zum Teufel mit der Dichtung, mit dem Theater. Im Marktviertel gibt es keine einzige saubere Straße, seit Jahren ist dort der Straßenfeger nicht mehr vorbeigekommen. Dort gibt es das *lavinaio,* den großen Waschplatz, wo alle dreckigen Lumpen des alten, armen Neapel gewaschen werden [...]. Dort gibt es die sieben Gäßchen *della Duchesca;* in einem einzigen, so habe ich es in einer Depesche gelesen, gab es innerhalb von einer Stunde 30 Cholerafälle«.[6] Im Stil einer detaillierten Sozialreportage, die an Bettina von Arnims mutiges »Dies Buch gehört dem König« (1843) erinnert, geht Matilde Serao – in einer Art von alternativer Stadtführung – Viertel für Viertel, Gasse für Gasse der übervölkerten *bassi*-Quartiere durch, schildert das Elend der Bewohner, den Schmutz auf den Gassen, die fehlenden hygienischen Einrichtungen. Was der folkloristische Blick der Reisenden dort mit einer Mischung aus Neugier, Bewunderung und Ekel wahrgenommen hatte, wird für Matilde Serao zum sozialen Problemfeld. »Santa Lucia? – Sehr pittoresk für einen Schriftsteller, wenn er dort nach Mitternacht durch die Straßen geht und auf Menschen stößt, die unter dem Portikus von San Francesco di Paola schlafen, den Kopf an die Säulenschäfte gelehnt; Menschen, die auf den Gartenbänken der Piazza Municipio schlafen, kleine Buben und Mädchen auf den Treppenstufen der Kirchen San Ferdinando, Santa Brigida, Madonna delle Grazie [...]. In Wahrheit ist es entsetzlich grausam, daß das alles immer noch existiert, daß Menschenwesen das erleiden müssen – und daß Menschen, die doch ein Herz haben, ertragen können, daß das alles so ist.«[7]

Der nun einsetzende Prozeß des *risanamento*, der Sanierung der populären Viertel am Hafen und um die Piazza Mercato, verändert das Gesicht der Innenstadt. Jetzt verschwindet das alte Viertel Santa Lucia und macht den großen Luxushotels und Wohnpalästen im »umbertinischen«, dem italienischen »Gründerzeit«-Stil Platz. Das 1910 errichtete Denkmal des Königs Umberto triumphiert heute über dem sechsspurigen Lungomare zwischen Palazzo Reale und der barocken Fontana dell'Immacolata: ohne Zweifel, wie der Reiseführer weiß, »eines der schönsten Meerpanoramen der Welt«.[8] Und doch lebt dort, auf heimliche Weise, noch immer das alte Viertel Santa Lucia: An jedem Morgen verkaufen ein paar »freie« Fischer, nur wenige Schritte unterhalb des Triumphators Umberto, ihren Fang an Muscheln und Meeresfrüchten aus dem Golf, natürlich *senza scontrino*, ohne Quittung.

An der Via Chiatamone verschwindet ein populärer Treffpunkt besonderer Art, eine Attraktion auch für die Reisenden aus dem Norden: die warme Schwefelquelle von Santa Lucia. Ihr Wasser galt als heilsam und wurde von Frauen und Mädchen geschöpft und auf den Straßen der Stadt verkauft. Theodor Fontane hat noch aus dieser Quelle getrunken, in deren Umgebung auch, wie Ferdinand Gregorovius weiß, »die nächtliche Nymphe ihre Netze nach den Fremden auswirft«.[9] Seit 1885 versorgte eine neue Wasserleitung die Stadt; die Sitte, Trinkwasser aus besonderen Brunnen oder Leitungen zu schöpfen, hat sich in Kampanien allerdings bis heute erhalten.

Saniert wird auch die Gegend um die Piazza Mercato. Für die breite Straßenschneise, die durch das Viertel geschlagen wird, darf

Eine Verkehrsstockung in der Via Caracciolo, 2002

wiederum der König Namenspatron sein: Corso Umberto. Die Neapolitaner sagen *Il Rettifilo* dazu, »die Schnurgerade«: fortlebende Erinnerung an den urbanistischen Gewaltakt der Zerstörung der gewundenen, engen Gäßchen mit ihrem turbulenten populären Leben. Aber rechts und links vom Rettifilo, zur Piazza Garibaldi hin, wird noch immer gehandelt und gefeilscht; nur daß es heute oft die *extracomunitari* sind, die Marokkaner und Schwarzafrikaner, die neben den Einheimischen hier ihre Waren feilbieten. Nichts kann in Neapel gänzlich verschwinden.

Seit den 1870er Jahren hält auch die Gasbeleuchtung Einzug in Neapel. Einer der ersten künstlich beleuchteten Orte ist die antike Grotte durch den Posillipo. Als die Stadt dann im 20. Jahrhundert elektrifiziert wird, verdrängt die neue Technologie allerdings keineswegs die Beleuchtungskörper der Vormoderne, die Madonnen- und

Heiligenaltäre in den Straßen der Stadt. Zu den alten Wachskerzen gesellen sich die Osrambirnchen, gesellen sich heute die bunten Neonröhren und LED-Leuchten. Und wenn, wie nicht selten, der Strom ausfällt, ist wenigstens auf die Kerzen Verlaß.

Auch die Sitten der Neapolitaner ändern sich, sollen sich ändern. Kurz nach dem Anschluß Süditaliens an das Königreich erläßt der Quästor in Neapel eine »Badeordnung«. Danach ist es jetzt verboten, nackt zu baden oder sich nackt am Meer aufzuhalten. Künftig müsse »in mutande« gebadet werden, in Unterwäsche.[10] Aber auch »in mutande« werden die Knaben und jungen Männer am Golf von Neapel den Fremden aus dem Norden weiterhin den Kopf verdrehen.

Das alte Neapel lebt weiter. Die Literatur

Neapel wird also »modern«, sucht jedenfalls den Anschluß an die Moderne. Weiterleben wird das »alte« Neapel allerdings im Blick von außen, in der Wahrnehmung der Stadt durch die Fremden und in der Literatur. Sie scheinen die Modernisierung der Stadt konsequent zu ignorieren. Der Mythos von der archaischen, heidnischen Metropole überlebt gleichsam den Untergang der Bedingungen seiner Entstehung. Bezeichnend dafür ist Heinrich Manns Romantrilogie »Die Göttinnen« (1902) mit ihrer programmatischen spirituellen Topographie der drei Metropolen Rom = Diana = Freiheit, Venedig = Minerva = Kunst und Neapel = Venus = Sinnlichkeit. In diesem ersten Neapelroman des 20. Jahrhunderts ist Neapel weiterhin die »Stadt der Lust«, in der die »heidnische Flamme« des Genusses lodert, »Kinder mit schmelzendem Fleisch« den Toledo bevölkern und die Herzogin von Assy, die Protagonistin der Trilogie, nach unendlichen sexuellen Exzessen am Ende ihren rauschhaft-schönen Tod findet.[11]

Vier Jahre später führt Otto Julius Bierbaum einen männlichen »Wollüstling« nach Neapel: »Prinz Kuckuck« (1906). Auch er findet hier »ganz einfach zügellose Natur« in den Begierden zwischen Männern und Männern und »die vollkommene selbstverständliche Schamlosigkeit« in der Lust an der Gewalt und am Tod.[12]

»Es war das Gesicht des Todes, dem ich immer wieder begegnete in dieser Stadt«: Das sind auch die Worte der Erzählerin eines anderen Neapelromans: Marie Luise Kaschnitz' »Liebe beginnt« (1933)[13]. Auch hier gehen Tod, Schönheit und Verfall in dieser »dämonischen Stadt«[14] eine Verbindung ein, die die Begriffe der jungen Reisenden aus dem Norden verwirren, ihr die komplementären, die Nachtseiten ihrer eigenen Psyche offenbaren: »Jetzt in der Erinnerung kommt es mir vor, als hätten wir selbst uns von dem Augenblick an, in dem wir zuerst die Luft dieser Stadt atmeten, mit rasender Schnelligkeit verwandelt [...]. Vielleicht trugen wir den Keim schon in uns, und er brach auf und gedieh üppig wie alles dort gedeiht, Frucht, Unkraut und Schmarotzerpflanze, in der heißen vulkanischen Erde.«[15] Das ist, jetzt an Freuds Psychoanalyse geschult, eine ganz ähnliche Erfahrung, wie sie bereits Goethe beschrieben hatte.

Weiterwirkend und auf der »heißen vulkanischen Erde« die nördlichen Glieder lösend, stimuliert auch im 20. Jahrhundert noch immer das südliche Klima. »Neapels glühende Sonne begünstigt gewiß die höchste Leidenschaft im Genusse der Liebe«: Das schreibt der Berliner Sexualforscher Iwan Bloch.[16] Die Nähe der Tiberius-Insel Capri, die fortschreitenden Ausgrabungen in der Venus-Stadt Pompeji mit ihren erotischen Objekten und Wandinschriften beflügeln die nördlichen Phantasien von einem noch immer heidnischen Süden, in dem Sinnlichkeit und Gewalt sich vermischen. Das ist, noch in der zweiten Hälfte des 20. Jahrhunderts, Thema auch verschiedener historischer Romane und Novellen, die die Stadt am Golf zum Schauplatz haben – von Felix Hartlaub, Gustaw Herling, Marguerite Yourcenar oder Susan Sontag.[17] Nein, eine moderne Stadt scheint Neapel in dieser Perspektive nie zu werden. Während sich die literarische Avantgarde im 20. Jahrhundert an Paris und New York als Symbolen des Fortschritts und der neuen Vergesellschaftungen des Massenzeitalters begeistert, bleibt Neapel (eine Stadt der Massen auch sie) die Metropole der weiterwirkenden Vergangenheit.

Einzig ein deutscher Autor hat einen Neapelroman geschrieben, der aus dem Rahmen fällt: Franz Werfel, »Die Geschwister von Neapel« (1928). Es ist die in der seinerzeitigen Gegenwart (1924) spielende Geschichte von der Auflösung einer Familie – aus großer psychologischer Nähe erzählt und ohne alle Romantisierung »südlicher« Lebensweisen. Im Gegenteil: Themen wie väterliche Tyrannei, das Zerbrechen traditioneller Konventionen, Angst und Unterdrückung, wirtschaftlicher Niedergang und der Zwang zur Emigration spielen eine große Rolle. Hier spricht ein »ortsfremder« Autor eine Sprache, wie sie eine Generation später im neapolitanischen *neorealismo* wieder aufgenommen wird.

Diaspora in der Krise

Für die ausländischen Kolonien in Neapel, die im 19. Jahrhundert in voller Blüte gestanden hatten, war das 20. Jahrhundert eine Zeit des unaufhaltsamen Niedergangs. Das galt vor allem für die nach den Engländern besonders präsente deutschsprachige Kolonie. Nach dem Ende des Ersten Weltkriegs wurde deutsches Eigentum konfisziert, so vorübergehend (bis 1925) die evangelische Kirche auf Capri und die »Zoologische Station« in Neapel (heute eine Einrichtung des italienischen Staates). Die 1879 gegründete *Scuola Internazionale* stellte ihre Arbeit 1921 ein; die Aktivitäten der seit 1839 bestehenden »Deutschen Schule« (die seit 1914 »Schweizer Schule« heißt und unter Schweizer Leitung steht) und des »Deutschen Krankenhauses« (das fortan als *Ospedale Evangelico* firmiert) wurden massiv eingeschränkt. Das Krankenhaus mußte 1931 schließen[18]; die Schule existierte bis in die 1980er Jahre, wurde jedoch im wesentlichen von italienischen Schülern besucht[19]. »Schweizerischer« und »Deutscher Hilfsverein«, einst wichtige karitative Organisationen für Durchreisende und ortsansässige Fremde, verloren zunehmend an Bedeutung.

Mit dem Ende der Schweizer Textilindustrie nach dem Ersten Weltkrieg starben die deutschsprachigen Gemeinden in Salerno-Fratte, Scafati, Angri, Nocera und Piemonte d'Alife allmählich aus, mit ihnen endeten auch die deutschen Schulen in Salerno, Angri und Nocera.

Die Deutsche Evangelische Gemeinde, seit ihrer Gründung im Jahr 1826 eines der wichtigsten interkulturellen Zentren der Stadt, verlor im 20. Jahrhundert zusehends an Bedeutung, in der Kriegs- und Nachkriegszeit blieb die Pfarrstelle 14 Jahre lang, von 1914 bis

Nicht nur der Autoverkehr auf den Straßen des Friedhofs erinnert daran, daß diese Stadt der Toten ein Spiegel der Stadt der Lebenden ist.

1928, vakant. Pfarrer Karl Friedrich Hoeflich, der 1928 auf den Posten berufen wird, findet die Gemeinde auf rund 300 ansässige Mitglieder zusammengeschmolzen, 1935/36 sind es dann nur noch rund 220.[20] Die Zeiten sind wirtschaftlich schlecht, und die großen Mäzene aus der Vergangenheit fehlen. Aufgrund der restriktiven deutschen Devisenbestimmungen nach der Machtübernahme durch Hitler kommen der Fremdenverkehr und die deutsche Arbeitsemigration nach Italien von 1933 bis 1938 fast gänzlich zum Erliegen. Unter Hoeflich erlebt die Gemeinde noch einmal eine kurze Blütezeit, aber das Jahr 1943 beendet wieder einmal ihre Aktivitäten.

Erst zehn Jahre später, 1953, wurde die Pfarrstelle erneut besetzt. Die Mitgliederzahl der Gemeinde war weiter gesunken, aber die »Reisewelle« führt jetzt deutsche Urlaubermassen an den Golf. Davon profitierte in den 50er und 60er Jahren vor allem die kirchliche Außenstation auf Capri, wo sich von der Deutschen Evangelischen Kirche entsandte »Kurseelsorger« um deutsche Touristen kümmerten[21] – eine Einrichtung, die in den Sommermonaten noch lange weiterbestand. Auch das Pfarramt in Neapel, inzwischen der autonomen *Chiesa Evangelica Luterana in Italia* zugehörig, ist weiterhin aktiv; allerdings gehören nur noch relativ wenige Mitglieder der Gemeinde an.

Die »Krise der Diaspora« – sie betrifft ganz ähnlich die englische Kolonie – ist typisch für eine Entwicklung im Zeichen von »Internationalisierung« und »Integration« und gilt selbstverständlich nicht nur für Neapel. Nationale Zentren, charakterisiert durch bewußte sprachliche, konfessionelle und kulturelle Abgrenzung der ihnen angehörenden »Fremden«, spielen heute in europäischen Partnerländern kaum noch eine Rolle. Die Praxis der Integration ist stärker als der Wunsch nach Abgrenzung; Lebensgewohnheiten und Mentalitäten haben sich eher einander angenähert, vielleicht sind auch die Barrieren gegenüber dem Fremden niedriger geworden.

Deutsch- neapolitanisch im Zeichen der »Achse«

Während der Zeit der nationalsozialistischen Herrschaft wird auch in der Geschichte der Deutschen im Süden eine neue Seite aufgeschlagen. Nach Hitlers Machtergreifung 1933 und der Annexion Österreichs 1938 wird der Golf von Neapel ein Anziehungspunkt von deutschen und österreichischen Emigranten, die sich hier, wie es Stefan Andres ausgedrückt hat, »ein paar Jahre neben der Geschichte verbergen und ihren Anforderungen entziehen wollten«.[22] Neben Neapel[23] werden vor allem Positano[24], Ischia, Capri und Vietri für eine ganze Reihe von Regimegegnern und bedrohten Juden zu einer »Zuflucht auf Widerruf« (Klaus Voigt). Dazu gehörten nicht nur bekannte kritische Schriftsteller (Stefan Andres, Armin T. Wegner, Essad Bey alias Kurban Said, Walter Meckauer) und Maler (Werner Gilles, Rudolf Levy, Karli Sohn Rethel, Kurt Craemer), sondern auch zahlreiche Personen ohne große Namen, deren Geschichte noch aus den lokalen Archiven zu rekonstruieren wäre.[25]

Das Überleben – auf Zeit oder auf Dauer – war kompliziert und nicht ohne Gefahren, schließlich befand man sich mitten im faschistischen Italien. Ab 1934 forderte das Generalkonsulat in Neapel von der Quästur Namenslisten der ansässigen Deutschen, ab 1939 mußte in den Aufenthaltserklärungen die »Rasse«-Zugehörigkeit vermerkt, mußten jüdische Ausländer in eigenen Listen erfaßt werden.[26] Aber jetzt, vermutlich in dieser Form zum ersten Mal in der Geschichte, kamen den bedrohten politischen Emigranten von seiten der örtlichen Bevölkerung jene »meridionalen« Charaktereigenschaften zugute, die Deutsche an Italienern gern kritisieren: mangelnde Konsequenz, schlampige Bürokratie, Bereitschaft zu kleinen Betrügereien, Verweigerung gegenüber staatlichen Autoritäten und die Überzeugung, daß private Sympathie und familiäre Bindungen mehr zählen als die politische »Linie«. Solche Eigenschaften wirkten jetzt für die Emigranten nachgerade lebensrettend. »Ich kann nur mein Leben lang dankbar sein für die Süditaliener«, bekannte Dorothee Andres später in diesem Zusammenhang über ihre Erfahrungen in Positano.[27] »Menschenfreundliche« ärztliche Atteste retteten vor Einberufung oder Internierung, Angaben zur »Rassezugehörigkeit« wurden gefälscht oder unterschlagen, Nazigegnerschaft stillschweigend toleriert. Das deutsche Generalkonsulat in Neapel war zudem, als einziges in Italien, nicht mit einem linientreuen Nazi, sondern mit einem konservativen Beamten[28], Siegfried May, besetzt, der eine gewisse Nachsicht walten ließ. Nicht alle Juden freilich überlebten. Nach der Verabschiedung der italienischen Rassegesetze 1938 waren »ausländische Juden« von der Ausweisung bedroht[29] – zum Glück wurde auch dieses Dekret von den örtlichen Behörden nicht konsequent umgesetzt. Nach dem Waffenstillstand 1943 wurden dann allerdings zahlreiche internierte Juden durch die deutsche Wehrmacht nach Auschwitz deportiert; andere schifften sich bei Kriegsausbruch in Neapel ein und suchten in anderen Ländern Zuflucht.

Auch zahlreiche russische Emigranten fanden in Kampanien vorübergehende Bleibe oder eine zweite Heimat. Nach der Revolution von 1905 bildete sich eine revolutionäre Zelle russischer Studenten an der Universität Neapel. 1906 ließ sich Maxim Gorki auf Capri nieder, schrieb hier nicht nur »Die Mutter« und die »Italienischen Erzählungen«, sondern gründete auch, zusammen mit Bogdanow und Lunatscharski, die antibolschewistische »Arbeiterschule«, mit deren Ideen er Rußland revolutionieren wollte[30]; später lebte er, ein Quasi-Emigrant, in Sorrent. Zu den prominenten Flüchtlingen aus dem bolschewistischen Rußland gehörten später der Schriftsteller Iwan Bunin, die Maler Iwan Zagoruikow und Wassilij Netschitailow und der Tänzer Rudolph Nurejew. Aus Polen kommend, ließ sich Gustaw Herling in Neapel nieder (1955), aus

Ungarn flüchtend Sándor Márai in Salerno (1968). Erwähnt sei schließlich noch ein prominenter südamerikanischer Emigrant, bewährte sich doch auch in seinem Falle die unbürokratische Liberalität der meridionalen Denkungsart: Pablo Neruda. Des Kommunismus und des unsittlichen Lebenswandels bezichtigt (er lebte, verheiratet, in »wilder Ehe« mit der geliebten Matilde), verfügte das italienische Innenministerium bei seiner Einreise aus Chile 1952 seine Abschiebung als »unerwünschter Ausländer«. Edwin Cerio auf Capri widersetzte sich und stellte dem Emigranten ein Haus auf der Insel zur Verfügung.[31]

Solche Geschichten ließen sich viele erzählen: Im Jahrhundert der Ideologien und der Vertreibungen lebt, jetzt im politischen Kontext, die alte Hoffnung der Unangepaßten auf den Süden weiter. Die Flucht, schon immer Beweggrund der Italienischen Reise, wird jetzt zur Strategie des Überlebens in politisch brisanten Zeiten.

Während die Flüchtlinge aus Deutschland und Österreich in Positano oder Capri die Weltgeschichte mit selbstgebastelten Rundfunkempfängern verfolgten, gelegentlich auch Besuch von den örtlichen Carabinieri bekamen, die sich auftragsgemäß und verlegen nach ihren Pässen erkundigten[32], suchten die Nationalsozialisten in der deutschen Kolonie in Neapel Fuß zu fassen. Bereits 1932 wurde dort eine Ortsgruppe der NSDAP gegründet, 1934 folgten »Hitler-Jugend« und »Deutsche Arbeitsfront«, 1936 übernahm die »Nationalsozialistische Volkswohlfahrt« den guten alten »Deutschen Hilfsverein«[33]. 1939 kam dann auch in Neapel die Bildung der »Reichsdeutschen Vereinigung« in Gang, der alle Auslandsdeutschen angehören sollten; ihr Zentrum wurde das »Deutsche Haus«[34]. Seit dem Ende der Reiserestriktionen und der Annäherung zwischen Hitler und Mussolini kam auch allerlei seltsame politische Prominenz nach Neapel. Und an den Weihnachtstagen 1937 durfte die »reichsdeutsche« Kolonie in großem Stil die Landung eines Schiffsgeschwaders der deutschen »Spanienstreitkräfte« an der Mole feiern.[35]

Einen grotesken Höhepunkt dieser offiziellen politischen Beziehungen bildete der Staatsbesuch Hitlers am 5. Mai 1938 – grotesk deshalb, weil dieser kurze Besuch von nur wenigen Stunden den italienischen Behörden einen bürokratischen Aufwand und eine minutiöse Planungsstrategie abforderte, wie sie die Stadt noch nie gesehen hatte.[36] Sie hatte offenbar keinen anderen Sinn, als gegenüber den Deutschen zu demonstrieren, daß man auch in Neapel *alla tedesca* organisieren und eine »saubere Stadt« präsentieren könne. So durften beispielsweise auf Anordnung der Präfektur von den Bewohnern der Straßen, die der Autokonvoi passierte, keine »nichtgenehmigten Gegenstände« aus Fenstern und Balkonen gehängt werden[37] – offenkundig um den Nazigrößen den »unordentlichen«, wenngleich wohlbekannten Anblick der über die Straßen flatternden Wäsche zu ersparen. Personell war der Staatsbesuch hochrangig besetzt. Mit Hitler waren gekommen Ribbentrop, Goebbels, Hess, Himmler, Raeder und Keitel (Göring hatte Capri und Amalfi bereits ein Jahr zuvor einen Privatbesuch abgestattet[38]); auf italienischer Seite waren der König und Mussolini anwesend. Was bei dem Spektakel[39] im Verborgenen blieb, war, daß im Vorfeld das Innenministerium in Rom die Präfektur aufgefordert hatte, Listen mit »verdächtigen Deutschen« einzureichen und »dem Regime feindliche Elemente«, dabei auch »Juden oder sonstwie Verdächtige«, in Vorbeugehaft zu nehmen[40]. Das hatte zur Folge, daß eine Reihe von Emigranten (in Positano waren es Armin T. Wegner, Walter Meckauer, Martin Wolff und Essad Bey) in Salerno inhaftiert wurden.

Neapel befreit sich.
Die Quattro Giornate und das Chaos der Freiheit

Im Jahr 1943 gerät Neapel wie schon so oft in seiner langen Geschichte erneut in den Strudel der großen Kriegspolitik, in die Auseinandersetzung zwischen feindlichen Heeren. Aber dieses Mal laufen die Ereignisse anders. Nach der Landung der Alliierten am Golf von Salerno im September und der Erklärung des Waffenstillstands durch Italien übernimmt die Wehrmacht das Kommando in Neapel mit dem Ziel, die Stadt gegen die heranrückenden Alliierten zu verteidigen. Hitler hatte Befehl gegeben, sie bei einem eventuellen Rückzug in Schutt und Asche zu legen; entsprechende Pläne werden vorbereitet. Nach Zusammenstößen zwischen Deutschen und Italienern in der Stadt erschießt die Wehrmacht im Zuge sogenannter »Vergeltungsmaßnahmen« eine Reihe von italienischen Zivilisten und setzt die Universität in Brand. Die Bevölkerung ist durch die seit 1940 anhaltenden alliierten Bombenangriffe geschwächt, bei denen rund 20.000 Menschen ihr Leben verloren hatten. Als die Wehrmacht in der »besetzten Stadt« dazu übergeht, Männer zur Zwangsarbeit zu deportieren, bricht eine Revolte aus, an deren Ende der formelle Abzug der deutschen Truppen aus Neapel steht. Es sind die *Quattro Giornate di Napoli* (28.9.–1.10.1943) – der gleichnamige Film von Nanni Loy (1962) hat sie verherrlicht –, die »Vier Tage«, an denen vor allem eines erstaunlich ist: daß eine spontane Volkserhebung ohne zentrale militärische oder politische Führung zum Erfolg führte. Es wiederholt sich unter anderen politischen Vorzeichen eine Situation, die für Neapel typisch ist und an den Masaniello-Aufstand von 1647 erinnert: daß das Volk in wilder Revolte und ohne irgendwelche Führer für kurze Zeit die Macht an sich reißt. Kein Zufall auch, daß es 1943 im familienbewußten Neapel der Abtransport der Männer war, der die Revolte auslöste. Neapel wurde auf diese Weise die erste italienische Stadt, die sich im Zweiten Weltkrieg selbst befreite.

Als die Amerikaner am 1. Oktober 1943 in Neapel einziehen, beginnt eine Zeit, die bei allem Grauen karnevaleske Züge trägt, in der die alten Riten der *Cuccagna* und der Verkehrten Welt wieder aufleben. In der Stadt herrscht Hungersnot, und die Bevölkerung ist, wie der neapolitanische Historiker Antonio Ghirelli schreibt, »zu mitgenommen, um nicht alle traditionellen Tabus über Bord zu werfen«: »Die Jungen, die eben noch Bomben auf die deutschen ›Tiger‹-Panzer von Hauptmann Scholl geworfen hatten, werden plötzlich Schuhputzer und Spitzbuben, verkuppeln ihre eigenen Mütter und Schwestern, treiben die schmutzigsten und unglaublichsten Geschäfte. Tausende von anständigen Frauen aus dem Volk, von Mädchen aus gutem Hause streunen lüstern über die Bürgersteige, sind ›Frolleins‹ geworden, bereit, Anstand und Ehre einzutauschen gegen eine Büchse Corned Beef oder eine Packung Chesterfield.«[41] Zu allem Überfluß bricht jetzt auch noch der Vesuv aus. Und die Stadt wird nach wie vor bombardiert, jetzt von den Deutschen.

Es sind die Monate, die Curzio Malaparte nicht ohne makabre Süffisanz in seinem Roman »Die Haut« (1950) beschrieben hat: das außer Rand und Band geratene Neapel, »eine Hölle der Verworfenheit«.[42] Weniger pathetisch berichten vom Chaos dieser Zeit die Tagebuchaufzeichnungen des englischen Geheimdienstoffiziers Norman Lewis, die dieser später unter dem Titel »Naples '44« (1978) publiziert hat; sie machen im übrigen deutlich, daß damals die Grundlagen für das mafiose Netzwerk zwischen Süditalien und den Vereinigten Staaten geschaffen wurden.[43] Aus neapolitanischer Perspektive hat Eduardo De Filippos Film »Napoli milionaria« (1950) die Zeit geschildert. Und auch zwei deutsche Autoren haben sie in romanhafter Form verarbeitet: Stefan Andres in seinem eher philosophischen Roman »Ritter der Gerechtigkeit« (1949) und Kurt Held alias Kurt Kläber in seinem turbulenten Kinderklassiker »Giuseppe und Maria« (1955). Der letztere ist fast so etwas wie eine Art »Kinder-Malaparte«: Das aus den Fugen geratene Neapel ist Schauplatz für die ungesetzlichen Aktivitäten einer Bande elternloser Kinder, in der ein naiver Junge vom Schlage eines Oliver Twist sich recht und schlecht durchschlägt.

Neapel und nicht mehr Neapel.
Die Entwicklungen der Nachkriegszeit

Was dann folgt, die urbanistische Entwicklung der Stadt in der Nachkriegszeit, gehört zu den traurigsten Kapiteln ihrer langen Geschichte. Infolge wilder Bauspekulation, korrupter politischer Praktiken und aberwitziger Versuche der Industrialisierung wächst allmählich, langsam, aber stetig sich ausbreitend, ein grauer Teppich von Zement, schrecklicher als die Lava des Vesuv, über die Außenbezirke, die Vorstädte, die Buchten und die grünen Paradiese der ehemaligen *Campania felix*. Die einstige »Goldene Meile«, der villenbestandene Küstenabschnitt zwischen Neapel und Castellammare, verwandelt sich in eine Anhäufung übervölkerter Wohnquartiere. Die *Terra di lavoro* im Norden der Stadt, einst schönste fruchtbare Kulturlandschaft mit Orangen-, Pfirsich- und Weinplantagen, mutiert zu einem Gewirr von Trabantensiedlungen. Bagnoli, die schönste Badebucht zu Füßen des Posillipo, wird unter einem gigantischen Stahlwerk erstickt. »Mehr konnte der Mensch nicht tun, um ein ›Geschenk des Allmächtigen‹ zu beleidigen, zu erniedrigen, zu pro-

Straßenszene

stituieren«, schreibt dazu der neapolitanische Schriftsteller Ermanno Rea. »Was heute der Blick zwischen Nisida und Capo Miseno zu erfassen vermag, ist vielleicht der endgültige Beweis für die gleichzeitige Existenz Gottes und des Satans.«[44]

Es ist kein Wunder, daß Neapel nun, in der Zeit nach dem Zweiten Weltkrieg, aufhört, ein Touristenmagnet zu sein, eine kosmopolitische Stadt der Fremden – zum ersten Mal seit Jahrhunderten. Nur die Amerikaner zeigen Präsenz, aber das hat andere Gründe: Neapel ist das Hauptquartier der Sechsten US-Flotte. Zwar entwickeln sich Ischia und Sorrent seit den 1950er Jahren zu bevölkerten

Zentren des deutschen und englischen Fremdenverkehrs; aber wer dort Ferien macht, kommt in der Regel nur zu einem kurzen Tagesausflug in die bei Fremden nicht eben gut beleumundete Stadt. »Neapel sehen und sterben« – das gibt heute höchsten noch einen fatal ironischen Sinn.

Wer am meisten unter dieser Entwicklung leidet, sind die Neapolitaner selber. War 1860, beim Untergang des Königreichs, der alte, wenn auch ziemlich verblasste Glanz der Hauptstadt verlorengegangen, so konnte man sich darüber wenigstens damit hinwegtrösten, daß Neapel nach wie vor eine vielbewunderte Metropole sei. Und sich, wie in einer populären Kanzone besungen, darüber einig sein, daß es im Grunde außerhalb Neapels kein richtiges Leben auf der Welt gebe: *Santa Lucia, luntano 'a te, quanta malincunia!* Heute überkommt die Melancholie gar manchen in Neapel selber, und viele ziehen es vor, *luntano*, weit weg von der Stadt zu leben. Denn auch die Arbeitsemigration, nach Mailand, nach Deutschland und in die Vereinigten Staaten, ist eine Antwort auf die Entwicklung der Stadt mit ihrer hohen Arbeitslosenzahl. Das hat der Welt zwar die Pizza und die Spaghetti beschert, aber eben kein Geld in die arme Stadt gebracht.

Literatur und Film des *neorealismo* begleiten und spiegeln diese Entwicklung. In Carlo Bernaris Romanen »Tre operai« (1934) und »Vesuvio e pane« (1952) geht es um Arbeitslosigkeit und Emigration, im Meer schwappen die Abfälle, und jeglicher *'O-sole-mio*-Illusion zum Trotz regnet es beständig. Anna Maria Ortese nimmt die Tradition des sozialkritischen Dokumentarismus einer Matilde Serao wieder auf, als hätte sich seit ihren Zeiten nichts geändert im Leben der armen Leute aus den *bassi*-Quartieren. »Il mare non bagna Napoli«, »Neapel liegt nicht am Meer« (1954) ist der provozierende Titel ihres bekanntesten Buches, dessen Schauplätze das Forcella-Viertel, das Pfandleihhaus und ein gigantischer Neubaukomplex am Rande der Stadt sind. Und auch Giuseppe Marottas doch immer noch liebenswürdige Geschichten aus »L'oro di Napoli« (1947) handeln vom Hunger und von den Widerstandsnöten der Kleinen Leute.[45]

Autoren der allerjüngsten Zeit nehmen, mit einer Art Haßliebe zu ihrer Stadt, die Tradition der *napoletanità nera*, der »schwarzen« Charakterisierung Neapels auf. Die »Große Hauptstadt der Dekadenz« nennt sie Raffaele La Capria.[46] Und Felice Piemontese schreibt: »Die Ratte, besser gesagt die Wanderratte, ist seit geraumer Zeit unangefochtene Herrin der neapolitanischen Nacht«[47]; sein Roman »Epidemia« (1990) beschreibt, im Stile von Camus' »Pest«, den epidemischen Kollaps einer mediterranen Metropole.

Das Erdbeben. Neue Perspektiven

Das Erdbeben vom November 1980 war die vorläufig letzte in der Kette der großen Katastrophen, die die Stadt heimsuchten. Der polnische Schriftsteller Gustaw Herling, Augenzeuge der Ereignisse, schrieb damals in einer dokumentarischen Erzählung, das Erdbeben sei ein Ereignis, »das den Menschen mit außergewöhnlicher Deutlichkeit und Gewalt vor die Seinsfrage stellt«[48] – ein Satz, der an Senecas philosophische Beschreibung des Erdbebens in Kampanien vom Jahre 62 erinnert[49]. Die »Seinsfrage« mochte sich nun nicht nur für den einzelnen, sondern auch für die Stadt selber stellen. Das grauenvolle Ereignis schien ihren Niedergang endgültig zu besiegeln. Tausende von Menschen waren über Jahre hinweg obdachlos, zahlreiche Kirchen und Museen geschlossen, ganze Straßenzüge des historischen Zentrums durch Eisengerüste blockiert oder verunstaltet, Hilfsmaßnahmen versickerten im Netzwerk der *malavita.* Neapel schien nun wirklich am Ende zu sein. Zu allem Überfluß erklärte eine vatikanische Kommission bei einer Reform des Heiligenkalenders, Sanctus Ianuarius, also Neapels großer Schutzpatron San Gennaro, habe die Ehre der Altäre in der Vergangenheit zu Unrecht erhalten, sei also aus dem Heiligenkalender zu streichen.

Aber die »Seinsfrage« der Stadt sollte eine andere Antwort finden. Es war die Katastrophe, die, im ursprünglichen Sinn des Wortes, zur »Wendung« wurde. In den 1990er Jahren setzte unter dem Stichwort der *riqualificazione urbana* ein Prozeß der Stadterneuerung ein, mit dem Neapel bewußt an das anknüpfen wollte, was die Stadt einmal gewesen war: eine europäische Hauptstadt der Kultur und der Künste. Getragen war dieser Prozeß auch von der Überlegung, daß ein neues Selbstbewußtsein der Bevölkerung am ehesten erreicht werden könne durch Identifikation mit der *città bella,* der schönen Stadt, die Neapel im Kern doch immer geblieben sei. Straßen und Plätze der Innenstadt wurden in Fußgängerzonen verwandelt, öffentliche Gebäude restauriert, neue Busse in Dienst gestellt, der Bau einer U-Bahn begonnen. Der öffentlichen Korruption ging es an den Kragen, sogar einzelne unerlaubt errichtete Schwarzbauten wurden abgerissen. Die wichtigsten Museen präsentierten sich mit neuen Konzeptionen ihrer Sammlungen und mit einer Infrastruktur auf internationalem Niveau. Große Kunstausstellungen und Veranstaltungsreihen zum kulturellen Erbe der Stadt machten die Stadt allmählich auch wieder für Touristen attraktiv. Und – ein fast symbolischer Vorgang – an der Stelle des 1990 geschlossenen Stahlwerks in Bagnoli entstand die *Città della scienza,* die »Wissenschaftsstadt«. Als sollte zu alledem auch noch der Segen von oben kommen, revidierte die vatikanische Kommission ihre Entscheidung, rehabilitierte San Gennaro und setzte ihn sogar als Schutzpatron der gesamten Region Kampanien ein – eine Beförderung sozusagen.

Natürlich ist in diesem Prozeß der Modernisierung auch manches verschwunden, was dem alten Neapel seine unverwechselbare Aura gegeben hatte. Die Schuhputzer, die Wasserverkäufer und die Kuttelhändler auf den Straßen sind verschwunden (die Hygiene!); in den kleinen Werkstätten arbeiten keine Kinder mehr mit (die Gewerkschaften!), auf den Märkten herrscht Quittungspflicht (das Finanzamt!), die Leichenwagen sind motorisiert (die Technik!) und beim Blutwunder von San Gennaro wird im Dom nicht mehr geböllert (der Reform-Katholizismus!). Doch das registriert nur, wer nicht zum ersten Mal in die Stadt kommt.

Und der Vesuv?

Il Vesuvio non fuma più, der Vesuv raucht nicht mehr. Oder wenn, dann höchstens noch das eine oder andere Mal auf den Jubelbildern für die *Azzurri,* die neapolitanische Fußballmannschaft oder in der Pop-art. Im März 1944 hat der letzte Ausbruch stattgefunden. Seitdem ruht der Berg. Er ist kein erloschener Vulkan, er wird sicher wieder ausbrechen; das kann, wie die Wissenschaftler vom Vesuv-Observatorium sagen, in dreißig, in dreihundert oder in dreitausend

Todesanzeige über Varieté-Werbung, 2002

Jahren der Fall sein. Das 1841 neben der alten Einsiedelei gegründete Institut, die Wiege der modernen Vulkanologie, ist heute ein hochspezialisiertes Forschungszentrum, das den schlafenden Riesen überwacht. »Altamente pericoloso«, hochgefährlich schätzt die jüngste Studie den Zustand des Berges ein.[50] Zwei weitere Vulkane liegen in unmittelbarer Nähe von Neapel: die Campi Flegrei bei Pozzuoli (»hochgefährlich«) und der Epomeo auf Ischia (»gefährlich«).[51] Vulkanischen Ursprungs sind auch die langsamen seismischen Bewegungen (Bradisismus), die die Küstenlinie bei Pozzuoli zwischen 1983 und 1984 um fast zwei Meter und 1997 und 2000 noch ein weiteres Mal angehoben haben. Die Erde ist in beständiger Bewegung.

Die Straßen von Neapel sind mit großen schwarzen Steinen gepflastert: Lava vom Vesuv. In Neapel liegt unter dem Pflaster nicht der Strand; unter dem Pflaster glimmt das Feuer.

ZEITTAFEL ZUR GESCHICHTE NEAPELS

5. Jh.v.Chr.	Griechische Siedler gründen am Golf *Neapolis*, die »Neustadt«.
3. Jh.v.Chr.	Neapel wird nach den Samniterkriegen Teil des Römischen Weltreichs.
1. Jh.v.Chr.	Die Gegend am Golf wird zu einem Zentrum des römischen Luxuslebens. Zahlreiche Villen vermögender Römer entstehen in der *Campania felix*.
26–37 n.Chr.	Kaiser Tiberius regiert das Römische Reich von Capri aus.
79	Der Ausbruch des Vesuv zerstört Pompeji, Herkulaneum und Stabiae und verwüstet Kampanien.
553	Der oströmische Feldherr Narses besiegt die Goten bei Neapel und beendet deren Herrschaft in Unteritalien. Neapel unter byzantinischem Einfluß. Rivalisierende Kämpfe der Langobarden.
763–1139	Neapel ist autonomes Herzogtum. Normannischer Einfluß. Arabische Eroberungen in Sizilien und Unteritalien.
1139–94	Normannische Dynastie.
1194–1266	Nach dem Tod des letzten Normannenkönigs Tankred kommt Unteritalien unter die Herrschaft der Hohenstaufen.
1212–50	Kaiser Friedrich II. Mischkultur aus griechischen, normannischen, arabischen, toskanisch-umbrischen und schwäbischen Elementen.
1224	Gründung der Universität Neapel durch Kaiser Friedrich II.
1266	Der französische König Karl von Anjou besiegt den Hohenstaufen Manfred in der Schlacht bei Benevent. Ende der Hohenstaufenherrschaft.
1268	Schlacht bei Tagliacozzo. Konradin von Schwaben wird von Karl von Anjou besiegt und in Neapel hingerichtet.
1266–1442	Dynastie der französischen Anjou.

1272–74 Thomas von Aquin im Kloster San Domenico Maggiore in Neapel.

1279–84 Bau des Castel Nuovo.

1328–40 Boccaccio in Neapel.

1341 Petrarca am Hof Roberts des Weisen.

1442–1503 Dynastie der Aragonesen.

1495 Im Belagerungsheer des französischen Königs Karl VIII. bricht die Syphilis aus. Erstes Auftreten der Seuche in Europa.

1503–1707 Neapel spanisches Vizekönigtum.

1504 Jacopo Sannazaros Hirtenepos »Arcadia« erscheint.

1540 Vertreibung der Juden.

1565 Giordano Bruno tritt ins Kloster San Domenico ein.

1588 Torquato Tasso ist Gast im Kloster Monteoliveto.

1599 Tommaso Campanella aus Stilo in Kalabrien wird für 27 Jahre in Neapel eingekerkert. 1602 schreibt er hier den »Gottesstaat« *(Città del sole)*.

1607 Caravaggio malt für die Kirche des Pio Monte della Misericordia die »7 Werke der Barmherzigkeit«.

1621 *Viaggio in Parnaso* von Giulio Cesare Cortese.

16.12.1631 Nach mehrhundertjähriger Ruhezeit bricht der Vesuv aus. Die Katastrophe fordert ca. 3000 Tote.

1634/36 Giambattista Basiles neapolitanische Märchen *Lo cunto de li cunti* (»Pentamerone«) erscheinen: die erste europäische Märchensammlung.

7.–16.7.1647 Revolte des Masaniello.

1656 Ausbruch der Pest, ca. 200.000 Opfer. Die Toten werden in den Katakomben beigesetzt.

1682 Einführung des Lotto-Spiels.

1684 *Posilecheata,* neapolitanische Märchensammlung von Pompeo Sarnelli, Bischof von Bisceglie.

1685 *Guida de' Forestieri* von Pompeo Sarnelli, der erste neapolitanische »Fremdenführer«.

1707–34 Nach dem spanischen Erbfolgekrieg erhält Österreich die Herrschaft im Königreich Neapel.

1708 Alessandro Scarlatti wird Direktor der Königlichen Kapelle.

1709/10 Erste Funde in Herkulaneum.

1725 Giambattista Vicos *Principi di una scienza nuova dintorno alla natura delle nazioni* erscheint.

1732 Alfonso Maria de'Liguori aus Scala gründet den Redentoristen-Orden.

1733 Uraufführung von Pergolesis Oper *La serva padrona* im Teatro San Bartolomeo.

1734–1860 Nach dem Vorfrieden von Wien kommt das Königreich Neapel unter die Herrschaft der spanischen Bourbonen.

1734–59 Karl III. König von Neapel. Seit 1738 verheiratet mit der sächsischen Prinzessin Maria Amalia aus Dresden. Zahlreiche Reformen und Bauprojekte.

1734–76 Bernardo Tanucci, aufgeklärter Premierminister.

1737 Bau des Teatro San Carlo.

Dezember 1738 Systematische Ausgrabungen in Herkulaneum.

1738 Beginn der Bauarbeiten in Schloß Capodimonte. Fertigstellung 1838.

1738–41 Bau des Schlosses in Portici.

1740 Königliches Proklam, das die Ansiedlung der Juden und deren freie Kultausübung gestattet (1746 widerrufen).

1743 Gründung der Porzellanmanufaktur Capodimonte.

1748 Beginn der Ausgrabungen in Pompeji.

1750 Die Villa dei Papiri in Herkulaneum wird entdeckt. Das königliche Schloß in Portici wird in der Folgezeit Sitz des Museums für die Ausgrabungsfunde.

1751 Ferdinando Fuga errichtet das monumentale Armenhospiz Albergo dei Poveri.

1752 Baubeginn des Schlosses Caserta durch Luigi Vanvitelli. Fertigstellung 1774.

1754 Gründung der Accademia del Disegno (später Accademia di Belle Arti).

1755 Gründung der Accademia Ercolanese, der die Publikation der Ausgrabungsfunde obliegt.

1757 1. Band der *Antichità di Ercolano esposte.*

Februar 1758	1. Besuch Winckelmanns in Neapel und im Museum in Portici.
1758/59	Ein Teil der Sammlung Farnese wird von Rom nach Neapel verbracht.
1759–1825	Der achtjährige Ferdinand (IV.) wird König von Neapel. 1768 Heirat mit Maria Carolina (Charlotte) von Habsburg, einer Tochter von Maria Theresia.
1762	Winckelmanns erstes *Sendschreiben von den herculanischen Entdeckungen.*
1764–98	Sir William Hamilton britischer Botschafter in Neapel.
1769	Besuch Kaiser Josephs II.
1777	Sturz von Premierminister Tanucci.
1779–1782	Anlage des Parks der Villa Reale.
1780	Der erste Band von Gaetano Filangieris *Scienza della legislazione* erscheint.
1787	Überführung der antiken Skulpturen aus der Sammlung Farnese von Rom nach Neapel.
1793	Domenico Cimarosa wird Kapellmeister der Königlichen Kapelle.
Dezember 1798	Flucht des Königspaares und anderer Honoratioren vor den heranrückenden Franzosen nach Sizilien.
Januar–Juni 1799	Parthenopäische Republik.
13.6.1799	Kardinal Ruffo und die kalabresischen »Sanfedisten« erobern die Stadt und richten ein Blutbad unter den Liberalen und den Jakobinern an.
20.8.1799	Hinrichtungen auf der Piazza di Mercato.
Juni 1802	Rückkehr des Königspaares.
Dezember 1805	Nach der Schlacht bei Austerlitz erklärt Napoleon König Ferdinand für abgesetzt.
Anfang 1806	Erneute Flucht des Königspaares nach Sizilien.
Februar 1806	Joseph Bonaparte, Napoleons Bruder, übernimmt die Regierung in Neapel.
Juli 1808–Mai 1815	Napoleons Schwager Gioacchino Murat König in Neapel.

Mai 1815 Murat unterliegt in der Schlacht von Tolentino den österreichischen Truppen. Hinrichtung auf Befehl König Ferdinands am 15.10.1815.

Juli 1820 Carbonari-Revolution, General Pepe als Führer. Der König verspricht unter dem Druck der Ereignisse eine Verfassung, widerruft sein Versprechen jedoch später und erbittet Hilfe von Österreich. Revolution in Palermo.

Oktober 1820 Zusammentritt eines Parlaments in Neapel.

März 1821 Österreichische Interventionstruppen schlagen General Pepe bei Rieti und besetzen Neapel. Scharfe Reaktion. 35.000 österreichische Soldaten stehen im Land.

1825–1830 König Franz I.

1830–1859 König Ferdinand II.

1837 Die Cholera wütet in Süditalien. 13.000 Opfer in Neapel.

1839 Eröffnung der ersten Eisenbahnlinie in Italien von Neapel nach Portici.

1841 Aufstände in Aquila, Cosenza und Salerno.

1841 Gründung des Vesuv-Observatoriums (älteste vulkanologische Forschungsstation).

1846 Truppen gegen Brigantenunruhen in Kalabrien. Förmlicher Friedensvertrag mit dem Räuber Giosafat Talarico.

1847 Aufstände in Messina, Reggio und Neapel.

Januar 1848 Volkserhebung in Palermo, Straßenkämpfe; die revolutionäre Bewegung greift auf Neapel über.

Februar/
März 1848 Der König verkündet eine Verfassung. Vorübergehende Truppenentsendung zur Unterstützung der italienischen Unabhängigkeitsbewegung in die Lombardei. Unabhängigkeitserklärung Siziliens.

15.5.1848 Das Parlament soll eröffnet werden. Unruhe unter den einzelnen Fraktionen. Die Radikalen ernennen einen Wohlfahrtsausschuß. Barrikadenbau, blutige Ausschreitungen, Kämpfe zwischen der National-

	garde und den Schweizern. Kanonade auf die Stadt, die Revolution wird erstickt.
August/ September 1848	Niederwerfung Siziliens, Fall Messinas nach einem sechstägigen Bombardement.
März–Mai 1849	Erneute Aufstände in Sizilien niedergeschlagen.
Dezember 1856	Gescheitertes Attentat auf den König.
1859–60	Franz II.
1859	Erhebung der Schweizerregimenter.
Mai 1860	Landung Garibaldis bei Marsala. Die bourbonischen Truppen leisten kaum Widerstand.
7.9.1860	Nach der Flucht des Königs nach Gaeta fährt Garibaldi im Eisenbahnzug in Neapel ein.
1./2.10.1860	Schlacht am Volturno. Die bourbonischen Truppen werden geschlagen.
21.10.1860	Plebiszit in Neapel, Entscheidung für den Anschluß an das neue »Königreich Italien«.
7.11.1860	König Viktor Emanuel II. kommt nach Neapel.
1884	Cholera in Neapel. Matilde Serao leitet mit ihrem Buch *Il ventre di Napoli* die Stadtsanierung ein.
1887–90	Bau der Galleria Umberto.
1923	Auf Capri findet der erste »Landschaftsschutzkongreß« statt.
1940–43	Alliierte Luftangriffe auf Neapel; 22.000 Tote.
28.9.–1.10.1943	Quattro Giornate di Napoli. Durch eine Volkserhebung werden die deutschen Besatzer ohne alliierte Hilfe vertrieben.
März 1944	Vorläufig letzter Ausbruch des Vesuv.
1945	Neapel wird Sitz der US-Mittelmeerflotte.
26.3.1945	Uraufführung von Eduardo De Filippos *Napoli Milionaria* im Teatro San Carlo.
1950–58	Unter Bürgermeister Achille Lauro wildwüchsige, durch Spekulation begünstigte urbanistische Entwicklung.
1975	Gründung des Istituto Italiano per gli Studi Filosofici.
23.11.1980	Erdbeben in Kampanien.

1987 Das Fußballteam von Neapel gewinnt die italienische Meisterschaft.

1993–98 Bürgermeister Antonio Bassolino reformiert das städtische Leben (»Requalifizierung der Stadt«, Einrichtung von Fußgängerzonen, Wiedereröffnung historischer Sehenswürdigkeiten und Museen, Verbesserung der innerstädtischen Verkehrsverbindungen, Planung einer neuen Metro-Linie).

1995 Das historische Zentrum wird »Weltkulturerbe« der UNESCO.
Einrichtung des »Nationalpark Vesuv«.

seit 1997 Umwandlung der 1990 geschlossenen Stahlfabrik »Italsider« in Bagnoli in eine »Wissenschaftsstadt«.

2000 Ausstellung der nach dem Erdbeben von 1980 entstandenen Benefiz-Kunstsammlung Terrae Motus mit Werken unter anderem von Beuys, Warhol und Kiefer in Caserta.

11.6.2005 Im Palazzo Donnaregina wird das Museum MADRE (*Museo d'Arte Contemporanea Donna Regina*) für zeitgenössische Kunst eröffnet.

10.6.2007 Der Fußballclub *SSC Napoli*, der 2004 wegen Überschuldung Konkurs anmelden mußte und in die Serie C abgerutscht war, steigt nach einem 0:0 gegen den *CFC Genua* wieder in die Serie A auf.

23.5.2010 Mitglieder der Jugendkooperative *La Paranza* der Pfarrei S. Maria della Sanità besetzen den historischen Friedhof *Cimitero delle Fontanelle* und erzwingen seine Öffnung.

7.12.2017 Die UNESCO nimmt die Pizza Napoletana in die Liste des Immateriellen Weltkulturerbes auf.

13.3.2020, 18 Uhr Menschen in Neapel treten auf ihre Balkone, schlagen auf Topfdeckel, machen Musik und singen gegen die »Covid«-Pandemie. Das Beispiel wird in Europa vielfach nachgeahmt.

Anmerkungen

Einleitung

1 W. Benjamin, Neapel, 1972, 307.
2 M. Niola, Totem, 2000, 32.
3 S. Freud, Unbehagen, 1996, 37.
4 M. Niola, Totem, 2000, 33.
5 R. La Capria, L'occhio, 1994, 13.
6 D. Richter, Il giardino, 1996, 26.

Verschmelzung der Kulturen

1 Annalen 15, 33, 2.
2 Augustus, 98, 2.
3 Epist. I, 1, 83.
4 Georgica IV, 563.
5 Aeneis VI, 847ff.
6 Domenico Comparetti: Vergil im Mittelalter, Leipzig 1875.
7 Carmina I, 11.
8 Epist. 51.
9 F. Gregorovius, Neapel, 1872, 76, 77.
10 A. Ghirelli, Storia, 1998, 14.
11 Rime I, 66.
12 G. F. Straparola, Piacevoli notti, 1979, II, 52 (IV, 9).
13 G. Basile, Märchen, 2000, 109.
14 J. W. v. Archenholtz, England, IV, 1787, 180.
15 S. Sharp, Letters, 1767, 99.
16 D. Richter, Schlaraffenland, 1995, 79ff.
17 Breve descrizione, 1792, appendice, 9 (Volkszählung 1595: 226.399 Einwohner).
18 Civiltà del Seicento, 1984, I, 23; De Seta, L'Europa moderna, 2002, 158.
19 Guida d'Italia, Napoli, 2001, 49.
20 H. Megiser, Delitiae, 1605, 34.
21 Ebd., 35.
22 G. C. Recupito, Avviso, 1635, 95.
23 H. Welsch, Reiß-Beschreibung, 1658, 81.
24 G. C. Recupito, Avviso, 1635, 96.
25 Civiltà del Seicento, 1984, II, 37–42.
26 Vgl. zum Beispiel das Gemälde von Pierre Jacques Antoine Volaire, Eruzione del Vesuvio dal parte della Maddalena (1782/90, Museo San Martino).
27 Heute am Corso Garibaldi.
28 M. Opitz, Vesuvius, 1967, 77–81.
29 R. De Simone/Chr. Groeben, Masaniello, 1998, 62.

30 Ebd., 62–98.
31 Ebd., 319f.
32 The Rebellion of Naples or The Tragedy of Massenello […] Generall of the Neopolitans […] written by a Gentleman who was an eye-witnes, London 1649.
33 Op- en Ondergang van Mas Anjello of Napelse Beroerte, door T[homas] A[sselyn], Amsterdam 1669.
34 Wiederaufnahme durch die Stuttgarter Staatsoper im Februar 2001.
35 G. Galasso, Napoli spagnola, 1972, 46.
36 A. Ghirelli, Storia, 1973, 64ff.
37 Neapel, Museo di San Martino.
38 Der polnische Schriftsteller Gustaw Herling hat die Ereignisse zu einem Roman verarbeitet (Insel, Frankfurt 1994).
39 Micco Spadaro: La Piazza Mercatello durante la peste del 1656 (Museo di San Martino); Carlo Coppola: Scena della peste del 1656 (ebenda); Onofrio Palumbo: San Gennaro protegge la città (Neapel, Arciconfraternità della SS. Trinità dei Pellegrini).
40 Tafelgemälde in S. Pietro ad Aram, S. Domenico Maggiore, S. Maria a Piedigrotta und S. Caterina a Formiello.
41 Tafelgemälde in S. Domenico Maggiore, im Chiostro dei Girolamini und in den Museen Capodimonte und Filangieri.
42 Tafelbild in der Pinakothek des Pio Monte della Misericordia.
43 Tafelbild im Museum von Capodimonte.
44 Zahlreiche seiner Zeichnungen mit neapolitanischen Landschaften im Museum San Martino in Neapel.
45 W. A. Bauer/O. E. Deutsch, Mozart-Briefe, 1962, 320ff. – Die Reisebriefe erwähnen den Premierminister Tannucci, den österreichischen Gesandten Graf Kaunitz, den englischen Botschafter Sir William Hamilton und den Schweizer Bankier Meuricoffre.
46 Ebd., 358 (Brief vom 5.6.1770).
47 Stendhal, Rom, 1988, 47.
48 V. Gleijeses, Feste, 1977, 3.
49 J. J. Volkmann, Nachrichten, III, 1771, 153.
50 D. Richter, Neapel, 1998, 53f. (»Die Kanzonen von Neapel«).
51 J. J. Winckelmann, Gedanken, 1969, 16–20.
52 ASN, Affari Esteri 4409.
53 Neueröffnetes Cabinet, 1740, 434f. (für den Hinweis danke ich Michael Nagel, Bremen).
54 J. G. Herder, Briefe, 1980, 209.
55 K. Ph. Moritz, Reisen, 1973, 80.
56 J. W. v. Archenholz, England, IV, 1787, 171.
57 Stendhal, Rom, 1988, 81.
58 F. Lewald, Italienisches Bilderbuch, 1983, 320.
59 Italienische Reise, Caserta, 14. März 1787.
60 Caserta, Palazzo Reale; Rotterdam, Museum Boymans- van Beuningen.
61 Breve descrizione, 1792, Appendice, 9.

62 Vgl. F. Lucarelli, La vita e la morte, 1999.
63 L. Ritter Santini, Da Vienna a Napoli, 1991, I, 198 und II, Nr. 1, 2, 3, 204.
64 P. Colletta, Storia, 1995, I, 169.
65 Anna Amalia von Sachsen-Weimar-Eisenach, Briefe, 1999, 58f.
66 Italienische Reise, Neapel, 5. März 1787.
67 Francesco Serao: Istoria dell'incendio del Vesuvio accaduto nel mese di maggio dell'anno 1737, Napoli 1738.
68 Giovanni Maria Della Torre: Storia e fenomeni del Vesuvio, Napoli 1755.
69 Ferdinando Galiani: Descrizione della spaventosa eruzione del Vesuvio, Napoli 1779.
70 Histoire du Mont Vesuve, avec l'explication des phénomenes, Paris 1741; The Natural History of Mount Vesuvius, London 1743.
71 Italienische Reise, Neapel, 18. März 1787.
72 Christopher Ch. Parslow: Rediscovering antiquity. Karl Weber and the excavation of Herculaneum, Cambridge 1995.
73 Staats- und Gelehrte Zeitung Nr. 207/1738 (2.12.1738).
74 Ebd., Nr. 132/1747 (24.7.1747).
75 Th. Fitzon, Reisen, 2004, 379–430.
76 Avignon 1748; erw. Aufl., Paris 1748; Nachricht von der am Fus des Berges Vesuvius entdekten unterirdischen Stadt Herculaneum, Erfurt und Leipzig 1749; Notizie intorno alla città sotteranea Ercolano e suoi monumenti antichi discoperti alle falde del monte Vesuvio, Firenze 1749; Memoirs concerning Herculaneum, the subterranean city, lately discovered at the foot of Mount Vesuvius, London 1750.
77 Charles Nicolas Cochin/Jerome Charles Bellicard: Observations upon the antiquities of the town of Herculaneum, London 1753.
78 L. E. Grimm, Erinnerungen, 1913, 280 (Besuch 1816).
79 ASN, Casa Reale Antica 1543/95 (16.12.1776).
80 K. Ph. Moritz, Reisen, 1973, 86.
81 Ebd., 87.
82 Vgl. H. Kammerer-Grothaus, Aufstellung der Antiken, 1981, 11–19.
83 Heute in der Nationalbibliothek in Neapel.
84 J. J. Volkmann, Historisch-kritische Nachrichten, III, 1771, 278–302.
85 ASN, Casa Reale Antica 1537–1542.
86 ASN, Casa Reale Antica 1541/71 (Schreiben vom 8. Juni 1765).
87 A. v. Goethe, Reise, 1999, 177f., vgl. auch S. 184 (Besuch 1830).
88 F. Hebbel, Tagebücher, o. J., 112.
89 J. W. v. Archenholtz, Rom und Neapel, 1990, 251f.
90 Le Antichità di Ercolano esposte, Bd. I, 1757, Widmung »Al re«.
91 Abbildungen der Gemälde und Altherthümer [...] nebst ihrer Erklärung von Christoph Gottlieb von Murr, 8 Bde., Augsburg 1777–1798.
92 Zitiert nach C. Knight, Grand Tour, 1995, 214. – Das zitierte Motiv in Antichità, Bd. III, 41.
93 Vgl. A. Milano, Storia, 1992, 333f.
94 Das folgende nach ASN, Affari Esteri 4400–4403 (Nazione Ebrea).

95 ASN, Affari Esteri 4400/1 (17.6.1739).
96 Renzo Toaff: La nazione ebrea a Livorno e a Pisa 1591–1700, Firenze 1990.
97 ASN, Affari Esteri 4403/3 (24.6.1739).
98 Die Inquisitions-Gerichtsbarkeit war im Königreich Neapel abgeschafft worden, nicht jedoch im (verbundenen) Königreich Sizilien.
99 ASN, Affari Esteri 4400/8 (September 1739).
100 Ebd., 4401/1/3.
101 Neueröffnetes Cabinet, 1740, 435. – Ich zitiere das Proklam im folgenden nach dieser Übersetzung.
102 Neueröffnetes Cabinett, 1740, 449 (Art. XXV).
103 Ebd., 440 (Art. II).
104 Ebd., 449 (Art. XXV).
105 Männer müssen älter als 25, Frauen älter als 35 Jahre sein und dürfen ohne besondere Erlaubnis nicht in jüdischen Häusern wohnen (Art. XXXIII).
106 Mit der Einschränkung, daß sie dabei einen christlichen Arzt mit heranziehen oder zuvor den Hippokratischen Eid geleistet haben (Art. XIV).
107 Mit der Einschränkung, daß die Zeremonie hinter verschlossenen Türen stattfinde und der Hippokratische Eid geschworen werde (Art. XV).
108 Art. XXIV, XXX und XXII.
109 Neueröffnetes Cabinet, 1740, 451 (Art. XXXIII).
110 Staats- und Gelehrte Zeitung Nr. 41/1740 (11. März 1740).
111 Ebd., Nr. 59 (15. März 1740); Nr. 116 (20. Juli 1740).
112 Ebd., Nr. 85 (27. Mai 1740).
113 Ebd., Nr. 82 (21. Mai 1740).
114 Ebd., Nr. 124 (3. August 1740).
115 ASN, Affari Esteri 4402/19.
116 Staats- und Gelehrte Zeitung Nr. 51/1740 (29. März 1740).
117 Ebd., Nr. 106 (12. Juni 1740) und Storia di Napoli, VII, Napoli 1972, 653.
118 Ebd., Nr. 51 (29. März 1740).
119 Ebd., Nr. 82 (12. Mai 1740).
120 Ebd., Nr. 51 (29. März 1740); Nr. 57 (15. März 1740).
121 Ebd., Nr. 87 (31. Mai 1740).
122 Ebd., Nr. 157 (30. September 1740).
123 ASN, Affari Esteri 4402/62 (April 1742).
124 Staats- und Gelehrte Zeitung Nr. 148 (20. August 1743).
125 ASN, Affari Esteri 4402/132.

Grand Tour

1 Reisebuch, 1999, 13 (Kap. 9).
2 Carmina II, 15; II, 18.
3 Epistolae 51-57.
4 P. Sarnelli, Guida die Pozzoli, 1691.
5 Aeneis VI, 239–42.
6 P. Sarnelli, Guida di Pozzoli, 1691, 68.

7 G. de Stael, Corinna, 1979, 300.

8 Mantua gab mir das Leben, Kalabrien nahm es, Neapel/birgt mich; Weiden besang, Felder und Führer mein Lied (Übersetzung Johannes Götte, 1987). – Nach dem Vergil-Kommentar des Servius (um 400) der Grabspruch des Dichters.

9 Sieh, meine Asche krönt auf felsigem Hügel der Lorbeer/Selten grünend hier, auf einsamem Posillipo. Mag das Grab auch fallen, die lorbeertragende Asche/Wird für Maros Ruhm ewiges Denkmal sein.

10 F. Petrarca, Reisebuch, 1999, 37 (Kap. 37).

11 G. de Staël, Corinna, 1979, 296.

12 H. Megiser, Delitiae, 1605, 64.

13 J. G. Seume, Spaziergang, 1985, 162.

14 Anna Amalia von Sachsen-Weimar-Eisenach, Briefe, 1999, 49.

15 Monitore Napolitano, 9.3.1799.

16 … in Neapel, wo das Grab Vergils Liebe und Glauben stiftet (Paralip., canto III).

17 H. Megiser, Delitiae, 1605, 72.

18 S. Münster, Cosmographey, 1578, 57.

19 H. Post, Tagebuch, 1993, 114.

20 P. Sarnelli, Guida di Pozzoli, 1691, 77–94.

21 Sebastiano Bartolo: Breve ragguaglio de' bagni di Pozzuolo dispersi, Napoli 1667.

22 Breve descrizione, 1792, 40.

23 L. F. Corfey, Reisetagebuch, 1977, 217.

24 H. van Huyssen, Reiß-Beschreibung 1701, I, 145.

25 F. Petrarca, Reisebuch, 1999, 31.

26 P. Sarnelli, Guida di Pozzoli, 1691, 103.

27 H. Megister, Delitiae, 1605, 7.

28 Georgica II, 136ff.

29 H. Megiser, Delitiae, 1605, 7.

30 Georgica II, 154.

31 H. Megiser, Delitiae, 1605, 20.

32 C. Weigel, Wohlanweißlicher Entwurff, Schleiz 1685.

33 Carm. III, 22.

34 A. v. Platen, Werke, 1895, I, 276.

35 Anna Amalia von Sachsen-Weimar-Eisenach, Briefe, 1999, 43.

36 Ebd., 60.

37 Italienische Reise, Neapel, 28. Mai 1787.

38 S. Sharp, Letters, 1767, 106 (Letter XXV).

39 J. Addison, Remarks, 1705, 242.

40 [August Klingemann]: Der *Lazzaroni* oder Der Bettler von Neapel. Ein romantisches Schauspiel in 5 Akten, Augsburg 1805; Daniel Auber: La muette de Portici, Paris 1828.

41 Zit. nach H. Haas, Neapel, 1927, 82.

42 M. Misson, Reisen, 1701, 373.

43 Zit. nach E. Haufe, Briefe, 1965, 288 (Brief Rom, 19.11.1830).

44 J. W. v. Archenholtz, England, IV, 1787, 192.
45 M. Misson, Reisen, 1701, 372.
46 S. Sharp, Letters, 1767, 99.
47 H. Swinburne, Travels, II, 1785, 61–62.
48 J. Moore, Society, 1781, 164.
49 Italienische Reise, Neapel, 28. Mai 1787.
50 E. Haeckel, Italienfahrt, 1921, 33.
51 J. W. v. Archenholtz, England, IV, 1787, 176.
52 M. Zeiller, Topographia, 1688, 66.
53 K. A. Mayer, Neapel, I, 1840, 306.
54 J. W. v. Archenholtz, England, IV, 1787, 189.
55 Breve descrizione, 1792, 266.
56 K. F. Schinkel, Reisen, 1982, 71.
57 K. F. Benkowitz, Reise von Glogau, III, 1804, 250–54.
58 K. F. Benkowitz, Helios, 1802, 125.
59 V. Hehn, Italien, 1912, 117.
60 Zit. nach H. Smidt, Romfahrer, (um 1920), 114 (Brief an den Vater, Rom, 26.5.1820).
61 K. A. Mayer, Neapel, I, 1840, 360.
62 Ch. Dickens, Pictures, 1903, 361.
63 G. Nicolai, Italien, I, 1835, 319.
64 A. Freiherr von Knigge, Umgang, 1977, 62f. (= I, 43).
65 A. v. Kotzebue, Erinnerungen, II, 1805, 157.
66 K. Kufeke, Himmel, 1999, 202.
67 J. W. v. Archenholtz, England, IV, 1787, 172.
68 H. Swinburne, Travels, II, 1785, 83.
69 Mozart, Briefe, 1962, 360 (Brief vom 9.6.1770).
70 J. Addison, Remarks, 1705, 196.
71 Ch. de Brosses, Lettres, II, 1885, 336.
72 S. Boisserée, Tagebücher, III, 1983, 359.
73 J. W. v. Archenholtz, England, IV, 1787, 173.
74 F. Brun, Sitten- und Landschaftsstudien, 1818, 381.
75 Vgl. Gouaches napoletane del Settecento e dell'Ottocento, Napoli 1985; All' ombra del Vesuvio. Napoli nella veduta europea dal Quattrocento all'Ottocento, Napoli 1990.
76 Vgl. Peter O. Krückmann (Hrsg.): Paradies des Rokoko. Das Bayreuth der Markgräfin Wilhelmine, München/New York 1998; Max Kunze (Hrsg.): Wilhelmine und Friedrich II. und die Antiken, Stendal 1998 (=Schriften der Winckelmann-Gesellschaft, XV).
77 Erstellt nach: Wilhelmine von Bayreuth, Tagebuch, 2002, 57–70.
78 Ebd., 59.
79 La fortuna di Paestum e la memoria moderna del dorico 1750–1830, a cura di Joselita Raspi Serra, Firenze 1986.
80 Wilhelmine von Bayreuth, Tagebuch, 2002, 57.
81 Zum Vergleich: Johann Caspar Goethe (1740) verbrachte 14 Tage in Neapel,

Lessing (1776) 25 Tage, Karl Philipp Moritz (1787) 24 Tage, Karl Friedrich Schinkel (1803) 21 Tage.

82 Anna Amalia von Sachsen-Weimar-Eisenach, Briefe, 1999, 57–60. Vgl. ferner Rosalinde Gothe: Aufbruch nach Italien. Die Reise der Herzogin Anna Amalia. In: Animo italo-tedesco. Studien zu den Italien-Beziehungen in der Kulturgeschichte Thüringens, Bd. III, Weimar 1998, 79–91.

83 J. G. Herder, Bloß für Dich, 1980, 203 und 219f.

84 Die Göchhausen, 1923, 82.

85 Italienische Reise, Rom, 21. Februar 1787.

86 J. G. Herder, Bloß für Dich, 1980, 220.

87 Italienische Reise, Rom, 21. Februar 1787.

88 J. H. W. Tischbein, Leben, 1922, 232.

89 Italienische Reise, Velletri, 22. Februar 1787.

90 Ebd., Fondi, 23. Februar 1787.

91 Ebd., St. Agata 24. Februar 1787.

92 Ebd., Neapel, 25. Februar 1787.

93 Ebd., Neapel, 25. Februar 1787.

94 B. Croce, Volfgango Goethe, 1914, 286–91.

95 Italienische Reise, Neapel, 26. Februar 1787.

96 Anna Amalia von Sachsen-Weimar-Eisenach, Briefe, 1999, 50.

97 J. J. Volkmann, Nachrichten, III, 1771, 195.

98 Italienische Reise, Neapel, 27. Februar 1787.

99 J. Hartig, Klaus Groth, 1996, 55.

100 Italienische Reise, Neapel, 27. Februar 1787.

101 Ebd., Neapel, 1. März 1787.

102 Ebd., Neapel, 27. Februar 1787.

103 J. W. Goethe, Briefe aus Italien, 1982, 24.

104 Italienische Reise, Neapel, 3. März 1787.

105 J. H. W. Tischbein, Leben, 1922, 238.

106 Italienische Reise, Caserta, 16. März 1787.

107 Ebd., Neapel, 25. März 1787.

108 Ebd., Neapel, 17. Mai 1787.

109 Glückliches Ereignis [1817], in: Autobiographische Einzelheiten. Werke, Hamburger Ausgabe, Bd. X, 538.

110 Italienische Reise, Neapel, 6. März 1787.

111 Vgl. D. Richter, Vesuv, 1990, 96ff. und 202ff.

112 Italienische Reise, Neapel, 2. März 1787.

113 Goethe, Italienische Reise, hrsg. v. Ch. Michel/H.-G. Dewitz, II, 1993, 803.

114 Ebd., 804.

115 Italienische Reise, Neapel, 2. Juni 1787.

116 Ebd., Neapel, 11. März 1787.

117 Ebd.

118 Ebd., Neapel, 18. März 1787.

119 Ebd., Neapel, 11. März 1787.

120 In: Italienische Reise, hrsg. v. Ch. Michel/H.-G. Dewitz, II, 1993, 877–81.

121 Vgl. Peter Reindl: Die Idylle, in: Hermann Mildenberger (Hrsg.): Johann Heinrich Wilhelm Tischbein, Goethes Maler und Freund, Katalog Oldenburg 1987, 79ff.
122 Goethes Werke, Bd. 49/1, 1898, 171.
123 Italienische Reise, Neapel, 23. März 1787.
124 Ebd., Neapel, 17. Mai 1787.
125 Ebd., Neapel, 28. Mai 1787.
126 Ebd.
127 Goethe, Tagebücher und Briefe, 1886, 302 (Brief an Frau von Stein, Neapel 15.5.1787).
128 Italienische Reise, Neapel, 28. Mai 1787.
129 Goethe, Briefe aus Italien, 1982, 92 (Brief an Frau von Stein, Neapel, 1. Juni 1787).
130 Italienische Reise, Neapel, 22. März 1787.
131 Ebd., Caserta, 16. März 1787.
132 Ebd., Neapel, 3. Juni 1787.
133 Italienische Reise, Rom, 16. Juni 1787.
134 PRO, F. O. 165, Bd. 137–170.
135 Italienische Reise, Neapel, 27. Mai 1787.
136 Vgl. C. Knight, Hamilton, 1990, 57ff.
137 Vgl. Ian Jenkins and Kim Sloan: Vases and Volcanoes. Sir William Hamilton and his Collection, London (Katalog Britisches Museum) 1996.
138 C. Knight, Hamilton, 1990, 191.
139 PRO, F. O. 165, Bd. 156 (Diplomatischer Bericht von William Hamilton über das Jahr 1787).
140 S. Sharp, Letters, 1767, 76.
141 Vgl. B. Fothergrill, Hamilton, 1971, 197ff.
142 C. Knight, Hamilton, 1990, 207.
143 Gemälde »Orest und die Furien«, 1788 (Schloß Arolsen); ein Gemälde mit Emma als Sibylle in Weimar, Stiftung Weimarer Klassik.
144 Gemälde »Eine Bacchantin«, 1783/84, Privatbesitz (Abbildung in: I. Jenkins/K. Sloan, Vases and Volcanoes, 1996, 266).
145 London, Britisches Museum (vgl. Vases and Volcanoes, 1996, 272f.).
146 London, Britisches Museum.
147 C. Knight, Hamilton, 1990, 201.
148 Breve descrizione, 1792, 3.
149 Civiltà del Settecento, I, 1979, 135–47.
150 Italienische Reise, Neapel, 19. März 1787.
151 Wright wurde aus Neapel vor allem durch seine Vesuv-Ansichten bekannt. Bilder unter anderem in der Tate Gallery in London und der Art Gallery in Derby.
152 Bilder unter anderem: Ansicht des Vesuv (Oxford, Ashmolean Museum); Neapel und der Golf von der Villa von Sir William Hamilton in Portici aus (Victoria and Albert Museum); Camaldoli (National Gallery of Scotland, Edinburgh).
153 Th. Jones, Memoirs, 1946/48, 113.

154 Britisches Museum, London. Ferner Terrasse beim Castel Nuovo (Cardiff, National Museum of Wales); Cappella Nuova; Häuser über einem Felsenabsturz (Tate Gallery).

155 Karneval am Largo di Castello (San Martino, Neapel).

156 Ölgemälde aus Neapel und Umgebung unter anderem im Louvre und in der Eremitage.

157 Neapel, Museo di Capodimonte; Karlsruhe, Kunstmuseum; ferner Nächtliche Szene am Golf (Neapel, Palazzo reale); Villa Gaiola (Getty Museum, Malibu).

158 Golf von Neapel; Neapel und der Vesuv (Louvre); Rebhühnerjagd am Lago Patria (Caserta).

159 Vgl. Pierre Chessex (Hrsg.): Ducros 1748–1810. Paesaggi d'Italia all'epoca di Goethe, Roma 1987. – Bilder aus Neapel unter anderem im Musée Cantonal des Beaux-Arts in Lausanne.

160 Neapel, San Martino; Madrid, Prado.

161 Die königliche Familie mit ihren Kindern (Neapel, Capodimonte); Bildnis der Königin Maria Carolina; Bildnis des Königs Ferdinand (Vorarlberger Landesmuseum, Bregenz).

162 Porträt der Prinzessin Maria Christina, 1790 (Museo di Capodimonte).

163 Ph. J. Rehfues, Gemälde, II, 1808, 58.

164 Philipp Hackert: Vedute del Regno di Napoli, hrsg. v. Cesare de Seta, Milano 1992.

165 Hafen von Neapel (Frankfurt, Goethe-Museum); Ausbruch des Vesuv (Kassel, Staatliche Kunstsammlungen); Der Avernersee, 1794 (München, Neue Pinakothek).

166 J. W. Goethe, Italienische Reise, Caserta, 15. März 1787.

167 E. von der Recke, Tagebuch, III, 1815, 89f.

168 Italienische Reise, Neapel, 28. Februar 1787.

169 Ph. J. Rehfues, Gemälde, II, 1808, 57.

170 Italienische Reise, Caserta, 15. März 1787.

171 Civiltà del Settecento, I, 1979, 309 und 318–19. – Auch als Porträtmaler war Füger tätig (Bildnis des Marzio Mastrilli Marchese di Gallo, Museum San Martino in Neapel).

172 Vgl. Margret E. Burscheidt: Vergegenwärtigung der Antike in Wilhelm Tischbeins Idyllenzyklus, in: Hermann Mildenberger (Hrsg.): Johann Heinrich Wilhelm Tischbein. Goethes Maler und Freund, Katalog Oldenburg 1986, 101ff.

173 N. Miller, Wanderer, 2002, 218.

174 Italienische Reise, Neapel, 17. März 1787.

175 Vgl. J. H. W. Tischbein, Leben, 1922, 241ff.

176 Ebd., 248. – Ölgemälde Landschaft mit Ente, 1790. Neapel, San Martino.

177 Neapel, Museum Capodimonte.

178 Bregenz, Vorarlberger Landesmuseum.

179 Italienische Reise, Neapel, 23. März 1787.

180 Vgl. G. Striehl, Christoph Heinrich Kniep, 1998.

181 Fresken in der Villa des Kardinals Albani (Villa Torlonia), in der Kirche

Sant'Eusebio und in der Sala dei papiri des Vatikans.

182 Es handelt sich um das Grabmal von Papst Pius VII. in der Peterskirche; 1824 schuf er die Statue von Kardinal Consalvi im Pantheon.

183 Civiltà del Settecento, I, 1979, 309.

In fortdauernder Revolution

1 ASN, Prefettura di Polizia, fasc. 2846.

2 F. Gregorovius, Neapel und Sicilien, 1872, 335.

3 J. F. Neigebaur, Handbuch, 1826, 98.

4 Goethe, Philipp Hackert, 1979, 591.

5 J. W. H. Tischbein, Leben, 1922, 307f.

6 Goethe, Philipp Hackert, 1979, 588f.; J. W. H. Tischbein, Leben, 1922, 302ff.

7 J. W. H. Tischbein, Leben, 1922, 308.

8 B. Fothergill, Hamilton, 1971, 344ff.

9 Aus dem Tagebuch des Arztes Diomede Marinelli, La caduta, 1997, 9 (2.7.1799). – Zur ethnologischen Deutung der populären Gewalt vgl. Guido Panico: Il carnefice e la piazza, Napoli 1985; K. Kufeke, Himmel und Hölle, 1999, 152–55.

10 Neapel und die Lazzaroni, 1799, V.

11 R. La Capria, L'armonia, 1990, 48ff., 115ff.

12 ASN, Prefettura di Polizia, fasc. 2846. – Im einzelnen handelt es sich bei den Residenten um 55 Deutsche, 54 Schweizer und 7 Österreicher, bei den Durchreisenden um 32 Deutsche, 11 Schweizer und 7 Österreicher.

13 Stendhal, Kartause, 1978, 24.

14 J. G. Seume, Spaziergang, 1985, 148 und 285.

15 Ebd., 192f.

16 G. Valardi, Itinerario 1806, 201.

17 Vgl. E. C. Conte Corti, Tochter Maria Theresias, 1950, 211ff.

18 P. J. Rehfues, Briefe, II, 1809, 301.

19 Zu den Reiseberichten der genannten Autoren siehe das Quellenverzeichnis.

20 Vgl. A. Mozzillo, La frontiera, 1992, 79ff.; K. Kufeke: Himmel und Hölle, 1999, 130ff.

21 Vgl. H. Brüggemann, Großstadt, 1985, S. 72ff.

22 E. von der Recke, Tagebuch, 1815/17, III, 257f.

23 F. Gregorovius, Neapel, 1872, 4.

24 W. Benjamin, Jakob Job, 1972, 132.

25 J. F. Neigebaur, Handbuch, 1826, 434.

26 FDH, Hs. 10934 (Brief Rom, 3.1.1823).

27 A. von Platen, Briefwechsel, IV, 1931, 291.

28 A. Kotzebue, Erinnerungen, II, 1805, 156ff.

29 Siehe Quellenverzeichnis.

30 L. Seidler, Erinnerungen, 1922, 199f.

31 ASN, Prefettura di Polizia, fasc. 2846 und 2847. – Leider sind die Unterlagen

über die von der Polizei dokumentierten Jahre 1831 bis 1858 nicht für alle Jahrgänge vollständig erhalten, außerdem wurden sie nach unterschiedlichen statistischen Systemen geführt. Für 1841 bis 1847 fehlen sie komplett. Ab 1848 wurden die Ausländerlisten alphabetisch und nicht mehr nach Jahreseinheiten geführt, was die Fortsetzung der Jahresstatistik nicht mehr möglich macht.

32 Die Registratur hält Monat für Monat und dann zum jeweiligen Jahresschluß in Listen drei Positionen fest: die Angekommenen (pervenuti), die Abgereisten (partiti) und die Verbliebenen (rimasti). Die Unterscheidung zwischen »Ansässigen« und »Touristen« wird nicht gemacht, ist auch für die zeitgenössischen Verhältnisse nicht sinnvoll.

33 F. Gregorovius, Neapel und Sicilien, III, 1872, 335.

34 ASN, Prefettura di Polizia, fasc. 2848.

35 Ebd., fasc. 2865.

36 ASN, Prefettura di Polizia, fasc. 2846. Ausgewertet sind die jeweils am Monatsende erstellten Listen der Ausländer, die sich zum Stichtag in Neapel aufhalten. Die Herkunftsangaben folgen terminologisch dem in den Listen benutzten Vokabular. Geringfügige numerische Differenzen zwischen den Gesamtsummen und den in der Tabelle »Fremdenverkehr in Neapel« dokumentierten Zahlen erkläre ich mir damit, daß unterschiedliche Personen tätig waren.

37 Ich fasse hier die unter *Alemagna* bzw. *Germania* und *Prussia* gezählten Personen zusammen.

38 ASN, Prefettura di Polizia, fasc. 2848.

39 Ebd.

40 Ebd.

41 E. C. Conte Corti, Untergang, 1940, 244.

42 A. von Goethe, Reise, 1999, 184f.

43 J. N. von Ringseis, Erinnerungen, I, 1886, 382.

44 C. G. Carus, Reise, I, 1835, 209ff.

45 E. Förster, Handbuch, 1848, 56.

46 Die Liste ist zusammengestellt aus Biographien und Werkverzeichnissen sowie aus historischen Gästebüchern mit handschriftlichen Eintragungen der Gäste und berücksichtigt im wesentlichen Künstler aus dem deutschen Sprachbereich. Bei Mehrfachaufenthalten ist nur das Jahr des ersten Aufenthalts angegeben.

47 ASN, Prefettura di Polizia, fasc. 2846.

48 Vgl. zum folgenden E.-A. Lentes: C. W. Götzloff, 1996.

49 L. Richter, Lebenserinnerungen, 1909, 235.

50 TPC, Gästebuch »Pagano«, 35.

51 J. von Führich, Briefe, 1883, 153; I. Magnussen, Wilhelm Ahlborn, 1935, 67–69.

52 G. Klemm, Reise, 1839, 329.

53 E.-A. Lentes, Götzloff, 1996, 105ff.

54 A. Stahr, Ein Jahr, II, 1848, 201.

55 A. v. Platen, Tagebücher, II, 1900, 836 (Juli 1827).

56 Ebd., 832.

57 P. Bumm, Platen, 1990, 461f.
58 Platen, Briefwechsel, IV, Nr.217 (Brief an Gustav Schwab, Neapel 5.5.1827).
59 Platen, Tagebücher, II, 1900, 836.
60 Platen, Werke, I, 1895, 238 (»Bilder Neapels«).
61 Ebd., 240.
62 W. Waiblinger, Werke, IV/1, 1988, 402 (Brief Rom, 26.8.1827).
63 Ebd., I, 379 (»Bilder aus Neapel«).
64 Ebd., V/1, 553 (Neapel, 4.7.1829).
65 A. Kopisch, Agrumi, 1837.
66 TPC, Gästebuch »Pagano«, S. 34 (Maximilian Fürst von Thurn und Taxis und Graf La Rosée); S. 51–52 (Carl Blechen, Wilhelm Ahlborn, Friedrich Maximilian Hassemer, Friedrich Thöming)); S. 55 (August Graf Voß, preußischer Minister in Neapel und Familie). Ferner J. von Führich, Briefe, 1883, 150; E.-A. Lentes, Götzloff, 1996, 73.
67 O. Jessen, Kopisch, 1894, 463 (Brief von Kopisch an Platen, Neapel, 23.10.1828).
68 FDH, Hs. 15291 (Brief vom 17./25.7.1829).
69 F. Gregorovius, Capri, 1880, 75.
70 D. Richter, August Kopisch, 1997, 63–107.
71 W. Müller, Tagebücher, II, 1994, 10ff.; W. Müller/O. L. B. Wolf: Egeria, 1829.
72 F. Rückert, Gedichte, I, 1864, 228–33.
73 F. Lewald, Tagebuch, 1927, 270.
74 H. Chr. Andersen, Tagebücher, I, 1980, 189.
75 Ebd., 188.
76 H. Chr. Andersen, Märchen, I, 1981, 173.
77 Auch in den Reiseberichten von Archenholtz (»England und Italien«, 1787) und Karl Philipp Moritz (»Reisen eines Deutschen in England und Italien«, 1783ff.) geht es um die charakteristische Erfahrung des Gegensatzes der beiden Länder.
78 F. Mendelssohn-Bartholdy, Briefe, 1899, 38 (Brief an die Familie, Rom, 8.11.1830).
79 Ebd., 38.
80 Italienische Reise, Rom, 1. November 1786.
81 F. Mendelssohn-Bartholdy, Briefe, 1899, 39 (Brief an die Familie, Rom, 8.11.1830.
82 Ebd., 115 (Brief an die Familie, Neapel, 27.4.1831).
83 Ebd., 126 (Brief an die Eltern, Neapel, 6.6.1831).
84 R. M. Rilke, Neue Gedichte, 1955, 121 (»Archaischer Torso Apollos«).
85 W. Waiblinger, Werke, I, 1988, 379.

Das Zeitalter der Beschleunigung

1 Ch. Dickens, Pictures, 1903, 362.
2 Die erste Reise an den Golf von Neapel fand 1864 statt.
3 Blackwood Magazine 1865, zit. nach J.-D. Urbain, L'idiota, 1997, 40.

4 Hendschels Telegraph. Übersicht der Eisenbahn-, Post-, Dampfschiff- und Telegraphen-Verbindungen Deutschlands und der angrenzenden Länder, Frankfurt 1856, S. 29 verzeichnet die Strecken Neapel–Castellamare, Neapel–Nocera und Neapel–Capua.
5 E. Förster, Handbuch, 1848, 301.
6 E. Haeckel, Italienfahrt, 1921, 55 (20.5.1859).
7 E. Förster, Handbuch, 1848, 301.
8 J. Grimm, Eindrücke, 1864, 59.
9 P. Hertz, Italien, I, 1878, 135.
10 Ebd., 139f.
11 Th. Mann, Briefe, 1962, 7 (Postkarte an Korfiz Holm, Neapel, 6.11.1896).
12 Th. Mann, Briefe, 1977, 18 (Brief an Otto Grautoff, Rom, 13.1.1897).
13 E. Bloch, Italien, 1956, 512.
14 E. Förster, Handbuch, 1848, 301.
15 A. Lembo, Capri, 1990, 33.
16 F. Nitti, Il capitale, 1915, 94ff.
17 J. Stinde, Buchholzens, 1896, 105.
18 K. Baedeker, Italien, 1908, 325; Reichs-Kursbuch, Berlin 1907, Abt. 422a; A. Mühl, Luxuszüge, 1991, 15ff. – Der »Berlin-Neapel-Expreß« verkehrte von 1902 bis 1914 zweimal wöchentlich im Winter; er fuhr (1907) vormittags um 10 Uhr ab und erreichte Neapel am darauffolgenden Tag um 23.25 Uhr. Neben den beiden genannten Zügen passierte auch der »Ägypten-Expreß« von Berlin nach Kairo die Stadt am Golf. – Für freundliche Hilfe bei der Recherche danke ich Herrn Alfred Gottwaldt vom Deutschen Technikmuseum in Berlin.
19 V. Hehn, Italien, 1912, 237.
20 P. Heyse, Jugenderinnerungen, 1900, 149.
21 ASN, Questura Diversi 1043/74.
22 A. Caneva, Funicolare, 1995, 20. – Ähnlich K. Baedeker, Unteritalien, 1911, 177.
23 Vgl. S. Sonnentag, Tourismus, 1999, 88.
24 F. Nitti, Il capitale, 1915, 95.
25 Die folgenden Angaben stützen sich auf den Baedeker von 1908 und das Reichs-Kursbuch von 1907.
26 Das Szenario bezieht sich auf Theodor Fontanes Roman »L'Adultera« [1880], Kap. 17.
27 SAB 7, 2010/4: Broschüre Norddeutscher Lloyd Bremen, »Hochzeitsreisen« (1909).
28 »Vergnügungsfahrten zur See« ist der in den Broschüren der »Lloydreisen« wiederkehrende Titel.
29 SAB 7, 2010/4: Broschüre Deutsche Mittelmeer-Levante-Linie, um 1910.
30 SAB 7, 2010/4: Norddeutscher Lloyd: Broschüre »Gesellschaftsreisen«, 1913.
31 SAB 7, 2010/4: Norddeutscher Lloyd: Broschüre »Lloydreisen 1913«.
32 Vgl. Sh. Foster, Engländerinnen, 1988, 55ff.
33 E. Förster, Handbuch, 1848, 25f. (»Wegweiser für Leidende«).
34 Vgl. James Johnson: Change of air, or the pursuit of health. An autumnal

excursion through France, Switzerland and Italy in the year 1829, London 1831. – Der große Berliner Arzt Christoph Wilhelm Hufeland prophezeite sogar das Aussterben der römischen Bevölkerung aufgrund der dort herrschenden »schlechten Luft« (Chr. W. Hufeland, Absterben, 1817, 78–92).

35 G. Chr. Lichtenberg, Luftbad, III, 1972, 127.

36 K. F. Benkowitz, Helios, 1802, 7.

37 Breve descrizione, 1792, 3.

38 J. F. Neigebaur, Handbuch 1826, 18.

39 M. Starke, Information, 1828, 357.

40 H. E. Trower, Guide, 1899, 6.

41 D. Richter, Giardino, 1997, 86 und 124.

42 Vgl. E. Zaniboni, Alberghi, 1921, 151ff.

43 Paradisus, 1657, 234. – Zur Geschichte des Hotels Aquila Nera vgl. S. Sonnentag, Tourismus, 1999, 148f.

44 L. Richter, Lebenserinnerungen, 1909, 235.

45 E. Haeckel, Italienfahrt, 1921, 24.

46 S. Boisserée, Tagebücher, III, 1983, 355.

47 P. Hertz, Italien, I, 1878, 140.

48 ASN, Questura Diversi 1373 (Alberghi, locande, affittacamere 1886–87). Die Akten der Quästur verzeichnen seit 1860 zahlreiche Lizenzen für Berherbergungsbetriebe.

49 Th. Fontane, Aufzeichnungen, 1997, 1003.

50 E. Förster, Handbuch, 1848, 302.

51 Ebd., 56f.

52 Th. Fontane, Unterwegs, 1972, 7 (»Modernes Reisen«).

53 Ludwig Fulda: Sinngedichte, zitiert nach: J. Prölß, Deutsch-Capri, 1901, 26. – Fulda war im Januar 1894 Gast in der Villa Allers auf Capri (PBK, Gästebuch Allers, 23.1.1894).

54 Beim folgenden mache ich dankbar Gebrauch von den ausführlichen Recherchen von Stefanie Sonnentag, Tourismus, 1999, 150ff. und 271ff.

55 K. Baedeker, Unteritalien, 1911, 23–25.

56 Vgl. Michael Schmitt: Palast-Hotels. Architektur und Anspruch eines Bautyps 1870–1920, Berlin 1992.

57 V. Klemperer, Neapel, 1989, 251.

58 Reichs-Kursbuch 1907, Anzeigenteil. – Auch das Hotel Continental präsentiert sich dort als »deutsches Haus«.

59 Reichs-Kursbuch 1907, Anzeigenteil; Griebens Reiseführer, Neapel, 1927, Anzeigenteil.

60 Das Hotel, ein »Haus allerersten Ranges« (Baedeker) lag am westlichen Ende der Villa Comunale (also an der heutigen Piazza della Repubblica) und wurde von Alfred Hauser aus Luzern gegründet; es verfügte über 140 Zimmer.

61 Das bis heute existierende Hotel liegt an der Via Partenope und verfügte vor dem Ersten Weltkrieg über 60 Zimmer.

62 Das bis heute existierende Hotel, ebenfalls »allerersten Ranges«, Via Parte-

nope 24, wurde 1909 eröffnet und gehörte einem Schweizer Aktienfonds. Mit einer Kapazität von 200 Zimmern war es das größte der neapolitanischen Hotels.

63 Das Hassler lag an der Via Partenope und verfügte über 60 Zimmer.
64 A. v. Goethe, Reise, 1999, 164.
65 A. Kopisch, Briefe, 1894, 416 (Brief an die Mutter, Neapel, 28.8.1827).
66 E. Reynolds-Ball, Winter Resorts, 1914, 230. – Der »Grieben« von 1927 erwähnt zusätzlich Miss Middleton, Van Bol und Di Santo (S. 23).
67 RHC, Handschriftliches Rechnungsbuch »Permanenti 1922–1924«.
68 Smith & Co, Piazza di Martiri 57; Codrington & Co, Strada di Chiaia 94 (Baedeker, Unteritalien, 1911, 26).
69 D. Richter/M. Romito: I profumi di Reid. Uno scavo archeologico a Villa Rufolo e la vita di un inglese nella Ravello dell'Ottocento, Napoli (Electa), 1999.
70 Th. Fontane, Aufzeichnungen, 1997, 1002ff.
71 P. Sirius, Kennst du das Land?, 1897, 214.
72 F. Neigebaur, Handbuch, 1833, 407; K. Baedeker, Italien, 1908, 332.
73 Th. Fontane, Aufzeichnungen, 1997, 1003 (3.11.1874).
74 G. Hauptmann, Beichten, 1966, 500f.
75 Mark Twain, Die Arglosen, 1997, 326.
76 Ebd., 332.
77 S. Freud, Unser Herz, 2002, 156f. (Postkarte an Martha Freud, Neapel, 1.9.1902).
78 Ebd., 166 (Brief an Martha Freud, Sorrent, 6.9.1902).
79 F. Nietzsche, Briefe, V, 1986, 191.
80 Th. Mann, Briefe, 1975, 79.
81 Via Santa Lucia 28, im 2. Stock.
82 Th. Mann, Briefe, 1975, 80.
83 Ebd.
84 Ebd., 81.

Internationale Metropole

1 A. Ghirelli, Storia, 1998, 262.
2 Ebd., 264.
3 R. La Capria, L'occhio, 1994, 11.
4 Touring Club Italiano, Napoli, 1976, 52.
5 ASN, Preffetura, fasc. 2846.
6 K. F. Benkowitz, Helios, 1802, 51.
7 E. Haeckel, Italienfahrt, 1921, 40.
8 ASN, Preffetura, fasc. 2846.
9 E. v. d. Recke, Tagebuch, III, 1815, 75f.
10 E. Schubert, Geschichte, 1926, 150 (Bericht Pfarrer Hans Ellger, Neapel 1900–1906).
11 A. Kellner, Alltägliches, 1898, 141ff.

12 EZA 5/1473 (Bericht Pfarrer Theodor Trede, Neapel 1885).
13 Ebd. (Berichte Pfarrer Theodor Trede, Neapel 1893 und 1896).
14 Ebd. (Bericht 1901).
15 Chr. F. Bellermann, Predigten, 1832, IV.
16 K. F. Benkowitz, Reise, III, 1804, 274.
17 EZA 5/1473 (Bericht Pfarrer Hans Ellger 1901); E. Schubert, Geschichte, 1926, 150f.
18 EZA 5/1473 (Bericht Pfarrer Thomas Trede 1885); H. H. Ewers, Fahrten, 1923, 69.
19 A. Springer, Farben, 1914, 76.
20 Vgl. G. Bonnant, Svizzeri, 1972, 10–16. – Die einschlägigen Akten in ASN, Affari Esteri, fasc. 4520–24 und 5167–97.
21 Vgl. A. Messerli, Mercenari, 1995, 143–64.
22 Zit. nach L. Mazzucchetti/A. Lohner, Schweiz, 1941, 403f.
23 J. J. Keller, Erlebnisse, 1903, 9.
24 A. Messerli, Mercenari, 1995, 146ff.
25 K. Niederer, Erlebnisse, 1901, 12.
26 A. Messerli, Mercenari, 1995, 157f.
27 Einer von ihnen, Louis Horace Rilliet, geboren am 17.11.1824 in Genf, Chirurg beim 13. Schweizer Jäger-Bataillon, starb am 6.8.1854 an der Cholera. Seine Kameraden setzten ihm einen Grabstein auf dem alten Ausländerfriedhof Santa Maria della Fede.
28 J. C. O. Hisely, Lebenserinnerungen, 1901, 31.
29 Ebd.
30 G. Bonnant, Svizzeri, 1972, 15.
31 J. W. Goethe, Italienische Reise, Neapel, 1.6.1787.
32 Vgl. B. Meuricoffre-Gruber, Familie Meuricoffre, 1945, 1–42.
33 F. Nitti, Capitale, 1915, 43.
34 Ebd., 43, 76.
35 Die aus der Schweiz eingewanderte Familie hieß ursprünglich Bockwinkel; deren Nachfahren betreiben bis heute ein exquisites Kunstantiquariat in Neapel.
36 Das Modehaus Gutteridge am Toledo wurde 2000 aufgelöst.
37 Der Buchhändler Enrico Detken (1858–1915) liegt auf dem English Cemetery begraben.
38 Vgl. M. Miraglia, Giorgio Sommer, 1992.
39 Sein Grab befindet sich auf dem English Cemetery.
40 M. Miraglia, Giorgio Sommer, 1992, 23, Anm. 44.
41 Ebd., 13.
42 Vgl. G. Wenner, Spinnereidirektoren, 1959, 76–104; ders., Die Egg, 1954, 110–34.
43 Jakob Meyer nahm 1851 seinen Schwiegersohn Rudolf Freitag (Neapel 1825 – ebenda 1890) in die Firma auf; dessen Tochter Emma heiratete 1875 den Industriellen Friedrich Wenner (1845–1931), ihre Schwester Jeanne 1881 dessen Bruder Robert (1853–1919). Die Firma wurde als Roberto Wenner u. Co. weitergeführt und ging 1913 in die Manifatture Cotoniere Meridionali ein.

44 G. Wenner, Spinnereidirektoren, 1959, 81.

45 Direktor der Spinnerei war von 1831 bis 1854 Caspar Escher aus Zürich; daneben waren die Brüder Caspar, Julius, Friedrich und Conrad Züblin sowie deren Vetter Albert Wenner beteiligt.

46 Nach dem Ausscheiden der Gebrüder Züblin wurde die Firma ab 1849 unter dem Namen »Fumagalli, Escher und Co.« weitergeführt, ab 1854 der Firma Vonwiller integriert.

47 Die kaufmännische und die technische Leitung hatte Albert Wenner.

48 In der Leitung der Weberei in Angri waren Johann Conrad Schlaepfer und Albert Wenner tätig.

49 Zit. nach L. Rubini, Fiabe, 1998, 18.

50 E. Schubert, Geschichte, 1926, 87. – 1879 waren dort ein Lehrer und zwei Lehrerinnen beschäftigt; mit Rücksicht auf die katholischen Kinder wurde kein Religionsunterricht abgehalten (Bericht Pfarrer Trede 1879, in: EZA 5/1473).

51 EZA 5/1473 (Bericht Pfarrer Trede 1895); DEGN, As23, FB 23 (Protokollbuch »Fratte« 1899–1900).

52 EZA 5/1473 (Bericht Pfarrer Trede 1881).

53 G. Wenner, Spinnereidirektoren, 1959, 82f.

54 Ders., Die Egg, 1954, 121.

55 In Scafati wird 1880 vom Inhaber der Fabrik ein Versammlungssaal im Park seiner Villa für die Gemeinde zur Verfügung gestellt (EZA 5/1473, Bericht Pfarrer Trede 1880 und 1899).

56 E. Schubert, Geschichte, 1926, 112f. und 161; EZA 5/1473 (Berichte Pfarrer Trede 1895 und 1901).

57 G. Wenner, Die Egg, 1954, 122. – In jedem Fall ist es die Zeit der französischen Besetzung, in der die vorher unbekannte Kartoffel in die neapolitanische Agrokultur Einzug hält.

58 Organisatorisch war die Gemeinde in einen deutschen und einen französischen Zweig geteilt, denen je ein deutscher und ein französischer Pfarrer vorstanden.

59 EZA 5/1472. Nach seiner Rückkehr nach Deutschland war Bellermann Pfarrer der 1835 erbauten Berliner St.-Pauls-Kirche.

60 Christian Friedrich Bellermann: Über die ältesten christlichen Begräbnisstätten und besonders die Katakomben zu Neapel, Hamburg 1839; ders.: Erinnerungen aus Südeuropa. Geschichtliche, topographische und literarische Mitteilungen, Berlin 1851.

61 Friedrich Wilhelm III. stiftete für die Gesandtschaftskapelle eine Orgel, finanzierte den Organisten und unterstützte die Gemeinde mit regelmäßigen Spenden (E. Schubert, Geschichte, 1826, 30ff.). Friedrich Wilhelm IV. nahm während seiner Italienreise 1828 an den Gemeindegottesdiensten teil.

62 So nach den Statuten von 1866, vgl. EZA 5/1473 (Bericht Pfarrer Trede 1879) und E. Schubert, Geschichte, 1826, 85ff.

63 E. Schubert, Geschichte, 1826.

64 Ebd., 99.

65 EZA 5/1473 (Jahresbericht der deutsch-evangelischen Gemeinde in Neapel

1901/1902, Napoli 1902, 7f.). Auch die folgenden Angaben nach diesem und den anderen Jahresberichten der Gemeinde im genannten Zeitraum (DEGN, As14, B62).

66 EZA 5/1473 (Berichte Pfarrer Trede an das Kirchliche Außenamt in Berlin 1879 und 1896). Ähnlich ebd. in seinem Bericht 1885.

67 EZA 5/1473 (Bericht Pfarrer Trede an das Kirchliche Außenamt 1881). Ähnlich im Bericht von 1879 über die Gemeinde in Salerno: »Bei weitem den größten Einfluß besitzen in der Gemeinde diejenigen Männer, welche die Inhaber der beiden genannten Häuser [Textilfabriken] sind [gemeint sind Albert Wenner und Caspar Escher]«.

68 Hierher gehört zum Beispiel die bereits erwähnte Finanzierung einer Vikarsstelle zur Betreuung der Außenstationen in Scafati, Angri und Nocera durch die Schweizer Familie Wenner ab 1895 oder das Geschenk einer Villa an das deutsche Krankenhaus seitens des deutschen Textilindustriellen Julius Aselmeyer.

69 EZA 5/1473 (Bericht Pfarrer Hans Ellger an den OKR in Berlin 1901).

70 E. Schubert, Geschichte, 1926, 146.

71 EZA 5/1473 (Bericht Pfarrer Theodor Trede 1879). – Die in den »Jahresberichten« abgedruckten Beitragslisten bestätigen das.

72 DEGN As14, B62 (Jahresberichte der Deutschen Evangelischen Gemeinde in Neapel 1900 bis 1915); ASZN (Jahresberichte des Deutschen Krankenhauses in Neapel 1912–1914).

73 E. Schubert, Geschichte, 1926, 107. Erster Präsident des Krankenhauskomitees war Till Meuricoffre.

74 ASZN, A.1897.H. (Satzungen des Deutschen Hülfsvereins in Neapel, Napoli 1896).

75 Ebd.

76 Arnold und Doris Esch: Italien von unten erlebt. Hilfesuchende und ihre Schicksale in den Registern des Hilfscomités der deutschen evangelischen Gemeinde in Rom 1896–1903, in: A. Esch/J. Petersen, Ottocento, 2000, 287ff.

77 ASZN, A.1915.D (Deutscher Hilfsverein: 27. Jahresbericht für das Jahr 1895; Bericht über das Jahr 1913).

78 G. Bonnant, Svizzeri, 1972, 225.

79 1853 besuchten 37 Knaben und 14 Mädchen die Schule; davon waren 34 Deutsche und Schweizer, 14 Engländer und 3 Franzosen; EZA 5/1472 (Bericht Pfarrer Remy 1853).

80 Schubert, Geschichte, 1926, 116.

81 EZA 5/1473 (Bericht Pfarrer Trede 1893).

82 Woldemar Kaden: Neue Welschland-Bilder und Historien, Leipzig 1886; ders.: Volksthümliches aus Süditalien, Leipzig 1896; ders.: Auf vulkanischem Boden. Zeitbilder aus Sizilien, in: Die Gartenlaube 1894, 74–77 und 92–95; ders.: An der Küste von Amalfi, ebd. 1896, 173–75.

83 PBK, Gästebuch Allers 1892–1902, passim.

84 Ebd., 7.5.1899.

85 EZA 5/1473 (Bericht Pfarrer Trede 1880).

86 ASZN, Deutsche Colonie (E. Baum: 30 Jahre deutsches Leben in Neapel. Eine Festrede, Neapel 1893). Zum Museum vgl. auch E. Schubert, Geschichte, 1926, 147.

87 ASZN, Deutsche Colonie, 1892–1914. Zum Vorstand des »Casinos« gehören 1893 Woldemar Kaden, August Kellner und Schuldirektor Dr. Kleber.

88 V. Klemperer, Neapel, 1989, 257.

89 A. Dohrn, Der gegenwärtige Stand, 1872, 160.

90 Vgl. Chr. Lenz, Marées, 1987, 39ff.

91 O. J. Bierbaum, Reise, 1992, 211 (24.6.1902).

92 E. Ury, Professors Zwillinge, 1927, Kap. 9.

93 Th. Heuss, Dohrn, 1946, 206.

94 B. Dawes, Comunità, 1988, 77 (Tabelle).

95 Von griechisch-orthodoxen Gottesdiensten in der russischen Botschaft berichtet Pfarrer Remy 1853 (EZA 5/1472).

96 Nach B. Dawes, Comunità, 1988, 23ff.

97 R. Ciuni, Piazzetta, 2001, 39–42.

98 B. Dawes, Comunità, 1988, 46f.

99 Ebd., 48.

100 G. R. Mundy, La fine, 1966.

101 G. Morandini, Risorgimento, 2000.

102 B. Dawes, Comunità, 1988, 56f.

103 E. Schubert, Geschichte, 1926, 54f.

104 B. Dawes, Comunità, 1988, 62.

105 Ebd., 68f.

106 Ebd., 37.

107 W. Somerset Maugham, Short Stories, III, 1965, 1372 (»Masterson«).

108 Codex Iuris Canonici (CIC)/1983 can. 1205; CIC/1917 can. 1212 et 1240. Vgl. Ferdinand Walter: Lehrbuch des Kirchenrechts, Bonn 1854, 580–84.

109 E. v. d. Recke, Tagebuch, III, 1815, 277.

110 B. Dawes, Comunità, 1988, 20. – Califano hatte das Grundstück aus dem Besitz des 1799 aufgelassenen Klosters erworben, in dem seit 1529 die Gebeine der Nichtkatholiken beigesetzt wurden (nach G. Guida, in: G. Alisio, Cimitero, 1993, 12).

111 ASN, Affari Esteri 3219 (Schreiben von Sir Henry Lushington, 8.3.1817).

112 G. Nicolai, Italien, II, 1835, 15.

113 A. v. Platen, Briefwechsel, V, 1995, 419 (Neapel 28.8.1835). – Tatsächlich fand dann Platen seine letzte Ruhestätte zwar in Sizilien, aber nicht »auf freiem Feld«, sondern im Garten des Grafen Landolina in Syrakus.

114 EZA 5/1472, fol. 37 (Bericht Pfarrer Remy an den Oberkirchenrat in Berlin 1853).

115 Katalogisierung und Beschreibung unter vorwiegend kunsthistorischen Gesichtspunkten in SBAN, Schedatura »English Cemetery«; ferner C. Knight, in: G. Alisio, Cimitero, 1993, 23–29.

116 Ein Teil der Gräber wurde 1893 in den New English Cemetery transferiert.

117 EZA 5/1472 (Bericht Pfarrer Remy 1851).
118 D. Richter, Giardino, 1996.

Die Erde bebt

1 P. P. Pasolini, Gennariello, 1980, 127.
2 W. Benjamin, Neapel, 1972, 309f.; E. Bloch, Italien, 1965, 508ff.
3 H. Brüggemann, Architekturen, 2002, 353.
4 Matteo D'Ambrosio, Futurismo a Napoli: indagini e documenti, Napoli 1995; Romito, Matilde (a cure di): La ceramica nietrese nel »periodo tedesco«. Atti del Seminario, 24.–26.11.1996, Salerno 1999.
5 A. Sohn-Rethel, Ideal, 1990.
6 M. Serao, Ventre, 1994, 3 und 8f.
7 Ebd., 72f.
8 Touring Club Italiano, Napoli, 1976, 316.
9 F. Gregorovius, Neapel, 1872, 23.
10 ASN, Questura Diversi 1043/69 (Jahr 1863).
11 H. Mann, Göttinnen, 2002, 725f.
12 O. J. Bierbaum, Prinz Kuckuck, 318f.
13 M. L. Kaschnitz, Liebe, 1981, 86.
14 Ebd., 79.
15 Ebd., 81.
16 I. Bloch, Prostitution, 1904, 3.
17 Felix Hartlaub: Parthenope oder das Abenteuer in Neapel, Stuttgart 1951; Gustaw Herling: Das venezianische Porträt, München 1996; Marguerite Yourcenar: Anna Soror, Paris 1981; Susan Sontag: The Vulcano Lover, New York 1992 (dt. Der Liebhaber des Vulkans, München 1993).
18 DEGN As6, B29.
19 J. Job, Heimat, 1942, 24.
20 EZA 5/1536 (Bericht Pfarrer Hoeflich an die Konferenz der deutschen evangelischen Pfarrer Italiens, Triest, 3.6.1928); EZA 5/1938 (Manuskript Hoeflich »Abschied von Italien«, Sommer 1939).
21 D. Richter, Gotteshaus, 2000.
22 S. Andres, Positano, 1957, 10.
23 ASN, Questura Gabinetto 49/977 (Sudditi stranieri residenti nel Regno) enthält für 1935 eine (unvollständige) Liste von 23 deutschen Namen, überwiegend Juden.
24 H.-M. Wollmann, Schriftsteller, 1986, 65–75.
25 Allein in Positano lebten nach meinen Recherchen 22 emigrierte Juden.
26 ASN, Questura Gabinetto 49/977 und 979.
27 Gespräch mit Dorothee Andres, Rom, 7.10.1991.
28 K. Voigt, Zuflucht, I, 1989, 76.
29 Ebd., 275ff.
30 V. Strada, Rivoluzione, 1994.

31 C. Cerio, Ex libris, 1999, 121–24.
32 W. Meckauer, Gassen, 1959, 59 und 65f.
33 EZA 5/1537 (Faltblatt »Deutsche Evangelische Arbeit in Neapel, ca. 1936).
34 EZA 5/1538 (Brief von Pfarrer Hoeflich an das Kirchliche Außenamt Berlin). Zur »Reichsdeutschen Vereinigung« K. Voigt, Zuflucht, I, 1989, 71f.
35 EZA 5/1538 (Bericht Pfarrer Hoeflich 1938).
36 ASN, Prefettura, Gabinetto, IIa vers., 127/128.
37 Ebd., 128/127.
38 Dom von Amalfi, Gästebuch: Eintragung von Hermann und Emmy Goering 1937.
39 Das Programm sah einen Autokonvoi vom Bahnhof zum Hafen, eine Schiffsparade, ein Mittagessen im Palazzo Reale und eine Gala im San Carlo mit den beiden ersten Akten der »Aida« vor.
40 ASN, Prefettura Gabinetto, IIa vers. 127/4.
41 A. Ghirelli, Storia, 1998, 521.
42 C. Malparte, Die Haut, 1950, 59.
43 N. Lewis, Neapel, 1996, 136ff.
44 Zit. nach D. Richter, Neapel, 1998, 49.
45 Deutsche Übersetzungen: Carlo Bernari: Der Vesuv raucht nicht mehr, München 1956; Anna Maria Ortese: Neapel, Stadt ohne Gnade, Frankfurt 1955 (Auswahl); Giuseppe Marotta: Das Gold von Neapel, Frankfurt 1958.
46 R. La Capria, L'armonia, 1986, 53.
47 D. Richter, Neapel, 1998, 111.
48 G. Herling, Ruinen, 1996, 282.
49 Nat. Quaest. VI.
50 G. Orsi, Vulcani, 2001, 15.
51 Ebd., 22 und 26.

Quellen

Ungedruckte Quellen

AHC = Amalfi, Hotel »Cappuccini«.
- Gästebücher 1835–1962.

AHL = Amalfi, Hotel »Luna«.
- Gästebücher 1881–1896.

AHS = Amalfi, Hotel »Santa Caterina«
- Gästebücher 1907–1942.

ASN = Archivio di Stato, Napoli.
- Affari Esteri, fasci 113 (Legazione austriaca a Napoli 1779–1789); 491 (Legazione francese a Napoli 1752–56); 3219 (Legazione Britannica a Napoli 1815ff.); 4400 (Nazione ebrea); 4409 (Minatori venuti da Dresda per le Miniere di questi Regni); 4520 (Soldati svizzeri).
- Casa Reale Antica, fasci 1257–59 (Passaporti 1752–1775); 1537–1543 (Gli scavi).
- Prefettura di Polizia, fasci 2846 (Stranieri 1820–23.1830–33); 2847 (dito 1834–35); 2848 (dito 1836–40); 2849 (dito 1848–50); 2850–2851 (dito 1851); 2852–1866 (dito 1852 bis März 1858).
- Questura Diversi 1043/69 (Bagni pubblici); 1043/74 (Movimenti degli individui avvenuti in questa Comune 1862-1864); 1141/16 (Forestieri 1871); 1348 (Stranieri: ricerche, rimpatrii, arresti, disertori ecc. 1886/87); 1373 (Locande, alberghi, affittacamere 1886–87).
- Prefettura Gabinetto, IIa versione 127/128 (Viaggio in Italia del Führer, 1937–38).
- Questura Gabinetto 49/977 (Sudditi stranieri residenti nel Regno, 1934–35); 979 (dito 1934–1942).

ASZN = Archiv der »Stazione Zoologica«, Neapel.

CCIC = Centro Caprense »Ignazio Cerio«, Capri.
- Dokumente »Cimitero acattolico, Capri«.
- Archivio Carelli.
- Emeroteca.
- Gästebücher Hotel »Pagano«.

DEGN = Deutsche Evangelische Gemeinde Neapel, Kirchenarchiv.
- As6, B29 (Protokollbuch Deutsches Krankenhaus 1909–1942).
- As21, FB 21 (Protokollbuch Schweizer Schule 1919–1932).
- As23, FB 23 (Protokollbuch Fratte 1899–1900).
- As14, B62 (Jahresberichte der Gemeinde).

EZA = Evangelisches Zentralarchiv Berlin.
- 5/1472 (Kirchliches Außenamt: Berufung, Anstellung und Besoldung des Predigers bei der Gesandtschaft in Neapel 1852–1879).

- 5/1473 (Kirchliches Außenamt: Kirchliche und schulische Angelegenheiten in Neapel 1879–1902).
- 5/1474 (dito 1903–1914).
- 5/1475 (dito 1915–1926).
- 5/1536 (Kirchliches Außenamt: Deutsche Evangelische Gemeinde in Neapel 1907–1932).
- 5/1537 (dito 1932–1938).
- 5/1538 (dito 1939–1943).

FDH = Freies Deutsches Hochstift, Frankfurt.
- Briefwechsel Christian Brentano (Hs. 10934).
- Briefwechsel August Kopisch (Hs. 15291).

PBK = Privatbesitz Konstanz.
- Gästebuch Christian Wilhelm Allers, Capri 1892–1902.

PRO = Kew, Richmond: Public Record Office.
- F.O.165, Bd. 137–170 (William Hamilton).

RHC = Ravello, Hotel »Caruso Belvedere«.
- Band »Permanenti dal 1905 al 1917«.
- Band »Permanenti dal 1922 al 1924«.
- Gästebücher 1926–1991.
- Libro delle commissioni 1910–1914.

RHP = Ravello, Hotel »Palumbo«.
- Gästebuch 1882–1920.

SAB = Staatsarchiv Bremen.
- 7, 2010 (Norddeutscher Lloyd, Bremen).
- 2-B.12a-c (Konsulatsangelegenheiten Neapel).

SBAN = Soprintendenza per i Beni Artistici e Storici di Napoli.
- Schedatura »English Cemetery«.

TPC = Teodoro Pagano, Capri.
- Gästebuch Hotel »Pagano«, Capri 1825–1839.
- Gästebücher Hotel »Pagano«, 1830er und 1840er Jahre.
- Karikaturenbuch mit Eintragungen diverser Künstler (19. Jh.).
- Zeichnungen, Ölbilder und Photographien (19. Jh.).

Historische Friedhöfe
- Neapel: Cimitero Acattolico presso S. Maria della Fede.
- Neapel: English Cemetery, Capodicchino.
- Capri: Cimitero Acattolico.

Gedruckte Quellen

Addison, Joseph: Remarks on several parts of Italy in the years 1701, 1702, 1703, London 1705.

Andersen, Hans Christian: Aus Andersens Tagebüchern, hrsg. v. Heinz Barüske, 2 Bde., Frankfurt 1980.

Andersen, Hans Christian: Der Improvisator [1835], Berlin o. J. (um 1940).
Andersen, Hans Christian: Märchen, Frankfurt 1981.
Andres, Stefan: Positano, München 1957.
Anna Amalia von Sachsen-Weimar-Eisenach: Briefe über Italien, hrsg. v. Heide Hollmer, St. Ingbert 1999.
Antichità di Ercolano esposte, 8 Bde., Napoli 1757–1792.
Archenholtz, Johann Wilhelm von: England und Italien, 4 Bde., Leipzig 1787.
Archenholtz, Johann Wilhelm von: Rom und Neapel; 1787, hrsg. von Frank Maier-Solgk, Heidelberg 1990.
Baedeker, Karl: Italien. Von den Alpen bis Neapel, 6. Aufl., Leipzig 1908.
Baedeker, Karl: Unteritalien, Sizilien, Sardinien, Malta, Korfu, 15. Aufl., Leipzig 1911.
Barth-Rom, Hans: Osteria. Kulturgeschichtlicher Führer durch Italiens Schenken von Verona bis Capri, Stuttgart 1908.
Basile, Giambattista: Das Märchen der Märchen. Das Pentamerone, hrsg. v. R. Schenda, München 2000.
Bauer, Wilhelm A./Deutsch, O. E.: Mozart. Briefe und Aufzeichnungen. Gesamtausgabe, Bd. I, Kassel 1962.
Bellermann, Christian Friedrich: Drei Predigten, gehalten in der Königlich Preußischen Gesandtschafts-Kapelle zu Neapel, Berlin 1832.
Benjamin, Walter: Neapel, in: Gesammelte Schriften, Bd. IV/1, hrsg. v. Tillman Rexroth, Frankfurt 1972, 307–16.
Benjamin, Walter (Rezension): Jakob Job: Neapel. Reisebilder und Skizzen, Zürich 1928 [1928], in: Gesammelte Schriften, Bd. III, hrsg. v. Hella Tiedemann-Bartels, Frankfurt 1972, 132–35.
Benkowitz, Karl Friedrich: Helios der Titan oder Rom und Neapel. Eine Zeitschrift aus Italien, Leipzig 1802.
Benkowitz, Karl Friedrich: Reise von Glogau nach Sorrent, 3 Bde., Berlin 1804.
Benkowitz, Karl Friedrich: Reisen von Neapel in die umliegenden Gegenden, Berlin 1806.
Bierbaum, Otto Julius: Eine empfindsame Resie im Automobil von Berlin nach Sorrent und zurück an den Rhein [1902], Berlin 1992.
Bierbaum, Otto Julius: Prinz Kuckuck. Leben, Taten, Meinungen und Höllenfahrt eines Wollüstlings, Berlin o. J.
Bloch, Ernst: Italien und die Porosität [1925], in: Literarische Aufsätze, Frankfurt 1965.
Bloch, Iwan (Hrsg.): Salvatore di Giacomo, Die Prostitution in Neapel, Dresden 1904.
Boisserée, Sulpiz: Tagebücher [1838], hrsg. v. H.-J. Weitz, Bd. III, Darmstadt 1983.
Borchardt, Rudolf: Villa [1908], in: Prosa, Bd. III, Stuttgart 1966.
Breve descrizione della città di Napoli e del suo contorno, Napoli 1792.
Brosses, Charles de: Lettres familières écrites en 1739 et 1740, Bd. II, Paris 1885 (dt. Vertrauliche Briefe aus Italien, hrsg. v. W. Schwartzkopff, München 1918).
Brun, Friederike: Sitten- und Landschaftsstudien von Neapel und seinen Umgebungen, in Briefen und Zuschriften entworfen in den Jahren 1809–10, nebst späteren Zusätzen, Leipzig 1818.

Caneva, Aristide: Funicolare ed illuminazione elettrica di Capri. Relazione sommaria 1899, in: Almanacco Caprese 8 (1995).
Carus, Carl Gustav: Reise durch Deutschland, Italien und die Schweitz im Jahre 1828, 2 Teile, Leipzig 1835.
Colletta, Pietro: Storia del Reame di Napoli o delle Due Sicilie, hrsg. v. Anna Bravo, Milano 1995.
Corfey, Lambert Friedrich: Reisetagebuch 1698–1700, hrsg. v. H. Lahrkamp, Münster 1977.
Craven, Richard Keppel: A Tour through the Southern Provinces of the Kingdom of Naples, London 1821.
Dickens, Charles: American Notes and Pictures from Italy, London 1903.
Erskin, Steuart: The Bay of Naples, London 1926.
Ewers, Hanns Heinz: Mit meinen Augen. Fahrten durch die lateinische Welt, München 1923.
Fontane, Theodor: Unterwegs und wieder daheim, München 1972.
Fontane, Theodor: Italienische Aufzeichnungen 1874 und 1875, in: Werke III, 3/2, hrsg. v. W. Keitel und H. Nürnberger, München 1997, 945–1093.
Fontane, Theodor: L'adultera [1880], Berlin 1925.
Förster, Ernst: Handbuch für Reisende in Italien, 4. verb. Auflage. Mit einem Wegweiser für Leidende von Dr. Rudolph Wagner, München 1848.
Freud, Sigmund: Unser Herz zeigt nach dem Süden. Reisebriefe 1895–1923, hrsg. v. Chr. Tögel, Berlin 2002.
Führich, Joseph von: Briefe aus Italien an seine Eltern. 1827–1829, Freiburg 1883.
Die Göchhausen. Briefe einer Hofdame aus dem klassischen Weimar, Berlin 1923.
Goethe, August von: Auf einer Reise nach Süden. Tagebuch 1830, hrsg. v. Andreas Beyer und Gabriele Radecke, München 1999.
Goethe, Johann Caspar: Reise durch Italien im Jahre 1740, hrsg. v. A. Meier, München 1986.
Goethe, Johann Wolfgang: Tagebücher und Briefe aus Italien an Frau von Stein und Herder, Weimar 1886.
Goethe, Johann Wolfgang: Italienische Reise, hrsg. v. H. von Einem und E. Trunz, in: Werke, Hamburger Ausgabe, Bd. XI, Hamburg 1961 (zitiert als »Italienische Reise«).
Goethe, Johann Wolfgang: Philipp Hackert, in: Sämtliche Werke, Bd. XIII (Artemis Gedenkausgabe), Zürich 1979.
Goethe, Johann Wolfgang: Briefe aus Italien, hrsg. v. P. Goldammer, München 1982.
Goethe, Johann Wolfgang: Italienische Reise, hrsg. v. Ch. Michel und H.-G. Dewitz, 2 Bde., Frankfurt 1993 (= Bibliothek Deutscher Klassiker 87/88).
Goethe, Johann Wolfgang von: Philipp Hackert. Biographische Skizze. [1811], in: Sämtliche Werke, Bd. XIII (Artemis Gedenkausgabe), Zürich 1979.
Gregorovius, Ferdinand: Neapel [1856], in: Wanderjahre in Italien, Bd. III, Leipzig 1872, 1–88.
Gregorovius, Ferdinand: Neapel und Sicilien vom Jahr 1830 bis 1852, in: Wanderjahre in Italien, Bd. III, Leipzig 1872.

Gregorovius, Ferdinand: Idyllen vom lateinischen Ufer [1854], in: Wanderjahre in Italien, Bd. I, Leipzig 1874.
Gregorovius, Ferdinand: Eine Pfingstwoche in den Abruzzen [1871], in: Wanderjahre in Italien, Bd. IV, Leipzig 1873.
Gregorovius: Die Insel Capri. Idylle vom Mittelmeer [1856], Leipzig (Brockhaus) 1880.
Griebens Reiseführer: Neapel und Umgebung, Berlin 1904; 8. Aufl. ib. 1927; 10. Aufl. ib. 1934.
Grimm, Jacob: Italienische und scandinavische Eindrücke [1843], in: Kleinere Schriften, Bd. I, Berlin 1864, 57ff.
Grimm, Ludwig Emil: Erinnerungen aus meinem Leben, Leipzig 1913.
Guida d'Italia: Napoli e dintorni, Milano 2001.
Guida per i curiosi e per i viaggiatori che vengono alla città di Napoli, Napoli 1834.
Haas, H.: Neapel und seine Umgebung und Sizilien, Bielefeld/Leipzig 1927.
Haeckel, Ernst: Italienfahrt. Briefe an die Braut 1859/1860, Leipzig 1921.
Hartig, Joachim (Hrsg.): Klaus Groth auf Capri. Die Chronik einer Winterreise in Briefen, Heide 1996.
Haufe, Eberhard (Hrsg.): Deutsche Briefe aus Italien, Hamburg 1965.
Hauptmann, Gerhart: Die großen Beichten, Berlin 1966.
Hebbel, Friedrich: Tagebücher in vier Bänden, hrsg. v. H. Krumm, Leipzig o. J. (um 1890).
Hehn, Victor: Italien. Ansichten und Streiflichter [1879], 11. Aufl., Berlin 1912.
Herder, Johann Gottfried: Bloß für Dich geschrieben. Briefe und Aufzeichnungen über eine Reise nach Italien 1788/89, Berlin 1980.
Herling, Gustaw: Ruinen, in: Das venezianische Porträt, München 1996.
Hertz, Paul: Italien und Sicilien [1874/75]. Briefe in die Heimath, 2 Bde., Berlin 1878.
Heyse, Paul: Jugenderinnerungen und Bekenntnisse, Berlin 1900.
Hisely, J. C. O.: Aus Süd und Ost. Lebenserinnerungen, Winterthur 1901.
Hufeland, Christoph Wilhelm: Über das Absterben der Länder, Italien insbesondere, und dessen Vergiftung durch verdorbene Luft (aria cattiva), in: Journal der practischen Heilkunde, hrsg. v. Chr. W. Hufeland, 3. Stück, September, Berlin 1817, 78–92.
Huyssen, Hendrik von: Curieuse und vollständige Reiß-Beschreibung von gantz Italien, 3 Bde., Freiburg 1701.
Job, Jakob: Heimat in der Fremde. Vier Jahre Schweizerschule in Neapel, Zürich 1942.
Jones, Thomas: Memoirs, in: The Walpole Society XXXII (1946–48).
Kaden, Woldemar: Volksthümliches aus Süditalien, Leipzig 1896.
Kaschnitz, Marie-Luise: Liebe beginnt, Frankfurt 1981.
Keller, Johann Jakob: Erlebnisse eines Thurgauers in neapolitanischen Diensten, Trogen 1903.
Kellner, August: Alltägliches aus Neapel, Leipzig 1898.
Klemm, Gustav: Reise durch Italien [1838], Dresden und Leipzig 1839.
Klemperer, Viktor: Neapel im Frieden. Neapel im Krieg, in: Curriculum vitae. Jugend um 1900, Bd. II, Berlin 1989.

Knigge, Adolph Freiherr von: Über den Umgang mit Menschen, hrsg. v. G. Ueding, Frankfurt 1977.
Kohlrausch, Robert: Deutsche Denkstätten in Italien, Stuttgart 1907.
Kopisch, August: Agrumi. Volksthümliche Poesien aus allen Mundarten Italiens und seiner Inseln, Berlin 1837.
Kopisch, August: Gesammelte Werke, geordnet und herausgegeben von Freundes Hand [d. i. Carl Bötticher], 5 Bde., Berlin 1856.
Kopisch, August: August Kopisch in Italien. Ungedruckte Briefe des Dichters an seine Mutter und an Platen. Mitgeteilt von Otto Jessen, in: »Der Bär«, Berlin 1894, 394ff.
Kotzebue, August von: Erinnerungen von einer Reise aus Liefland nach Rom und Neapel, 3 Bde., Berlin 1805.
Lewald, Fanny: Römisches Tagebuch 1845/46, Leipzig 1927.
Lewald, Fanny: Italienisches Bilderbuch, hrsg. von Therese Erler, 2. Aufl., Berlin 1983.
Lewis, Norman: Naples '44, London und New York 1978 (dt. Ein Nachrichtenoffizier im italienischen Labyrinth, Wien 1996).
Lichtenberg, Georg Christoph: Das Luftbad, in: Schriften und Briefe, hrsg. v. W. Promies, Bd. III, München 1972.
Lichtensteiger, Johann Jakob: Vier Monate unter den Briganten in den Abruzzen, Meilen 1894.
Lüdemann, Wilhelm von: Neapel, wie es ist, Dresden 1827.
Magnussen, Ingeborg (Hrsg.): Des Malers Wilhelm Ahlborn – Lebensschicksale, von ihm selbst erzählt, Vechta 1935.
Malaparte, Curzio: Die Haut, Karlsruhe 1950.
Mann, Heinrich: Die Göttinnen [1902], Frankfurt 2002.
Mann, Thomas: Briefe 1889–1936, hrsg. v. E. Mann, Frankfurt 1962.
Mann, Thomas: Briefe an Otto Grautoff 1894–1901 und Ida Boy-Ed 1903–1928, hrsg. v. P. de Mendelssohn, Frankfurt 1975.
Mann, Thomas: Die Briefe. Regesten und Register, hrsg. v. H. Bürgin und H.-O. Meyer, Bd. I, Frankfurt 1977.
Marinelli, Diomede: La caduta di Napoli [1799], Napoli 1997.
Maugham, William Somerset: The Complete Short Stories, Bd. III, London 1965.
Mayer, Karl August: Neapel und die Neapolitaner. Briefe aus Neapel in die Heimat. 2 Bde, Oldenburg 1840.
Meckauer, Walter: Gassen in fremden Städten, München 1959.
Megiser, Hieronymus: Delitiae Neapolitanae, Das ist Außführliche Beschreibung Des mechtigen und inn Europa hoch unnd weit berühmbten Königreichs, Auch der darinnen gelegenen Königlichen Hauptstadt Neapolis, Leipzig 1605.
Mendelssohn, Fanny: Italienisches Tagebuch [1839/40], hrsg. von Eva Weissweiler, Frankfurt 1983.
Mendelssohn-Bartholdy, Felix: Briefe aus den Jahren 1830 bis 1847, hrsg. v. Paul Mendelssohn-Bartholdy, Leipzig 1899.

Misson, Maximilian: Reisen aus Holland durch Deutschland in Italien, Leipzig 1701.

Misson, Maximilian: Reise nach Italien, mit vilen neuen anmerckungen und figuren vermehret, Leipzig 1713.

Moderna distintissima descrizione di Napoli, città nobilissima, antica e fedelissima esposta agli occhi e alla mente dei curiosi cittadini e forastieri, Napoli 1703.

Moore, John: A view of society and manners in Italy, London 1781.

Moritz, Karl Philipp: Reisen eines Deutschen in Italien, in: Werke in zwei Bänden, Bd. I, Berlin und Weimar 1973.

Mozart, Wolfgang Amadeus: Briefe und Aufzeichnungen. Gesamtausgabe, hrsg. v. W. A. Bauer, Bd. I, Kassel 1962.

Müller, Wilhelm/Wolf, O. L. B.: Egeria. Sammlung italienischer Volkslieder, Leipzig 1829.

Müller, Wilhelm: Werke, Tagebücher, Briefe, hrsg. v. M.-V. Leistner, 7 Bde., Berlin 1994.

Münster, Sebastian: Cosmographey oder Beschreibung aller Länder, Basel 1578.

Münter, Friedrich: Nachrichten von Neapel und Sicilien auf einer Reise in den Jahren 1785 und 1786, Kopenhagen 1790.

Neapel und die Lazzaroni. Ein charakteristisches Gemälde für Liebhaber der Zeitgeschichte. Mit einem großen ausgemalten Carrikaturkupfer, die Bewaffnung der *Lazzaronis* vorstellend, Frankfurt und Leipzig 1799.

Neigebaur, Johann Ferdinand: Handbuch für Reisende in Italien, Leipzig 1826; 2. Aufl., ebd. 1833.

Neueröffnetes Cabinet Grosser Herren oder gegenwärtige Staats-, Hof-, Kriegs- und Commercien-Verfassung aller Europäischen Reiche und Staaten, 6. Th., Leipzig 1740.

Nicolai, Gustav: Italien wie es wirklich ist, […] als Warnungsstimme für alle, welche sich dahin sehnen, 2 Bde., Leipzig 1835.

Niederer, Kaspar: Erlebnisse eines Appenzellers in neapolitanischen Diensten 1854–1859, St. Gallen 1901.

Nietzsche, Friedrich: Sämtliche Briefe, hrsg. v. G. Colli u. M. Montinari, München 1986.

Opitz, Martin: Martini Opitii Vesuvius, Poema Germanicum, in: Martin Opitz: Weltliche Poemata 1644, hrsg. v. Erich Trunz, Bd. I, Tübingen 1967.

Pahl, Johann Gottfried: Geschichte der Parthenopäischen Republik, Frankfurt 1801.

Paradisus Deliciarum Italiae, das ist Eigentliche Beschreibung was durch gantz Italien in allen Städt unnd Orten denckwürdig zu sehen ist, mit beygefügter Ordnung der Reiß von einem Ort zum andern, Würzburg 1657.

Parrino, Antonio: Moderna distintissima descrizione di Napoli, 2 Bde., Napoli 1703.

Parrino, Antonio: Nuova guida de'forestieri per osservare e godere le curiosità più vaghe e più rare della felicissima Gran Napoli, Napoli 1725.

Pasolini, Pier Paolo: Gennariello [1975], in: Freibeuter 3 (1980), 125–41 und 4 (1980), 139–53.

Petrarca, Francesco: Reisebuch zum heiligen Grab, Lateinisch/Deutsch, hrsg. v. J. Reufsteck, Stuttgart 1999.
Platen, August von: Der Briefwechsel des Grafen August von Platen, hrsg. v. Paul Bornstein, 4 Bde., München 1911–31; Bd. V, hrsg. v. Peter Bumm, Stuttgart 1995.
Platen, August von: Die Tagebücher des Grafen August von Platen, hrsg. v. G. v. Laubmann und L. v. Scheffler, 2 Bde., Stuttgart 1900.
Platen, August von: Werke, hrsg. v. G. A. Wolff und V. Schweizer, 2 Bde., Leipzig und Wien 1895.
Post, Hermann: Tagebuch seiner Reise in den Jahren 1716 bis 1718, hrsg. v. H.-W. Jäger, Bremen 1993.
Recke, Elisa von der: Tagebuch einer Reise durch einen Theil Deutschlands und durch Italien, 3 Bde., Berlin 1815.
Recupito, Giulio Cesare: Avviso dell'incendio del Vesuvio, tradotto dalla lingua latina all'italiana, Napoli 1635.
Rehfues, Philipp Joseph: Gemälde von Neapel und seinen Umgebungen, 2 Bde., Zürich 1808.
Rehfues, Philipp Joseph: Briefe aus Italien in den Jahren 1801, 1802, 1803, 1804, 1805, Bd. II, Zürich 1809.
Reynolds-Ball, Eustace: Mediterranean Winter Resorts. A Complete and Practical Handbook to the Principal Health and Pleasure Resorts on the Shores of the Mediterranean, Bd. I, 7. Aufl., London 1914.
Richter, Ludwig: Lebenserinnerungen eines deutschen Malers, Leipzig 1909.
Rilke, Rainer Maria: Neue Gedichte, Frankfurt 1955.
Ringseis, Johann Nepomuk von: Erinnerungen, hrsg. v. Emilie Ringseis, 2 Teile, Regensburg und Amberg 1886.
Ritter Santini, Lea (Hrsg.): Da Vienna a Napoli in carozza. Il viaggio di Lessing in Italia, 2 Bd., Napoli 1991.
Rückert, Friedrich: Gedichte, 2 Bde., Frankfurt 1864.
Sarnelli, Pompeo: Guida de'Forestieri curiosi di vedere e d'intendere le cose più notabili di Pozzoli, Baja, Miseno, Cuma ed altri luoghi convicini, 3. Aufl., Napoli 1691.
Sarnelli, Pompeo: La vera guida de'Forestieri curiosi di vedere e d'intendere le cose più notabili della Regal Città di Napoli e del suo amenissimo Distretto, Napoli 1713.
Sarnelli, Pompeo: Die fünf Märchen vom Gastmahl in Neapel, übs. von Johann Pögl, Frankfurt 1988.
Schinkel, Karl Friedrich: Reisen nach Italien, Berlin 1982.
Seidler, Louise: Erinnerungen der Malerin Louise Seidler [1818/19], hrsg. v. H. Uhde, Berlin 1922.
Serao, Matilde: Il ventre di Napoli, hrsg. v. L. Torre, Napoli 1994.
Seume, Johann Gottfried: Spaziergang nach Syrakus im Jahre 1802, Nördlingen 1985.
Sharp, Samuel: Letters from Italy, describing the customs and manners of that country in the years 1765 and 1766, 3. Aufl., London 1767.
Shelley, Percy Bysshe: Poetical Works, hrsg. v. Th. Hutchinson, Oxford 1970.

Sirius, Peter: Kennst du das Land? Wander- und Wundertage in Italien und Sicilien, Leipzig und Zürich (1897).
Smidt, Heinrich: Deutsche Romfahrer von Winckelmann bis Böcklin, Leipzig (um 1920).
Sohn-Rethel, Afred: Das Ideal des Kaputten, Bremen 1990.
Speckter, Erwin: Briefe eines deutschen Künstlers aus Italien [1832], 2 Bde., Leipzig 1846.
Springer, August: Farben und Gluten. Eines deutschen Arbeiters Südlandreise, Stuttgart 1914.
Staats- und Gelehrte Zeitung des Hamburgischen Unpartheyischen Correspondenten, Hamburg, versch. Jahrgänge.
Stael, Germaine de: Corinne ou l'Italie [1807] (dt. Corinna oder Italien. In der Übersetzung von Dorothea Schlegel, hrsg. v. Arno Kappler, München 1979).
Stahr, Adolf: Ein Jahr in Italien. 2 Bde., Oldenburg 1848.
Stahr, Adolf: Die Republikaner in Neapel. Historischer Roman, 3 Bde., Berlin 1849.
Starke, Mariana: Information and Directions for Travellers on the Continent, 6. Aufl., London 1828.
Stendhal: Die Kartause von Parma, Frankfurt 1978.
Stendhal: Rom, Neapel und Florenz im Jahre 1817, Frankfurt 1988.
Stinde, Julius: Buchholzens in Italien. Reise-Abenteuer von Wilhelmine Buchholz [1883], 55. Aufl., Berlin 1896.
Straparola, Giovan Francesco: Le piacevoli notti, hrsg. v. M. Pastore Stocchi, Roma-Bari 1979.
Swinburne, Henry: Travels in the Two Sicilies in the Years 1777, 1778, 1779 and 1780, 2 Bde., London 1785.
Tischbein, Johann Heinrich Wilhelm: Aus meinem Leben, hrsg. v. Lothar Brieger, Berlin 1922.
Touring Club Italiano: Guida pratica ai luoghi di soggiorno e di cura d'Italia, Milano 1932.
Touring Club Italiano (Hrsg.): Napoli e dintori, Milano 1976.
Trede, Theodor: Das Heidentum in der römischen Kirche. Bilder aus dem religiösen und sittlichen Leben Süditaliens, 4 Bde., Gotha 1889–91.
Trower, Harold E.: Guide of Capri, Naples 1899.
Twain, Mark: The Innocents Abroad [1869], in: The Complete Travel Books of Mark Twain, hrsg. v. Charles Neidler, New York 1966 (dt. Die Arglosen im Ausland, Frankfurt 1997).
Ury, Else: Professors Zwillinge in Italien, Berlin 1927.
Valardi, Giuseppe: Itinerario italiano, Firenze 1806.
Vigée-Lebrun, Elisabeth Louise: Memoirs of Madame Vigée-Lebrun, translated by Lionel Strachey, New York 1903.
Volkmann, J. J.: Historisch-kritische Nachrichten von Italien, welche eine genaue Beschreibung dieses Landes [...] enthalten, Bd. III, Leipzig 1771.
Waiblinger, Wilhelm: Taschenbuch aus Italien und Griechenland auf das Jahr 1830, 2. Buch: Neapel und Rom, Berlin 1830.

Waiblinger, Wilhelm: Werke und Briefe. Textkritische und kommentierte Ausgabe in 5 Bänden, hrsg. v. Hans Königer, Stuttgart 1980–85.
Weigel, Clemens: Wohlanweißlicher und vollständiger Entwurff des Italiänischen Paradeises, das ist der Städte und Gegenden Neapels und Pozzuolo, Schleiz 1685.
Welsch, Hieronymus: Warhafftige Reiß-Beschreibung, auß eigener Erfahrung, von Teutschland, Croatien, Italien, denen Insuln Sicilia, Maltha, Sardinia [...] auff der Eilffjährigen Reise Hieronymi Welschen von ihme selbsten beschrieben, Stuttgart 1658.
Wilhelmine von Bayreuth: Tagebuch der Italienischen Reise (1754–1755), hrsg. v. H. Kammerer-Grothaus, Bayreuth 2002.
Winckelmann, Johann Joachim: Gedanken über die Nachahmung der griechischen Werke in Malerei und Bildhauerkunst, hrsg. v. L. Uhlig, Stuttgart 1969.
Zeiller, Martin: Topographia Italiae, Leipzig 1688.

BILDQUELLEN

S. 8, 10, 14 32, 35, 43, 176, 186, 193, 205, 221, 223, 239, 243, 250, 254: Sammlung Dieter Richter. – S. 122 (Mimmo Jodice). – S. 16/17: Richard de Saint-Non, Voyage pittoresque, vol.I, 2, Paris 1782. – S. 20: Le Antichità di Ercolano esposte, vol. 2, Napoli 1760, S. 295. – S. 21: ebd., vol. 7, Napoli 1779, S. 245. – Seite 55: ebd., vol. I, Napoli 1757, Frontispiz und S. 91. – S. 63: ebd., vol. 3, Napoli 1762, S. 41. – S. 47, 122, 146 und 169: akg images; – S. 30: Giambattista Basile, Archivio di letteratura popolare III (1885), Nr. 3, S. 1 (Iacobus Pecini, Venedig 1641). – S. 34: Ianuarius, Poema Sacrum Jo. Baptistae Caccabi, Napoli 1635, Frontispiz. – S. 36: Alexander Giraffi, An Exact Historie of the Late Revolutions in Naples, London 1650, Frontispiz. – S. 38, 104, 169: Museo San Martino, Neapel. – S. 49 und 125: Reggia, Caserta. – S. 68: Staatsarchiv Neapel, Affari Esteri 4401/1/3. – S. 77 und 148: Kupferstichkabinett Berlin, SZ Skb. 1307, S. 46 (Skizzenbuch in Süditalien, NG 1307) und SZ 631. – S. 79: William Hamilton, Campi Phlegraei, Naples 1776, Tafel 21. – S. 111: Collection of Engravings from Ancient Vases, Naples 1711, Frontispiz. – S. 121: Vorarlberger Landesmuseum, Bregenz. – S. 121: Staatliche Kunstsammlungen, Kassel. – S. 134, 206, 209, 236: Giorgio Sommer in Italien, München 1992, S. 107, 115, 101, 93. – S. 141: Staatliche Kunstsammlungen, Dresden. – S.152: Kunsthalle Bremen, inv. 1957/609 (Italienisches Skizzenbuch). – S. 153: E.-A.Lentes, Carl Wilhelm Götzloff, Stuttgart/Zürich 1996, S. 8. – S. 159: Neue Pinakothek, München. – S. 163: Schloß Wörlitz (Detail). – S. 177: Staatsarchiv Bremen (Norddeutscher Lloyd). – S. 180: Alpenmuseum Innsbruck. – S. 183: Deutsches Technikmuseum Berlin. – S. 224: Historisches Archiv Krupp, Essen..

LITERATUR

Alisio, Giancarlo (Hrsg.): Il Cimitero degli Inglesi, Napoli 1993.
All'ombra del Vesuvio. Napoli nella veduta europea dal Quattrocento all'Ottocento, Napoli 1990.
Assmann, Jan: Das kulturelle Gedächtnis, München 1997.
Biblioteca Nazionale di Napoli/Deutsche Leopardi-Gesellschaft: Il sogno mediterraneo. Tedeschi a Napoli al tempo di Goethe e di Leopardi, Napoli 1996.
Bonnant, Georges et al.: Svizzeri in Italia 1848–1972, Milano 1972.
Brüggemann, Heinz: »Aber schickt keinen Poeten nach London«. Großstadt und literarische Wahrnehmung im 18. und 19. Jahrhundert, Reinbek 1985.
Brüggemann, Heinz: Architekturen des Augenblicks. Raum-Bilder und Bild-Räume einer urbanen Moderne in Literatur, Kunst und Architektur des 20. Jahrhunderts, Hannover 2002.
Bumm, Peter: August Graf von Platen. Eine Biographie, Paderborn 1990.
Capasso, Bartolommeo: Masaniello, la sua vita, la sua rivoluzione, hrsg. v. Luca Torre, Napoli 1993.
Cerio, Claretta: Ex libris. Incontri a Capri con uomini e libri, Capri 1999.
Ciuni, Roberto: La piazzetta di Capri. Storie, protagonisti, stravaganze, Capri 2001.
Civiltà del Seicento a Napoli, 2 Bde., Napoli 1984.
Civiltà del Settecento a Napoli, 1734–1799, 2 Bde., Napoli 1979.
Conte Corti, Egon Caesar: Untergang und Auferstehung von Pompeji und Herculaneum, München 1940.
Conte Corti, Egon Caesar: Ich, eine Tochter Maria Theresias. Ein Lebensbild der Königin Marie Karoline von Neapel, München 1950.
Croce, Benedetto: Volfgango Goethe a Napoli. In: Aneddoti e profili settecenteschi, Milano 1914, 286–91.
Custodero, Gianni: Storia del Sud. Dal regno normanno alla prima repubblica, Lecce 1999.
Dawes, Barbara: La comunità inglese a Napoli nell'800 e le sue istituzioni, Napoli 1988.
De Seta, Cesare (Hrsg.): Philipp Hackert, Vedute del Regno di Napoli, Milano 1992.
De Seta, Cesare (Hrsg.): L'Europa moderna. Cartografia urbana e vedutismo, Napoli 2002.
De Simone, Roberto/ Groeben, Christiane: Masaniello nella drammaturgia europea e nella iconografoa del suo secolo, Napoli 1998.
Dohrn, Anton: Der gegenwärtige Stand der Zoologie und die Gründung zoologischer Stationen, in: Preußische Jahrbücher 30 (1872).
Durante, Francesco: Il richiamo azzurro. Storia letteraria dell'isola di Capri, Capri 2000.
Esch, Arnold/Petersen, Jens: Deutsches Ottocento. Die deutsche Wahrnehmung Italiens im Risorgimento, Tübingen 2000 (= Bibliothek des Deutschen Historischen Instituts in Rom, 94).

Fitzon, Thorsten: Reisen in das befremdliche Pompeji. Antiklassizistische Antikenwahrnehmung deutscher Italienreisender 1750–1870, Berlin 2004.

Fliri, Alida: La Sirena e il Lazzarone. Viaggiatori tedeschi nella Napoli del Settecento, in: D. Mazzoleni (Hrsg.): La città e l'immagnario, Roma 1985, 151ff.

Foster, Shirley: Engländerinnen der viktorianischen Zeit in Italien, in: U. Treder (Hrsg.): Die Liebesreise, Bremen 1988.

Fothergill, Brian: Sir William Hamilton, Envoy Extraordinary, London 1969 (dt. Sir William Hamilton, Diplomat, Naturforscher, Kunstsammler, München 1971).

Freud, Sigmund: Das Unbehagen in der Kultur, Frankfurt 1996.

Galasso, Giuseppe: Napoli spagnola dopo Masaniello, Napoli 1972.

Ghirelli, Antonio: Storia di Napoli, Milano 1998.

Gleijeses, Vittorio: Feste, Farina e Forca, Napoli 1977.

Gunn, Peter: Naples – a Palimpsest, London 1961.

Heuss, Theodor: Anton Dohrn in Neapel, Berlin und Zürich 1946.

Imbruglia, Girolamo (Hrsg.): Naples in the Eighteenth Century. The Birth and Death of a Nation State, Cambridge 2000.

Jenkins Ian/Sloan, Kim: Vases and Volcanoes. Sir William Hamilton and His Collection, Katalog London 1996.

Jessen, Otto: August Kopisch in Italien, in: Der Bär, Berlin 1894, 394ff.

Job, Jakob: Heimat in der Fremde. Vier Jahre Schweizerschule in Neapel, Zürich 1943.

Kammerer-Grothaus, Helke: Die erste Aufstellung der Antiken in den Vesuvstädten in Portici, in: H. Beck u.a.: Antikensammlungen im 18. Jahrhundert, Berlin 1981.

Knight, Carlo: Hamilton a Napoli. Cultura, svaghi, civiltà di una grande capitale europea, Napoli 1990.

Knight, Carlo: Sulle orme del Grand Tour. Uomini, luoghi, società del Regno di Napoli, Napoli 1995.

Kufeke, Kay: Himmel und Hölle in Neapel. Mentalität und diskursive Praxis deutscher Neapelreisender um 1800, Köln 1999.

Kuhn, Dorothea (Hrsg.): Auch ich in Arcadien. Kunstreisen nach Italien 1600–1900. Katalog Schiller Nationalmuseum, Marbach 1966.

La Capria, Raffaele: L'armonia perduta, Milano 1990.

La Capria, Raffaele: L'occhio di Napoli, Milano 1994.

Lembo, Attilio: Capri nel 1800. Popolazione e Toponomastica, Capri 1990.

Lentes, Ernst-Alfred: Carl Wilhelm Götzloff. Ein Dresdner Romantiker mit neapolitanischer Heimat, Stuttgart und Zürich 1996.

Lenz, Christian: Hans von Marées, Ausstellungskatalog München 1987.

Lucarelli, Francesco: La vita e la morte. Dal Real Albergo dei Poveri al Cimitero delle 366 Fosse, Lecce 1999.

Mazzucchetti, L./Lohner, A.: Die Schweiz und Italien. Kulturbeziehungen aus zwei Jahrhunderten, Einsiedeln 1941.

Meuricoffre-Gruber, Beatrice: Die Familie Meuricoffre in Neapel, in: Thurgauer Beiträge zur vaterländischen Geschichte 82 (1945), 1–42.

Messerli, Alfred: I mercenari e la donna cannone. Forme di ricezione del Meridione

nelle autobiografie dei ceti subalterni elvetici (1820–1860), in: D. Richter (Hrsg.): La scoperta del Sud. Il Meridione, L'Italia, l'Euroa, Geneve 1995.
Milano, Attilio: Storia degli ebrei in Italia, Torino 1992.
Mildenberger, Hermann: Johann Heinrich Wilhelm Tischbein. Goethes Maler und Freund, Ausstellungskatalog Oldenburg 1986.
Miller, Norbert: Der Wanderer. Goethe in Italien, München 2002.
Miraglia, Marina et al. (Hrsg.): Giorgio Sommer in Italien. Fotografien 1857–1888. Ausstellungskatalog München 1992.
Morandini, Giuliana: Risorgimento al femminile, in: V. R. Jones/A. L. Lepschy (Hrsg.), With a Pen in Her Hand. Woman and Writing in the Nineteenth Century, Leeds 2000.
Mozzillo, Atanasio: La frontiera del Grand Tour. Viaggi e viaggiatori nel Mezzogiorno borbonico, Napoli 1992.
Mozzillo, Atanasio: Il Napoletano. Da Boccaccio a Goethe, Napoli 1995.
Mühl, Albert: Internationale Luxuszüge, Freiburg 1991.
Mundy, George Rodney: La fine delle Due Sicilie e la marina britannica, Napoli 1966.
Niola, Marino: Totem e Ragù, Roma 1994 (dt. Totem und Ragu, Neapolitanische Spaziergänge, München 2000).
Nitti, Franceco: Il capitale straniero in Italia, Bari 1915.
Norway, Arthur H.: Naples, Past and Present, 6. Aufl., London 1924.
Orsi, Giovanni et al.: I vulcani napoletani. Pericolosità e rischio, Napoli 2001.
Pine-Coffin, Robert S.: Bibliography of British and American Travels in Italy to 1860, Firenze 1974.
Prölß, Johannes: Deutsch-Capri in Kunst, Dichtung, Leben, Oldenburg 1901.
Richter, Dieter (Hrsg.): Der Vesuv, Frankfurt 1990.
Richter, Dieter: Schlaraffenland. Geschichte einer populären Utopie, Neuausgabe, Frankfurt 1995.
Richter, Dieter: Il giardino della memoria. Il Cimitero acattolico di Capri. Storia di un luogo, Capri 1996.
Richter, Dieter (Hrsg.): August Kopisch, Entdeckung der Blauen Grotte auf der Insel Capri, Berlin 1997.
Richter, Dieter (Hrsg.): Neapel. Eine literarische Einladung, Berlin 1998.
Richter, Dieter: Das Gotteshaus an der Via Tragara. 100 Jahre Deutsche Evangelische Kirche auf Capri, Capri 2000.
Ritter-Santini, Lea: Da Vienna a Napoli in carozza. Il viaggio di Lessing in Italia, 2 Bde., Napoli 1991.
Rubini, Luisa: Fiabe e mercanti in Sicilia. La raccolta di Laura Gonzenbach. La comunità di lingua tedesca a Messina nell'Ottocento, Firenze 1998.
Schubert, Ernst: Aus der Geschichte der evangelischen Gemeinde deutscher Sprache in Neapel, Neapel 1926.
Schuster, Peter-Klaus (Hrsg.): Carl Blechen. Zwischen Romantik und Realismus. Katalog Nationalgalerie Berlin, München und Berlin 1990.
Sonnentag, Stefanie: Tourismus und Städtebau in Neapel zwischen 1860 und 1900. Eine Untersuchung über den Einfluß touristischer Konzepte auf die urbanistische Entwicklung von Neapel, Diss., Stuttgart 1999.

Stärk, Ekkehard: Kampanien als geistige Landschaft. Interpretationen zum antiken Bild des Golfs von Neapel, München 1995.

Storia di Napoli, hrsg. v. Ernesto Pontieri, 10 Bde., 1967–1974.

Strada, Vittorio: L'altra rivoluzione. Gorkij, Lunacarskij, Bogdanov. La »Scuola di Capri« e la »Costruzione di Dio«, Capri 1994.

Striehl, Georg: Der Zeichner Christoph Heinrich Kniep, Hildesheim 1998.

Swinglehurst, Edward: The Romantic Journey. The Story of Thomas Cook and Victorian Travel, London 1974.

Touring Club Italiano: Napoli e dintorni, 5. Aufl., Milano 1976; 6. Aufl., Milano 2001.

Treder, Uta (Hrsg.): Die Liebesreise oder Der Mythos des süßen Wassers. Ausländerinnen im Italien des 19. Jahrhunderts, Bremen 1988.

Trnek, Renate: Die Niederländer in Italien. Italianisante Niederländer des 17. Jahrhunderts aus österreichischem Besitz, Salzburg (Katalog Residenzgalerie) 1986.

Urbain, Jean-Didier: L'idiota in viaggio. Storie di turisti, Roma 1997 (frz. L'idiot du voyage. Histoires de touristes, Paris 1991).

Voigt, Klaus: Zuflucht auf Widerruf. Exil in Italien 1933–1945, 2 Bde., Stuttgart 1989.

Wenner, Giovanni: Die Egg, Meyer und Freitag als Zürcher Industriepioniere in Süditalien, in: Zürcher Taschenbuch auf das Jahr 1954, 110–34.

Wenner, Giovanni: Die Spinnereidirektoren Caspar und Alphons Escher-Züblin in Salerno, in: Zürcher Taschenbuch auf das Jahr 1959, 76–104.

Wollmann, Heide-Marie: Deutschsprachige Schriftsteller in Positano 1933–1945, in: »Exil« 2, hrsg. v. E. Koch, Maintal 1986, 65–75.

Zaniboni, Eugenio: Alberghi italiani e viaggiatori stranieri, sec. 13–18., Napoli 1921.

Register

H

J

K

Dieter Richter bei Wagenbach

»Dieter Richter ist der klügste und am trefflichsten schreibende deutsche Italienkenner, seine Bücher sind prall von Wissen, gespickt mit Anekdoten und, ja, voller Weisheit.« Erhard Schütz, Der Freitag

CON GUSTO *Die kulinarische Geschichte der Italiensehnsucht*
SVLTO. Rotes Leinen. Fadengeheftet. 168 Seiten mit 30 Abbildungen

FONTANE IN ITALIEN *Mit zwei Stadtbeschreibungen aus dem Nachlass*
SVLTO. Rotes Leinen. Fadengeheftet. 144 Seiten

GOETHE IN NEAPEL
SVLTO. Rotes Leinen. Fadengehftet. 144 Seiten mit vielen Abbildungen

NEAPEL *Eine literarische Einladung*
SVLTO. Rotes Leinen. Fadengeheftet
144 Seiten mit Illustrationen von Franziska Neubert

DAS MEER *Geschichte der ältesten Landschaft*
Gebunden mit eingeklebtem Schildchen. 240 Seiten mit vielen Abbildungen

DER SÜDEN *Geschichte einer Himmelsrichtung*
Leinen mit Prägung und aufgeklebtem Schildchen
208 Seiten mit vielen Abbildungen

DER VESUV *Geschichte eines Berges*
SVLTO. Rotes Leinen. Fadengehftet. Mit aufgeklebtem Schildchen und Prägung
224 Seiten mit vielen Abbildungen

CAPRI *Ein Portrait*
WAT 795. Broschiert. 224 Seiten mit vielen Abbildungen